山东省社会科学规划研究项目文丛·一般项目

煤炭资源型城市工业循环经济发展机理与调控

于会录　李世泰　著

中国社会科学出版社

图书在版编目(CIP)数据

煤炭资源型城市工业循环经济发展机理与调控/于会录,李世泰著.
—北京:中国社会科学出版社,2020.1
ISBN 978-7-5203-5957-3

Ⅰ.①煤… Ⅱ.①于…②李… Ⅲ.①煤炭工业—工业城市—循环
经济—经济发展—研究—中国 Ⅳ.①F426.21

中国版本图书馆 CIP 数据核字(2020)第 020355 号

出 版 人　赵剑英
责任编辑　车文娇
责任校对　周晓东
责任印制　王　超

出　　版　中国社会科学出版社
社　　址　北京鼓楼西大街甲 158 号
邮　　编　100720
网　　址　http://www.csspw.cn
发 行 部　010-84083685
门 市 部　010-84029450
经　　销　新华书店及其他书店

印　　刷　北京明恒达印务有限公司
装　　订　廊坊市广阳区广增装订厂
版　　次　2020 年 1 月第 1 版
印　　次　2020 年 1 月第 1 次印刷

开　　本　710×1000　1/16
印　　张　19.75
插　　页　2
字　　数　314 千字
定　　价　89.00 元

序　言

在我国，循环经济被认为是一种经济发展模式，发展循环经济已经上升为国家战略，不仅在立法层面给予保障，而且写进了国家五年发展规划，从实践层面在全国进行推进。相对于德国和日本等发达资本主义国家，中国循环经济的发展是后发而先至，循环经济尤其是工业循环经济影响国民经济发展的程度之深是德、日等循环经济先发国家所不能比拟的。十余年来，在政府的大力倡导下，工业循环经济得到了快速的发展。

相较于实践，中国循环经济的理论研究相对滞后。其发展机理与调控仍存在一些争议。有人认为循环经济能取得经济效益、社会效益和环境效益，有人认为循环经济具有正外部性，企业发展循环经济的私人收益小于社会收益，循环经济发展动力不足，需要政府大力支持。笔者就持后一种观点。

在目前的技术水平和生产工艺条件下，工业生产还无法做到污染零排放和资源的完全循环利用。发展循环经济有利于资源节约和污染减排，循环经济活动是具有正外部性的经济行为。依据环境经济学的外部性理论，正外部性内部化是促进工业循环经济健康持续发展的根本途径。工业循环经济调控应该以其所能产生的正外部性为参照标准。

本书试图回答，在市场经济条件下，政府和企业在工业循环经济发展过程中的具体作用是什么，如何确定地方政府为企业发展循环经济制定的优惠政策的力度和提供财政补贴的额度，以期为地方政府科学调控区域工业循环经济发展提供理论支撑和决策参考。

本书的研究思路遵循着在准确判断区域工业循环经济发展水平、计算区域工业循环经济的正外部性、制定工业循环经济政策实施绩效的评价标准、剖析区域工业循环经济典型发展策略的基础上，确定工业循环经济的突出特点，明确工业循环经济的主要驱动因素和机理，进而通过物质流分析和能量流分析摸清工业循环经济系统的运行机制，最后总结出煤炭资源型城市的工业循环经济发展模式和可持续发展对策。

本书的主要研究方法包括面板数据分析方法、系统动力学方法。本书的创新点表现在两个方面：一是通过横向比较和纵向比较的方法评价区域工业循环经济发展水平，拓展了这类问题研究方法的深度和广度；二是通过系统动力学建模方法，在中观层面研究工业循环经济的发展机制。

本书的内容主要分为四大部分，第一章、第二章和第三章为第一部分，第四章为第二部分，第五章、第六章为第三部分，第七章为第四部分，第八章为本书的结论，独立于其他部分之外。

第一部分主要交代了本书的研究背景、研究内容、研究意义、技术路线、研究方法、理论基础和相关研究综述，指出已有研究存在的问题，以及本书的科学问题，即所要解决的主要问题。

第二部分为区域工业循环经济发展水平评价，在整个研究中起着承上启下的关键作用。在这一部分，本书以生态效率作为核心评价指标，运用横向比较法和纵向比较法从时空两个维度综合评价了石嘴山市、枣庄市工业循环经济的发展水平，指出高耗能、高污染产业比重大是煤炭资源型城市资源环境问题的症结所在，也是该类型城市发展工业循环经济应重点解决的核心问题。

第三部分是本书的重心，分为第五章、第六章两章，从宏观和微观两个角度剖析工业循环经济的发展机理。其中，第五章运用面板数据分析法和案例法探讨了工业循环经济发展的宏观驱动机制，指出正外部性是工业循环经济的重要特点，强调了科技进步因素对工业循环经济发展的重要影响，认为政府调控与企业追求利润最大化动机的耦合力是区域工业循环经济发展的主要动力，其中，政府的调控在工业循环经济发展过程中发挥着主导作用。第六章探讨了工业循环经济微观发展机理。在分析主要产业链及其物质流和能量流的基础上，对石嘴山市重要工业集聚区——惠农区工业循环经济系统进行系统动力学建模，分析其演变趋势及优化调控方案，从九个方面详细阐释了工业循环经济发展的微观机理：政府是工业循环经济系统微观运行机制的调控者；生态效率是工业循环经济系统调控者最为关注的核心指标；企业是工业循环经济发展的主要载体；循环经济主体之间的信息反馈机制至关重要；产品价格波动干扰循环经济运行过程；对工业循环经济的发展而言，企业之间的阻力大于企业内部；距离是循环经济发展的制约因素之一；手段和目标之间建立起相互促进的关系是循环经济系统趋于完善的标志；协调好传统产业和新兴产业之间的关系是工业循环经济系统平稳健康发展的基础。总而言之，价值流在工业循环经济系统的核心驱动机制中扮演着关键的角色。无论是政府还是企业，都是在价值流的驱使下在工业循环经济系统的运行中发挥作用。政府追求的价值包括生态价值、社会价值和经济价值；企业以追求经济价值为主，在政府的优惠政策和补助资金的支持下，发展循环经济的企业也能克服工业循环经济正外部性的影响，实现利润最大化目标。在政府循环经济政策的引导下，工业循环经济系统的价值流发生了微妙变化，进而带动系统物质流和能量流发生改变，从而实现更高的生态效率，这就是工业循环经济系统运行的核心机理。

第四部分归纳了煤炭资源型城市工业循环经济发展模式，即目标—手段—目标环形发展模式，并提出经济新常态下煤炭资源型城市工业循环经济发展的调控对策。目标—手段—目标环形发展模式建立在循环经济具有外部经济性特点的基本判断之上，认为煤炭资源型城市发展工业循环经济必须紧紧把握"节能减排"这一工作重心；该发展模式强调了协调好传统煤基产业与新兴主导产业之间关系的重要性，并将调控的目标锁定在工业空间结构优化、生产工艺循环化改造、淘汰落后产能和工业结构升级四个方面，认为工业循环经济的发展目标和调控手段之间的良性循环是工业循环经济系统趋于完善的标志。最后，从产业政策、资金扶持、智力支持、体制机制创新、参与"一带一路"倡议等多个层面探讨了促进煤炭资源型城市工业循环经济发展的调控对策。

本书的完成离不开师友的帮助和支持。感谢中国科学院地理科学与资源研究所董锁成研究员对研究的指导和帮助，感谢研究生闫佑宁、姜曙光在成稿过程中所做的数据处理和校稿等工作，感谢中国社会科学出版社工作人员的大力支持和辛勤工作。

2019 年 11 月 20 日于鲁东大学

目　录

第一章　绪论

第一节　选题依据和研究意义

一　选题背景

我国是世界上煤炭资源最为丰富的国家之一，也是世界上煤炭资源第一消费大国。2013 年，中国煤炭消费量占世界的比重超过 50%，煤炭消费在一次能源消费中所占比重为 67.5%。可以预见，在未来相当长的一段时间内，煤炭在一次性能源消费中将会长期占据主要位置。但相比于石油和天然气来说，煤炭是污染更加严重的化石能源，再加上中国能源利用效率较低，平均比发达国家低 10 个百分点，对于我国这样一个已经是世界上最大的二氧化碳和二氧化硫排放国的煤炭消费大国而言，该领域的节能减排任务将越来越艰巨。2014 年 11 月 12 日，作为全球两个最大碳排放国，中美达成温室气体减排协议。根据协议，中国将力争实现温室气体排放量从 2030 年左右开始减少，这势必对中国能源结构、发展格局产生广泛而深远的影响。

根据美国学者哈里斯统计描述的简单分类法，凡煤炭产业的增加值占城市 GDP 的 10% 以上，或煤矿从业人员占全部从业人员的 15% 以上，即为煤矿城市，也就是煤炭资源型城市。在我国 120 多个矿业城市中，煤炭资源型城市有 60 多座[1]。受"资源诅咒"定律的影响，煤炭资源型城市多

---

[1]　王太峰：《煤炭资源型城市的可持续发展思考》，《山东煤炭科技》2013 年第 3 期。

为粗放型经济发展模式，产业结构单一，资源产出率低，城市环境污染比较严重。转变经济增长方式，由粗放型外延式经济增长向集约型内涵式经济增长转型是实现可持续发展目标的必然选择，发展循环经济尤其是工业循环经济则是煤炭资源型城市实现经济增长转型的捷径。

工业循环经济是循环经济在工业领域的表现形式，是循环经济系统的子系统。中国正处于工业化向后工业化过渡阶段，工业在国民经济中具有主导作用。对于大多数地区而言，工业仍是国民经济的主体，居于主导地位，工业是资源消耗的主要产业，也是污染物主要排放源，因此，也是发展循环经济的主要载体。只有通过发展工业循环经济，才能实现资源优化配置、结构优化调整、废物优化利用，才能最大限度地减少资源浪费，降低资源开采对生态的破坏程度，才能实现经济、生态和社会效益的共赢。

在上述国内外宏观社会经济背景下，在煤炭资源型城市发展循环经济，尤其是工业循环经济，贯彻减量化、再利用、再循环原则，提高煤炭能源利用率，有利于实现中国向全世界许诺的节能减排目标，也有利于践行科学发展观，建设生态文明。另外，在中国"经济新常态"背景下，发展工业循环经济，实施产业结构优化升级，是国家"供给侧改革"的重要内容，是国家"去产能、去库存、去杠杆"的重要手段，有利于国家经济"调结构、转方式、促升级"。

二　研究意义

第一，探索工业循环经济的发展机制以及影响工业循环经济发展的制约因素和解决途径。目前，国内外学者对循环经济园区的运行机理和动力机制的探讨比较多，而对城市层面的较大范围内的工业循环经济发展机制和模式研究较少。尤其是对中国这样一个发展中大国来说，市场经济体制还没有完全建立起来，国家宏观调控对经济运行发挥的作用还比较大，研究城市层面的工业循环经济发展机制，摸清工业循环经济发展的制约因素以及各因素之间的关系，具有重要理论意义。

第二，揭示煤炭资源型城市工业循环经济系统的物质流动规律及各环节所产生的生态效应。城市作为一个相对独立的宏观经济单元与生态系统之间存在着复杂的相互作用、相互制约的关系。通过研究城市工业循环经济系统运行过程中的物质流过程，探究城市工业循环经济系统与生态系统之间的互动机理，尤其是工业循环经济发展的生态效应和反馈效应，对可持续发展理论研究具有重要的参考价值。

第三，探索从中观和微观角度分析工业循环经济运行机制的综合性研究方案。采用生态经济学、环境经济学、系统论和控制论等多学科原理和方法，运用计量经济分析、系统动力学分析等多种研究手段，形成具有综合性、实效性和针对性的城市工业循环经济系统研究方案，是相关研究领域方法论层面的一次有益尝试。

第四，揭示煤炭资源型城市工业循环经济发展的独特规律。煤炭资源型城市的产业结构一般是围绕煤炭资源的开采和深加工发展起来的，具有高耗能、高污染等特征。煤炭资源型城市发展工业循环经济必然会受自身产业结构的影响，其驱动机制和发展模式也必然有自己的独特性。由于我国有众多煤炭资源型城市，探索其循环经济发展的驱动机制和发展模式具有很强的现实意义。

第二节 研究目标、研究内容

一 研究目标

（一）探索煤炭资源型城市工业循环经济发展机制及调控路径

城市地理学研究表明，每座城市都承担着多种职能，可分为基本职能和非基本职能。基本职能的服务范围远远超出了本城市的管辖区域，是城市发展的核心驱动力。不同城市所拥有的发展条件千差万别，其所承担的基本职能也多种多样。对于煤炭资源型城市来说，以煤炭资源为基础的产业链和产业集群是城市经济的主要载体，是区域专门化分工的产物。以煤炭资源及其深加工产品为主要物质流的城市工业循环经济系统必然拥有不同于其他类型城市工业循环经济的发展机制和调控路径。以煤炭资源及其深加工产品的物质流动为分析主线，辅以能量流和价值流分析，运用系统动力学模型，通过模拟系统运行现状，评价系统运行效果，寻找系统优化的方案，为煤炭资源型城市发展工业循环经济提供理论依据和路径参考。

（二）煤炭资源型城市工业循环经济系统物质流、能量流产生的环境压力及缓解措施

运用系统动力学基本原理，建立"经济发展—环境压力"反馈系统模型，评价物质流、能量流对生态系统所带来的影响，分析经济系统，特别是生态系统对这一影响的反馈作用和作用程度，进而揭示城市工业循环经济体系与生态系统的交互作用机理，并探索调控两者之间关系的对策措施，为城市可持续发展提供理论参考。

二 研究内容

（一）工业循环经济系统运行行为主体分析

城市工业循环经济系统的行为主体由政府、企业和公众组成。其中，政府在循环经济规划、产业链构建、废弃物资源化利用以及调控企业采取清洁生产模式和消费者改变消费模式方面发挥着主导作用，在目前的工业循环经济发展中扮演规划者、组织者、推动者和监督者的多重角色；企业是城市工业循环经济系统的核心组成部分，是循环经济实施三原则的主要执行主体，是工业循环经济系统运行的基本单元；公众对区域工业循环经济发展具有重要影响力，其在循环型产品需求端及废弃物资源化利用等方面发挥着重要作用，是工业循环经济系统运行不可或缺的组成部分。

（二）循环经济三原则实施的微观条件分析

从环境经济学视野出发，从外部性、规模经济以及贴现和资源跨期配置等当前阻碍循环经济活动利益生成的微观经济问题入手，分析外部性造成产品价格体系扭曲和资源配置低效、规模收益递增的循环型企业因缺乏规模效益而缺乏发展循环经济的动力，以及高贴现率等因素对投资期较长的循环型产业投资与循环型耐用品消费决策的不利影响，探讨区域政府通过制度设计以及相关财税政策的调整激励企业发展循环经济的路径。

（三）工业循环经济系统物质流、能量流和价值流分析

工业循环经济系统物质流分析。采用物质流分析方法对城市工业循环经济系统的物质流动进行分析，计算系统在"物质输入—物质流动—物质输出"的流动过程中，各类原料、副产品、产品、废弃物等指标的运转量，着重分析参与循环各环节所必需的物质，系统流入与流出的交换物质，对系统运行具有制约作用的物质需求与物质限制因素的计算和分析，探讨城市工业循环经济系统运行的物质流动机制。

工业循环经济系统能量流分析。采用能值分析方法，对城市工业循环经济系统的能量流动情况进行分析，计算城市工业循环经济系统在能源需求、能源损耗、能源循环利用的流动过程中，每个重要环节所消耗的能源量、能源种类和系统流入与流出的能量交换量。重视对系统运行起制约作用的能源运行环节的分析，探讨城市工业循环经济系统运行的能量流动机制。

工业循环经济系统物质、能量流动与生态环境相互作用程度与机理研究。采用系统动力学方法建立城市工业循环经济系统物质、能量流动模型，研究系统对外的能量、物质输出量及其将会产生的污染等生态影响；研究生态环境对这种系统影响的反馈作用，探讨生态系统通过对物质、能量输入来制约工业循环经济系统持续发展的机理和程度。

（四）工业循环经济系统运行机理、核心动力与效应分析

采用系统动力学方法，结合物质流、能量流分析结论，构建城市工业循环经济系统物质、能量流动与生态系统交互作用网络模型，通过加入反馈因子，对系统未来做情景分析，评价工业循环经济系统的可持续运行条件，找出制约系统发展的因素和脆弱环节，调整系统模型的相关参数，进一步运用系统动力学方法对调控后的工业循环经济系统建立模型，定量分析系统的生态效应、经济效应，并依据以上全部分析结论，从理论层面深入挖掘、探讨驱动城市工业循环经济系统持续运行的核心动力和运行机理。

（五）煤炭资源型城市工业循环经济系统模拟和优化路径

根据城市工业循环经济系统的可持续性能力评价和脆弱环节、限制因素分析，结合物质、能量流动对生态系统的正负效应影响，设计具有针对性的优化调控方案，通过政策、体制手段，弥补脆弱环节的缺陷，增强系统的持续能力和稳定性。

第三节　研究思路和方法

一　研究思路

区域循环经济系统是由区域社会系统、经济系统和生态系统复合形成的巨系统，作为子系统之一，工业循环经济系统也是由这三个方面构成的。其中，由政府、企业、社会公众组成的具有能动作用的行为主体是工业循环经济系统的重要组成部分，政府的宏观调控、企业的生产模式和消费者的消费模式选择最终决定着该系统的结构和功能，决定着该区域能否实现可持续发展。但政府、企业、公众在区域工业循环经济系统运行中所承担的职能是不同的，其中，企业是循环经济"减量化、再利用、再循环"原则的主要执行主体，在生产中贯彻这三个原则需要企业在资源利用减量化技术（提高资源利用率）、产品生态设计、废弃物资源化利用技术等方面取得突破；政府是循环经济运行的管理者和调控者；公众在消费端为循环经济提供市场需求动力。在市场经济条件下，政府没有相应的法律依据强制企业采取某种有利于循环经济发展的技术，企业是否采用有利于循环经济的生产技术进行产品生产，是否应用生态设计理念进行产品开发，是否对废弃物进行资源化利用取决于采取上述经济行为的成本效益比较，也就是说，如果采用资源利用减量化技术对于原资源利用方案来说可以取得更高的效益，如果运用了生态设计理念的产品相比于原产品更具有市场和盈利空间，如果废弃物资源化利用的成本（包括技术获得和生产工艺改进成本）不大于初始资源的价格，那么企业就有充足的动力发展循环经济。若情况正好相反，则企业发展循环经济会因动力不足而难以取得效果。在这种情况下，政府即应该采取一系列的法律法规和财税政策等手段，使前一种情况能够出现，从而使企业有动力发展循环经济。但发展循环经济并非政府唯一执政目标，而且政府的财政预算也是有一定刚性的，不可能无限度地降低企业发展循环经济的成本，在政府所采取的诸多财税政策和激励措施之间也存在一个孰轻孰重，如何确定先后顺序和投入权重的问题，也就是政府在发展循环经济问题上的投入产出最大化的问题。同时，对消费者来说，在消费选择上也会面临效用最大化和绿色消费之间的艰难取舍。因此，发展工业循环经济是一个复杂的系统工程，牵涉政府、企业和消费者行为方式的转变和彼此之间利益的博弈。适宜的发展机制可以协调多方之间的关系，可以释放企业和消费者发展循环经济的最大潜力，可以达到经济效益、社会效益和生态效益的最大化目标。但理想的循环经济机制并非一成不变的，它是一个动态的过程，会随着社会经济结构和宏观环境的变化而变化，会因企业的技术进步而不断适应和调整，因此，工业循环经济模式也不是静态的。可以说，不同区域之间相比较，循环经济发展机制会因区域经济结构、经济基础、技术水平等条件之不同而存在差异。理论上讲，相对于特定区域而言，会存在一种最佳的发展模式，寻找此模式的过程，也就是明确当前循环经济运行机制，模拟当前循环经济运行过程，进而调控某些系统参数，从而使系统运行效率达到最优化的一个过程。

综合运用物质流分析法、能量流分析法和价值流分析方法，本书试图通过对资源型城市工业循环经济系统运行过程中所产生的物质流（本书为煤炭及其深加工产品）、能量流和价值流的分析，明确工业经济运行各环节所产生的环境效应，探讨资源减量化和废弃物回收利用的经济可行性，进而运用系统动力学方法模拟循环经济系统的运行，并通过系统运行参数的调整，寻求优化系统的方案和对策。

二　技术路线

本书研究技术路线如图 1-1 所示。

三　研究方法

（一）生态效率分析——循环经济发展水平评价

基于生态效率和循环经济 C 模式，建立煤炭资源型城市工业循环经济的发展水平和发展绩效评价模型。

（二）面板数据分析——工业循环经济发展的驱动因素判断

以工业节能为例，分析中国工业节能和石嘴山市工业节能的驱动因

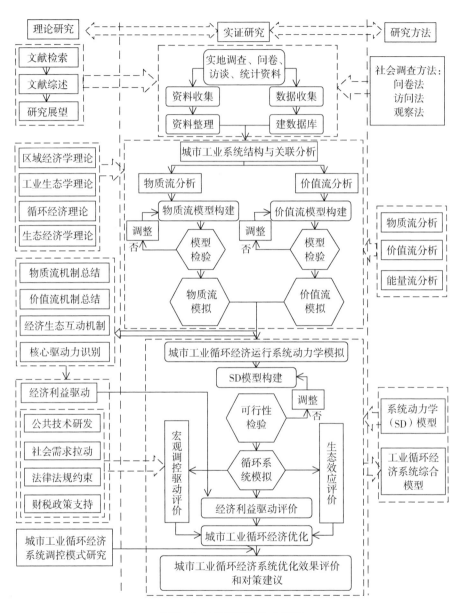

图 1-1　本书研究技术路线

素，进而判断工业循环经济发展的驱动因素和机理。将工业节能的途径区
分为结构调整节能和循环经济节能两类，分别探讨两类途径对中国工业节
能的作用。依据循环经济与科技变革之间的关系，将工业行业分为 A 类循

环经济行业和 B 类循环经济行业，并推断 A 类行业的节能量同利润总额存在相互促进的关系，B 类则呈负相关，进而运用面板数据分析技术验证上述论断，为工业循环经济发展驱动因素分析提供事实依据。

（三）物质流分析——循环经济运行机理分析

本书以"欧盟导则"确立的框架为基础，依据区域物质流分析特点和石嘴山市本身的特点，把社会经济系统看作一个整体，考察其总体的输入、消耗与输出，即"社会的新陈代谢"，并概括石嘴山市循环经济运行机理。

（四）系统动力学方法——循环经济系统动态仿真

本书选用系统动力学（System Dynamics，SD）的研究方法，利用 Vensim PLE 软件，通过构建系统动态仿真模型，将关键驱动因子作为选择调控参数的依据，仿真预测石嘴山市循环经济未来发展的动态演进方向，并提出相应的优化调控方案。

四　创新性

首先，对煤炭资源型城市工业循环经济发展的动力机制和发展模式进行探索，综合评估其经济、社会和生态效应。

目前，国内学术界对区域循环经济的研究正不断深入，针对不同类型城市的循环经济发展机理和模式的研究也逐渐增多，但对煤炭资源型城市工业循环经济发展机理和模式的研究还很不足。本书拟通过定量分析与定性分析相结合的方法，运用系统动力学和计量经济学模型，以煤炭资源及其深加工产品所形成的物质流为分析核心，探索工业循环经济发展的动力机制和模式，综合评价该模式的经济、社会和生态效应，为相似城市发展工业循环经济提供理论和方法参考。

其次，引入计量经济方法，尝试界定依法行政的政府调控工业循环经济系统的政策空间和调控路径。

将外部性理论引入工业循环经济的分析和评价，在区别科技进步与循环经济之间关系的基础上，辨析工业循环经济发展的驱动因素。

发展工业循环经济的核心驱动力是经济效益最大化，绝非是要求企业放弃效益最大化而仅追求资源循环利用。良性发展的工业循环经济的大部分主体必须有自发的发展循环经济的动力，也就是说，在国家和地方政府所提供的制度环境和法律法规约束下，工业循环经济系统主要靠自组织方式进行调控，系统内的行为主体靠市场机制相互联系在一起。本书尝试通过工业循环经济机制研究，分析循环经济调控政策工具发挥作用的原理；如何通过产业政策、财税政策、金融政策等经济工具提高资源价格，降低循环型企业发展循环经济的成本，使企业在利益驱动下自发发展循环经济；用于调控循环经济发展的投入力度如何界定以及如何将各种政策工具有机结合在一起运用才能更好地发挥作用等。

第二章 理论基础和研究综述

第一节 理论基础

一 煤炭资源型城市的基本概念与特征

（一）煤炭资源型城市的基本概念

资源型城市一般是指依托当地自然资源而兴起或发展，以围绕不可再生资源开发而建立的采掘业和初级加工业为主导产业的工业城市类型[①]。依据工业发展所依托的资源类型，资源型城市又可以分为煤炭资源型城市、石油城市、森林城市、有色金属城市等[②]。因此，煤炭资源型城市可以定义为，依托煤炭资源的开发而兴起的，围绕煤炭资源的综合利用形成的产业部门在国民经济中占有重要地位的工业城市类型。

（二）煤炭资源型城市的特征

综合考察中国煤炭资源型城市发展的历程和现阶段的发展状况，煤炭资源型城市的主要特征包括如下几个方面。

第一，煤炭产业在国民经济中占有较高的比重。一般认为，煤炭产业的增加值占城市 GDP 的比重超过 10%。例如，2014 年，煤炭开采和洗选

[①] 张文忠、王岱、余建辉：《资源型城市接续替代产业发展路径与模式研究》，《中国科学院院刊》2011 年第 2 期。

[②] 李惠娟、龙如银：《资源型城市环境库兹涅茨曲线研究——基于面板数据的实证分析》，《自然资源学报》2013 年第 1 期。

业占枣庄市工业总产值的比重达 17.3%①。

第二，煤炭产业的关联效应较强。对于煤炭资源型城市而言，其工业体系与其他城市明显不同，煤炭产业链的前后向关联度较高。这类城市往往依托能源丰富的优势形成以电力、冶金、化工等高耗能产业为主的产业结构。

第三，产业结构单一，资源环境问题突出。受"资源诅咒"的影响，煤炭资源型城市产业结构较为单一，由于煤炭资源丰富，资源利用效率并不高，环境污染比较严重；同样受"荷兰病"的制约，煤炭资源型城市的科技水平低，人才匮乏；受矿井分布影响，城市空间布局较为分散；等等。

第四，经济发展表现出阶段性。随着煤炭资源的逐渐枯竭以及由此引发的较为严重的资源环境问题的逐渐显化，煤炭资源型城市往往会调整发展战略，逐步延伸产业链条，发展接续产业，探索低碳、绿色、循环的经济发展道路。因此，经济发展的阶段性特征比较明显。

第五，体制机制僵化，市场化程度低。因产业结构单一，煤炭资源型城市的对外经济交往渠道少，再加上这类城市往往地处偏僻地区，相对较低的交通可达性也限制了与其他地区的经济合作。同时，由于历史和体制方面的原因，地方政府和企业间关系复杂，有的城市甚至就是一个企业，国民经济运行过程中，行政指令和计划管理色彩浓厚，体制机制僵化，市场化程度低。

第六，民生问题突出，严重影响社会稳定与和谐社会建设②。煤炭资源型城市在体制机制改革过程中存在比较普遍的职工下岗、失业问题；同时，由于政府财力有限而导致的社保体系不到位，企业经营困难而拖欠职工工资等问题，加剧了在岗、下岗及失业职工的困难；煤炭资源型城市有贫困人口增加的趋势，在一定程度上影响了社会稳定与和谐社会建设。

---

① 袁玉珂、王成新：《煤炭资源枯竭型城市低碳替代产业发展研究——以山东枣庄市为例》，《煤炭经济研究》2016 年第 3 期。

② 张文忠、王岱、余建辉：《资源型城市接续替代产业发展路径与模式研究》，《中国科学院院刊》2011 年第 2 期。

二 城市工业循环经济的基本概念和构成

(一) 循环经济的概念和内涵

1. 循环经济的概念

目前，中国政界和社会媒体广泛使用的是发改委对循环经济的定义：循环经济是一种以资源的高效利用和循环利用为核心，以"减量化、再利用、资源化"为原则，以"低消耗、低排放、高效率"为基本特征，符合可持续发展理念的经济增长方式，是对"大量生产、大量消费、大量废弃"传统增长方式的根本变革。

传统的粗放型经济是单向流动的线性经济（见图2-1），而循环经济要求把经济活动组成一个反馈式流程（见图2-2），因此，循环经济倡导的是一种与环境和谐的经济发展模式。

图2-1 传统的线性经济流程

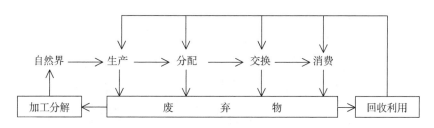

图2-2 循环经济流程

循环经济的概念首先由美国经济学家肯尼迪·鲍尔丁提出，在20世纪90年代后期得到快速发展，其基本原则是3R，即"减量化、再利用、再循环"原则。它起源于德国杜邦公司的3R制造法。自3R原则问世以来，迅速得到了理论界的认可，而且随着循环经济理论在世界各地区、各领域的应用，人们根据自身的研究实践对循环经济的运行原则提出了具有针对性和特色性的提法，将 3R 原则发展为 4R 原则、5R 原则，但这都是针对不同层次、不同领域提出的，具有一定的片面性，循环经济思想的基本核心仍然是被世界所公认的 3R 实施原则。

第一，减量化原则（Reduce）。减量化原则针对的是生产系统的输入端而提出的要求。它以资源的最小化利用为目标，主张以较少的资源实现既定的生产或消费目的。同时，在经济运行过程中，循环经济要求在生产、消费等环节中最大限度地避免或减少废物的产生。在生产中，减量化原则常常表现为要求产品体积小型化和产品重量轻型化；包装追求简单朴实而不是奢侈浪费，从而在源头上节约资源和减少污染物的排放。在消费中，减量化原则要求任何以消费为目的的经济行为都应该考虑由于消费所产生的污染排放和环境的负效益。减量化原则重视经济运行对环境的影响，强调资源的最优和合理利用、污染和废弃物质的最少排放。但减量化原则不能改变线性的经济运行模式，因此，只能做到一定程度的减量而不能彻底消除废弃物，只能缓解资源的消耗速度而不能改变资源逐渐耗尽的趋势。

第二，再利用原则（Reuse）。再利用原则要求资源或产品的使用价值，能够多次得到利用。再利用原则反对一次性产品的生产和消费，要求产品能够以初始的形式被多次和反复使用，尽量延长产品的使用周期，同时要求对废弃物质进行再提炼，将废弃物排放降到最低。

第三，再循环（资源化）原则（Recycle）。再循环原则体现了循环经济的理论核心，该原则要求产品在完成其使用功能后，能够重新变成可以利用的资源，强调废弃物的资源化利用。该原则要求人们重新看待废弃物，认为垃圾其实是"放错了位置的资源"。依据再循原则，某一产业的垃圾，很可能是另一个产业宝贵的财富。再循环原则彻底改变了传统的线性生产过程，在不同产业类型之间建立起物质闭环流动的循环链。

循环经济的 3R 原则使资源以最低的投入，达到最高效率的使用和最大限度的循环利用，能够实现污染物排放的最小化，使经济活动与自然生态系统的物质循环规律相一致，实现了人类经济活动的生态化转向。循环经济开启了人类经济系统由物质线性流动的传统经济运行过程向物质闭环流动的新型经济运行过程转化的新时代。

2. 内涵特征

层次性。发展循环经济的主体是分布于不同地区的广大的生产者和消费者，也就是说循环经济具有空间层次性，包括企业、园区、区域和社会四个层层嵌套的、由小到大的空间尺度。

系统性。自产业革命以来，世界市场逐渐形成，从区域到全球，从产品市场到生产要素市场，经济一体化的范围日益扩大、层次逐渐提高。对于世界上不同的国家、一国之内不同的地区而言，彼此之间通过人流、物流、资金流、能流和信息流紧密地联系在一起，形成一个统一的经济系统。人类要发展循环经济，实现经济增长模式的转型，势必要求世界经济系统的结构和功能做出相应的调整，经济运行的支持系统，包括贸易、金融、法律、技术、文化等都必须适应这种新变化，否则发展循环经济的效果就难以提高。

相对性。由于技术水平的限制和生产工艺的不完备，循环经济追求物质流在经济系统的闭环流动以及能量流的梯级利用只能部分实现。因此，所谓的循环经济只是相对于传统的大投入、大废弃的生产模式而言，人类发展循环经济的终极目标在于促使经济系统的运行从主要依赖不可再生资源转变到主要依靠可再生资源，人类排放的废弃物可以限制在环境容量的许可范围之内，从而实现可持续发展的远大战略。

长远性。循环经济的实现是一个长期的过程。循环经济系统是一个涉及政治、经济、法律、技术、文化等众多要素的复杂巨系统。根据系统论的基本原理，系统结构决定着系统的功能，循环经济的功能是转变经济增长模式，要实现这个目标必须对以往的经济结构进行优化调整，而优化系统结构很难一蹴而就。对于像中国这样一个幅员辽阔、经济发展水平和文化具有巨大空间分异的国家来说，由于发展循环经济的收益具有外部性，企业家动力不足，存在"市场失灵"现象；由于 GDP 导向问题，地方政府发展目标更偏好于经济规模和速度，从而存在"政府失灵"现象；由于"法治社会"的运行机制还不完善，存在有法不依、执法不严、违法不究的问题，尤其是环境保护领域。因制约因素较多，相对于市场机制完善、法治体系健全和公民素质较高的发达国家而言，中国发展循环经济任重道远。

（二）城市工业循环经济系统的概念和构成

1. 城市循环经济系统的概念

城市循环经济系统是区域循环经济系统的一种类型。自在 20 世纪 90 年代初循环经济概念被引入我国以来，区域循环经济系统就是我国学者重要的研究对象。由于我国实行市带县的行政管辖体制，区域循环经济研究多以城市级别的行政区域为研究对象。但在诸多的研究成果中，只有少数学者给城市循环经济系统下严格的定义。例如，崔丽娜（2010）认为，城市循环经济系统是模仿自然生态系统来研究城市的发展，它全面体现了可持续发展的区域形态，它由四个子系统构成，即绿色产业系统、基础设施系统、技术支撑系统和社会保障系统[1]。史宝娟、赵国杰（2007）认为，城市循环经济系统是以实现经济、环境和社会效益协调发展为目标，以协调人与自然的关系为准则，在城市内模拟自然生态系统运行方式和规律，通过人力、资源、经济、技术、管理、环境等内部子系统及外部环境的相互作用、相互影响、相互制约而达到生产、生活等活动生态化的开放系统[2]。这两种定义都体现了循环经济对自然生态系统的模仿，更加重视循环经济在促进城市生产和生活功能的生态化过程中的作用，并阐述了城市循环经济系统的构成要素和主要驱动因子。但上述定义都没有提及作为循环经济突出特征的 3R 原则，也没有涉及城市循环经济在省级循环经济系统或国家循环经济系统中的地位和作用。

参考前人研究成果[3]中关于区域循环经济概念的表述，本书认为：城市循环经济系统是城市层面的区域循环经济系统，是国家和省级循环经济系统的组成部分，它是由资源、社会、经济、环境四个子系统复合而成的复杂巨系统，其主要功能是通过生产系统运行过程中的减量化、再利用和再循环原则协调人类的社会、经济系统同自然界的资源和环境系统之间的关系，进而实现人类的可持续发展；四大子系统通过物质流、能量流和信息流相互联系、相互作用；政府、企业和公众是城市循环经济系统的最活

---

① 崔丽娜：《城市循环经济系统及其评价模型构建》，《商业时代》2010 年第 20 期。

② 史宝娟、赵国杰：《城市循环经济系统评价指标体系与评价模型的构建研究》，《现代财经（天津财经大学学报）》2007 年第 5 期。

③ 薛冰：《区域循环经济发展机制研究》，博士学位论文，兰州大学，2009 年，第 43 页。

跃和能动的因素，是对城市循环经济系统进行优化调控的行为主体；三大主体通过信息流调控物质流、能量流和价值流的运行，并实现城市循环经济系统的目标。

城市工业循环经济是城市工业循环经济系统的简称。循环经济的理论基础能够为城市工业循环经济的发展提供理论支撑和实践指导。

2. 城市工业循环经济系统的概念

参照城市循环经济系统的概念，本书认为：城市工业循环经济系统是城市循环经济系统的主要组成部分，它是由资源、社会、工业、环境四个子系统复合而成的复杂巨系统，其主要功能是遵循 3R 原则进行生产，协调人类工业生产系统同自然界的资源和环境系统之间的关系，实现人类的可持续发展；四大子系统通过物质流、能量流和信息流相互联系、相互作用；政府、企业和公众尤其是前两者是城市工业循环经济系统的最活跃的能动因素，是对城市循环经济系统进行优化调控的行为主体；三大主体通过信息流调控物质流、能量流和价值流的运行，并实现城市工业循环经济系统的目标。

3. 城市工业循环经济系统的构成

在前人的研究成果中，探讨自然环境与人类社会经济系统之间的相互作用机理时，往往将循环经济系统分为社会经济系统和生态系统，或者分为区域经济系统、人文社会系统和生态环境系统[①]。应该说，循环经济系统划分为几个子系统应视研究的目的而定，不必强求统一。本书将城市工业循环经济系统分为四个子系统，主要考虑到资源产出率、污染排放产出率在衡量生产的减量化、再利用、再循环方面作用突出，而且资源的种类和结构对循环经济发展也有很大影响，因此，尽管资源系统可以被看作环境系统的一个子系统，是后者的构成要素或条件，但本书还是把它从环境系统中分离出来，作为同后者并列的一个独立的子系统。

（1）资源子系统

资源子系统是城市工业循环经济系统的基础。循环经济的 3R 原则主要就是围绕资源的减量化利用、废弃物的资源化利用而提出的。可持续发

---

① 薛冰：《区域循环经济发展机制研究》，博士学位论文，兰州大学，2009 年，第 48 页。

展理论告诉我们，在资源环境的约束下，人类经济发展的规模是有边界的；要想实现可持续发展，必须实现经济增长方式的转型，由粗放外延式增长转向集约内涵式增长，逐渐减少不可再生资源的使用，并最终用可更新和可再生资源作为人类生产生活的主要资源。因此，一方面要节约使用资源，即提高资源产出率；另一方面要改变资源消费结构，增加清洁能源和可再生、可更新资源的消费比重。

（2）环境子系统

在城市工业循环经济系统中，环境子系统是约束。环境是人类社会生存的空间载体，是人类得以繁衍生息的前提。环境容量是人类污染排放的上限。因此，一方面，降低单位经济产出的污染排放水平或提高单位污染物排放的产出水平有利于实现可持续发展，另一方面，将污染物排放量限制在环境容量容许的范围内是实现可持续发展的硬性约束条件。

（3）工业子系统

工业子系统是城市工业循环经济系统的核心。工业循环经济系统的功能主要是通过对工业系统的调控实现的。人类的资源环境问题主要是生产系统带来的，工业在人类的生产系统中居于主导和控制性地位，解决资源环境问题离不开对工业系统的调控。工业循环经济的本质就是要通过资源利用减量化、再利用和废弃物的再循环来缓解并最终解决资源枯竭和环境污染问题。优化工艺流程、提高管理水平、加强技术创新、构建共生型产业链等是行之有效的解决手段和措施。

（4）社会子系统

社会子系统是城市工业循环经济系统运行的保障。社会子系统是城市中人类及其自身活动所形成的非物质要素的集合，涉及人及其相互关系、意识形态和上层建筑等领域。经济管理体制、法律法规体系、贫富差距、价值观、消费意识、环境伦理观、科技创新、新能源的采用、公共参与机制等，都会影响到工业循环经济的健康运行。

4. 城市工业循环经济系统在城市系统中的地位和作用

（1）城市工业循环经济系统是基于工业可持续发展视角的城市系统重构

城市系统是一个复杂巨系统，按可持续发展理论，一般认为，城市系统由经济子系统、社会子系统和生态环境子系统构成。工业属于国民经济的一个重要产业,是城市经济子系统的组成部分,但工业循环经济系统则不仅与经济子系统密切相关,而且与社会子系统、生态环境子系统不可分割,城市工业循环经济系统更像是从工业可持续发展的角度将城市系统各部分重新组织在一起,城市系统的各个组成部分或多或少地对城市工业循环经济系统的组成、结构和功能有影响。

(2) 城市工业循环经济系统承担着城市可持续发展的重任

传统的不合理发展模式导致今天全球范围的资源短缺、环境污染问题,基于工业在资源消耗和污染排放中的突出地位,人类可持续发展的切入点必然是工业的可持续发展。工业循环经济是实现工业可持续发展的重要途径;区域工业循环经济是全球工业可持续发展的基础,城市工业循环经济也承担着城市工业可持续发展的重任。

三　循环经济的起源和发展进程

(一) 循环经济理论的起源和发展

循环经济理论研究从萌芽到今天大体经历了三个发展阶段(见表2-1)。20 世纪 60 年代是循环经济理论的萌芽阶段。以 1962 年美国生态学家卡逊发表《寂静的春天》为标志,从生物界以及人类所面临的危机角度,人类开始反思工业社会发展方式所存在的不足,开始重视由于工业化而带来的环境问题;1966 年,美国经济学家鲍尔丁在《即将到来的宇宙飞船经济学》中提出了"宇宙飞船理论",提出人类生活的地球就像在太空中飞行的宇宙飞船,而人类的经济发展,就是在不断地消耗自身的资源,如果继续过度开发利用资源而不顾环境的保护,最终就会像宇宙飞船那样走向毁灭[①]。从此,人类开始反思传统的经济发展模式,并开始寻求新的经济运行机制,期望经济发展与环境保护实现共赢。

---

① 闫菲菲:《国内外循环经济研究综述》,《内蒙古财经学院学报》2010 年第 3 期。

表 2 - 1　　　　　　　　　　　　循环经济理论发展阶段

研究阶段	研究时期	代表成果	研究特色
循环经济理论的萌芽阶段	20 世纪 60 年代	1962 年美国生态学家卡尔逊发表的《寂静的春天》；1966 年，美国经济学家鲍尔丁在《即将到来的宇宙飞船经济学》中提出的"宇宙飞船理论"	开始反思传统的经济发展模式，并开始寻求新的经济运行机制，达到经济发展与环境保护的共赢
循环经济理论提出并逐渐发展阶段	20 世纪 70—90 年代初	1990 年，英国环境经济学家大卫·皮尔斯和凯利·图奈在《自然资源和环境经济学》一书中提出"循环经济"	循环经济理论真正作为一种理论形式展现在世人面前，从此循环经济理论研究快速发展，在体系上逐步建立
理论不断丰富并进入实证研究的阶段	20 世纪 90 年代末至今	1994 年，德国制定了《循环经济与废弃物管理法》，循环经济第一次在国家法律中被定义为物质闭环流动型经济	循环经济理论不断丰富，实证研究迅速发展，循环经济作为一种制度在越来越多的国家确立起来

　　20 世纪 70—90 年代是循环经济理论的提出和初步发展阶段。20 世纪 70 年代，由于工业发展所带来的环境污染越来越引起世界各国的重视，人们开始研究如何对污染进行治理，即环境保护的末端治理方式；20 世纪 80 年代，人们意识到应采用资源化的方式处理废弃物：从"排放废物"到"净化废物"再到"利用废物"。但对于污染物的产生是否合理这个根本性问题，是否应该从生产和消费源头上防止污染产生，大多数国家仍缺少思想上的洞见和政策上的举措。人们仅仅关注的是经济活动造成的生态后果，而非经济运行机制本身。直到 1990 年，英国环境经济学家大卫·皮尔斯（D. Pearce）和凯利·图奈（R. K. Turner）在《自然资源和环境经济学》（*Economics of the Natures and Environment*，Harvester Wheatesheaf，1990）一书中提出"循环经济"（Circular Economy），并指出循环经济的目的，就是建立可持续发展的资源管理规则，使经济系统成为生态系统的组成部分[①]，循环经济才真正作为一种理论形式展现在世人面前，从此拉开了循环经济理论研究的序幕。

---

　　① 王丽丽：《辽宁沿海地区循环经济发展模式研究——以大连庄河市为例》，博士学位论文，中国科学院地理科学与资源研究所，2008 年，第 12 页。

20 世纪 90 年代末至今，是循环经济理论不断丰富，实证研究迅速发展，循环经济作为一种制度在越来越多的国家逐步确立起来的阶段。20 世纪 90 年代末期，学术界对循环经济的理论研究逐渐成熟，形成了循环经济发展的 3R 核心原则，即"减量化原则、再利用原则、再循环原则"，世界各国开始依据 3R 原则调整和优化本国的经济发展方式，循环经济在越来越多的国家作为一种制度逐步确立起来。

1994 年，德国制定了《循环经济与废弃物管理法》。循环经济第一次在国家法律中被定义为物质闭环流动型经济。2001 年 6 月，日本政府公布了《循环型社会形成推进基本法》，并出台了《家电循环法》《汽车循环法案》《建设循环法》《促进容器与包装分类回收法》《食品回收法》《绿色采购法》等一系列细则法案，规定废弃空调、冰箱、洗衣机、电视机、汽车等生产企业或制造商必须负责回收，进行资源的循环再利用[1]。

（二）中国循环经济的发展简史

我国最初是 1998 年引入德国循环经济概念，确立 3R 原则的中心地位。1999 年从可持续生产的角度对循环经济发展模式进行整合。进入 21 世纪之后，我国的循环经济研究得到了快速的发展，同时循环经济也逐渐上升到区域乃至国家的战略高度。我国第一批循环经济试点省市包括北京、辽宁、上海、江苏等 10 个；试点产业园区多达 13 个；试点重点领域 4 个；试点行业 7 个。2002 年我国从新型工业化的角度认识循环经济的发展意义；2003 年将循环经济纳入科学发展观，确立物质减量化的发展战略；2004 年，提出从不同的空间规模，即城市、区域、国家层面大力发展循环经济；2008 年 8 月，通过了《中华人民共和国循环经济促进法》，将循环经济理论的研究和应用提高到了法律的高度。

四 工业循环经济的理论基础

工业循环经济是循环经济的主要组成部分，在循环经济系统中居于主导和支配地位，循环经济的理论基础同样是工业循环经济的理论基础。

---

① 黄海峰、刘京辉等：《德国循环经济研究》，科学出版社 2007 年版，第 39 页。

循环经济的主要理念是生产过程中自然资源利用的最大化和废弃物排放的最小化以及可循环物质的循环利用,从而最终实现生产系统与生态系统的良性循环。循环经济学是从资源集约利用、环境污染最小化以及生态循环利用三个角度来实现经济运行中资源效率、环境效率与社会效率的统一。循环经济学是边缘学科,与传统经济学、资源经济学、环境经济学、生态经济学在研究对象、研究方法、研究内容等方面有着重叠交叉的关系(见图2-3)。其中,工业生态学是循环经济研究物质运动规律的方法基础,资源经济学与环境经济学的外部性理论对研究价值运动规律和循环经济发展驱动机制具有重要的理论参考价值。

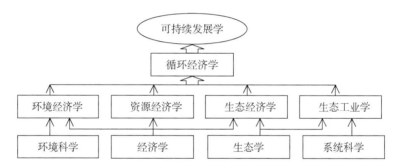

图2-3　循环经济学科的理论架构示意

(一) 系统科学基础

系统论。人类与自然环境所组成的社会生态系统是一个复杂巨系统。系统论认为系统的结构决定着系统的功能,人类要维持社会生态系统的生命支持功能,实现可持续发展,必须将人类活动强度限制在生态系统的环境容量之下。为此,人类必须改变传统的不可持续的经济发展模式。从系统论的观点看,经济发展模式的改变涉及优化调整经济系统的结构。也就是说,经济系统内部的制度环境、法律法规、金融、技术、劳动力等要素之间是相互影响、相互制约和相辅相成的关系,牵一发而动全身。发展循环经济就要优化经济系统结构,系统论可以为其提供方法论方面的指导。

耗散结构理论。耗散结构理论认为孤立系统具有熵增规律,当熵增加而达到一定的阈值时,系统结构和功能就会发生改变,并最终趋于崩溃;

具有耗散结构的远离平衡态的、稳定的、有序的开放系统，在外界条件变化达到某一特定阈值时，量变可能引起质变，系统通过不断与外界交换能量与物质，就可能从原来的无序状态转变为一种时间、空间或功能上的有序状态。耗散结构理论回答了开放系统如何从无序走向有序的问题，也指明了有序结构避免功能丧失和系统崩溃的途径。耗散理论为发展循环经济提供了自然科学方面的理论依据。

控制论。控制论是研究各类系统的调节和控制规律的科学。它研究生物体和机器以及各种不同基质系统的通信和控制的过程，探讨它们共同具有的信息交换、反馈调节、自组织、自适应的原理和改善系统行为、使系统稳定运行的机制，从而形成了一套适用于各门科学的概念、模型、原理和方法。

控制论为人类发展循环经济提供系统分析原理和系统调控工具。发展循环经济过程中，行为主体（政府、企业等）依据自然资源系统适应人类改变系统参数而反馈回的信息，不断调整经济发展模式，通过向系统输入资源集约利用、清洁生产、环境保护、生态修复、技术进步等反馈信息，增加系统的负熵，保证经济、社会、生态系统之间的动态平衡，实现系统的可持续发展。

（二）资源环境经济学基础

宏观经济学是在假定资源实现充分利用条件下探索资源高效配置的学说；微观经济学是在假定资源实现了高效配置条件下探索资源充分利用的学说。两种学说所涉及的经济系统都有一系列的制度假定：理性经济人假设、市场经济的制度环境和清晰的私有产权制度等。但因为循环经济的社会收益大于企业的私人收益，企业发展循环经济的动力不足，存在"市场失灵"现象；而受激励机制影响和法治环境薄弱制约，发展中国家还存在发展循环经济的"政府失灵"现象。资源环境经济学正是探讨有利于环境保护和资源节约的政策体系的学科，致力于解决外部性所造成的资源环境保护领域的"市场失灵"和"政府失灵"问题。在市场经济机制框架下，资源环境经济学可以为循环经济发展提供解决环境污染和资源浪费的政策方案。

（三）工业生态学基础

生态学是研究生物与其环境之间相互关系及其作用机理的一门科学。

生态系统是生态学研究的核心内容，它由生物部分和非生物部分（环境）两部分组成。依据在生态系统中所承担的功能，生物部分又可以分为生产者、消费者和分解者。在外界干扰不超过生态系统所能承受的临界值的条件下，生产者、消费者和分解者之间的数量比例达到了一个动态平衡，生态系统的结构和功能处于稳定、有序的可持续发展状态。

工业生态学即是通过模仿自然生态系统的结构和运行机理而建立起来的一门新兴学科，它主要研究通过借鉴生态系统的结构和运行机制来优化人类社会的工业系统，并探索工业系统生态化的方法和改造路径。工业生态学为发展循环经济提供了崭新的发展思路和研究工具。

（四）　生态经济学理论

生态经济学是 20 世纪六七十年代产生的一门新兴学科，以优化人类社会经济同自然生态环境的关系为主要目标，探索寻求使社会经济发展同生态环境相适应的理论与方法。

生态经济学的研究内容除了经济发展与环境保护之间的关系，还研究生态系统破坏、环境污染、资源不合理开发等问题的产生原因和控制方法，生态修复与环境治理的经济途径，经济活动的环境效应及生态影响等。另外，它还以人类经济活动为中心，研究生态系统和经济系统相互作用而形成的复合系统及其相互作用关系，揭示生态经济系统发展和运动的规律，寻求人类经济活动和自然生态保护相互适应、保持平衡的对策和途径。总之，生态经济学将生态和经济作为一个不可分割的有机整体，改变了传统经济学的研究思路，促进了社会、经济、环境协调发展新观念的产生。

20 世纪 60 年代，美国经济学家鲍尔丁发表了一篇题为"一门科学——生态经济学"的文章，首次提出了"生态经济学"这一概念。美国另一经济学家列昂捷夫则是第一个对环境保护与经济发展的关系进行定量分析研究的科学家，他使用投入—产出分析法，将处理工业污染物单独列为一个生产部门，除了原材料和劳动力的消耗，把处理污染物的费用也包括在产品成本之中。他在污染对工业生产的影响方面进行了详尽的分析。

1980 年，联合国环境规划署召开了以"人口、资源、环境和发展"为主题的会议。会议充分肯定了上述四者之间是密切相关、互相制约、互相促进的关系，并指出各国在制定新的发展战略时对此要切实重视和正确对待。同时，环境规划署在对人类生存环境的各种变化进行观察分析之后，确定将"环境经济"（即生态经济）作为 1981 年《环境状况报告》的第一项主题。由此表明，生态经济学作为一门既有理论性又有应用性的新兴的科学，开始为世人所瞩目。

生态经济学研究在我国的兴起开始于 20 世纪 80 年代，我国的生态经济学家十分重视生态经济学理论的应用与完善，特别是希望将国外先进的生态经济理论思想和我国的经济发展需求和生态环境特点相结合，探索符合我国各区域发展要求的生态经济发展模式和研究方法。

我国学者在自然资源价值核算、全国生态环境损失的货币计量等方面成果丰富[1]。在研究方法和模型方面，也呈现出多元化、交叉化的特点，利用绿色国内生产净值等概念衡量生态环境损失，用生态足迹方法衡量我国各区域生态承载力等[2]。近年来，围绕生态要素配置、生态经济系统相互作用、经济社会发展中的环境问题、生态经济区划、资源环境战略等问题的研究成果更是不断涌现[3]，为我国区域经济、环境的平衡发展提供了科学的理论支撑和实践指导。而其将经济发展与生态环境保护相结合的思想，也为循环经济模式的诞生和应用提供了最初的启迪和方向的指导。

五 工业循环经济的理论框架

（一）循环经济实施的层次理论

自 20 世纪 90 年代循环经济理念引入中国以来，许多学者开始研究循环经济的实施模式，其中，董锁成等依据区域生态经济理论和规划实践提

---

① 金鉴明：《绿色的危机》，中国环境出版社 1994 年版，第 126 页。

② 李泽红、董锁成、汤尚颖、李斌：《基于生态足迹模型的石嘴山市生态经济可持续性评价》，《中国地质大学学报》（社会科学版）2008 年第 3 期。

③ 董锁成：《中国东部沿海地区 21 世纪资源与环境战略》，科学出版社 1996 年版，第 42 页。金贤锋、董锁成、李雪、李斌：《广义协同进化视角下产业集群生态化研究》，《科技进步与对策》2009 年第 16 期。金贤锋、董锁成、周长进：《中国城市的生态环境问题》，《城市问题》2009 年第 9 期。刘耀彬：《城市化与生态环境耦合机制及调控研究》，经济科学出版社 2007 年版，第 101 页。

出的发展循环经济的四层循环经济模式具有很强的代表性。

该理论认为，循环经济是经济发展的新阶段和新模式，涵盖公众、企业、社区、社会等多个领域，我国可从以下四个层次推进循环经济体系建设（见图2-4）。

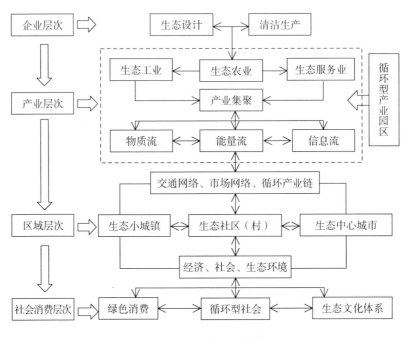

图2-4   四层循环经济模式

一是企业层次：以企业内循环为主，与外部的物质、能量和信息交换，包括一个工业区内几个、几十个甚至几百个企业之间的原料—产品—废弃物连接起来的循环再生。二是产业层次：同一产业内部，不同行业、不同产品、不同工艺过程间的物质、能量和信息交换。要将行业之间的原料—产品—废弃物（再生资源）连接起来，以产业内循环为主，同时与外部的物质、能量和信息交换。建立生态工业园区，按照生态原理组织和布局工业生产过程，延伸产业链，延长产品生命周期，形成生态工业循环体系，推进新型工业化进程，实现跨越式、超常规发展。三是区域层次：通过一个县、一个地区、一个省、一个国家，一个跨行政区的自然地理区域、生态区域或经济区域，一个跨国界的区域等，将企业之间的原料—产品—废弃物（再生资源）连接起来，主要在本区域内循环。在利益共享前提下，依据区域分工协作关系，通过不同区域之间的产业链、市场网络、金融网络、信息网络、资源及生态环境联系（链），促进区域间人流、物流、资金流和信息流良性循环。四是社会消费层次：从社会消费层面树立资源节约意识，全民动员，公众参与绿色消费、循环利用和垃圾再生，形成全社会资源消费—环境—资源大循环。以循环经济为主线，建设资源节约型社会和环境友好型社会，倡导绿色文明消费模式，推进全社会的大循环，实现循环型社会建设目标。

工业循环经济是产业层次的循环经济，属于中观层面的研究范畴。

（二）赶不上定理

段宁（2007）在研究人均物质消费量演变规律的基础上提出赶不上定理，其主要观点认为：一个正常的经济体系，在时间足够长的增长过程中，人均物质消费量上升的充分必要条件是物质强度赶不上人均 GDP 增长的速度[①]。其中，物质强度是指每单位经济产出（以货币表示）所消费的物质（以重量表示）。设 t_1、t_2 是任意给定的两个时间（$t_2 \geq t_1$），α 是这段时间 GDP 的增长速度（%），β 是同一时期物质强度下降的速度（%），$\alpha > 0$，则该段时间内人均物质消费量上升的充分必要条件是：$\beta < \alpha/(1+\alpha)$。

人类对美好生活的追求是生产系统中物质代谢最原始也是最重要的驱动力。由于所谓美好生活的相当一部分内容都是靠物质支撑的，物质下降的速度长期低于人均 GDP 上升的速度是与人类追求美好生活的本性相违背的。因此，从基本机理上讲，物质强度下降的速度赶不上人均 GDP 上升的速度。

赶不上定理对发展循环经济具有重要的理论指导意义，理论揭示了物质强度大幅度下降的前提条件：经济增长。也就是说，要想大幅度降低物质强度必须提高经济增长速度。同时，赶不上定理还具有重要的实践指导意义。定理表明，$\alpha/(1+\alpha)$ 是 β 的上限，根据一个国家或地区对一段时间的预期 GDP 上升速度可以直接算出其物质强度下降速度的上限；可以判定一个国家或地区公布的物质减量化指标的合理性；赶不上定理还可用于一个国家或地区结构调整的规划和评估。

[①] 段宁：《赶不上定理及其循环经济理论意义》，《中国环境科学》2007 年第 3 期。

（三）上升多峰原理

段宁（2005）在研究经济增长与物质消耗之间的关系以及经济长波理论的基础上提出上升多峰理论[1]。该理论认为，在人类发展历史上，从长期看，人均物质消费规模是不断上升的，伴随这一上升过程，经济增长与物质消费规模之间"脱钩现象"与"复钩现象"长期存在，交替出现（见图2－5）。上升多峰原理的理论基础是正负反馈机制和长波理论。正负反馈机制解释了人均物质消费规模不断扩大的原因；长波理论解释了经济发展规模和人均物质消费规模呈波浪形上升和下降的原因；正负反馈机制和长波理论的叠加导致了人均物质消费的上升多峰。需要指出的是，上升多峰原理仅适用于长时期的人均物质消费规律的变化趋势。

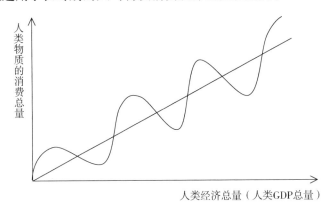

图2－5　物质消耗与经济增长的上升多峰理论假设模型

（四）物质减项定理

段宁（2009）以物质代谢的科学规律为基础提出了物质减项定理和完全循环原理，揭示出在自然资源有限和人类物质消费规模持续上升条件下人类实现可持续发展的必要条件是必须按照循环经济理论重组物质代谢途径[2]。段宁从循环经济的物质基础，便于研究循环经济的物质减项的具体途径出发，按照物质是否可再生和循环利用的属性重新将所有物质分成三类：可再生物质、可循环利用的不可再生物质以及不可利用的不可再生物

---

① 段宁：《物质代谢与循环经济》，《中国环境科学》2005 年第 3 期。
② 段宁：《循环经济理论与生态工业技术》，中国环境科学出版社 2009 年版，第 6 页。

质。物质减项定理的主要观点是，停止使用不可循环利用的不可再生物质是人类实现可持续发展的充分必要条件。

六　工业循环经济的研究方法

工业循环经济是循环经济的重要研究领域之一，两者的研究方法并没有很大的异同。目前，在有关循环经济的研究文献中，探讨循环经济的原理、制度建设、政策建议的研究多用规范研究方法；而研究循环经济评价指标体系[①]、循环经济与经济增长之间的关系多用实证分析方法[②]。

在实证研究中，学者经常用到的定量方法包括生态效率分析[③]、生态足迹分析[④]、能值分析[⑤]、能量流分析、物质流分析[⑥]、价值流分析、边际

[①]　陈伟强、石磊、钱易：《1991 年—2007 年中国铝物质流分析（Ⅱ）：全生命周期损失估算及其政策启示》，《资源科学》2009 年第 12 期。

[②]　李英东：《发展循环经济的制度模式和制度创新》，《经济经纬》2007 年第 2 期。陆学、陈兴鹏：《循环经济理论研究综述》，《中国人口·资源与环境》2014 年第 S2 期。宋宇晶、苏小明、芦玉超：《生态文明制度建设研究综述——基于党的十八大以来的研究文献》，《中共山西省委党校学报》2014 年第 5 期。王保乾：《循环经济发展模式及实现途径的理论研究综述》，《中国人口·资源与环境》2011 年第 S2 期。许乃中、曾维华、薛鹏丽、东方、周国梅：《工业园区循环经济绩效评价方法研究》，《中国人口·资源与环境》2010 年第 3 期。叶文虎、甘晖：《循环经济研究现状与展望》，《中国人口·资源与环境》2009 年第 3 期。张晓平、张青云：《发展循环经济的制度解析：国外经验及中国借鉴》，《世界地理研究》2007 年第 3 期。诸大建、钱斌华：《循环经济的 C 模式及保障体系研究》，《铜业工程》2006 年第 1 期。

[③]　Kazemi, H., Kamkar, B., Lakzaei, S., Badsar, M., Shahbyki, M., "Energy Flow Analysis for Rice Production in Different Geographical Regions of Iran", *Energy*, Vol. 84, 2015, pp. 390 – 396. Lamas, W. D., Palau, J. C. F., de Camargo, J. R., "Waste Materials Co-Processing in Cement Industry: Ecological Efficiency of Waste Reuse", *Renewable & Sustainable Energy Reviews*, Vol. 19, 2013, pp. 200 – 207.

[④]　Hao, H. G., Zhang, J. P., Li, X. B., Zhang, H. Y., Zhang, Q., "Impact of Livelihood Diversification of Rural Households on Their Ecological Footprint in Agro-Pastoral Areas of Northern China", *Journal of Arid Land*, Vol. 7, No. 5, 2015, pp. 653 – 664. Qian, Y., Tang, L. N., Qiu, Q. Y., Xu, T., Liao, J. F., "A Comparative Analysis on Assessment of Land Carrying Capacity with Ecological Footprint Analysis and Index System Method", *Plos One*, Vol. 10, No. 6, 2015, p. 17.

[⑤]　Liu, Z., Geng, Y., Zhang, P., Dong, H. J., Liu, Z. X., "Emergy-Based Comparative Analysis on Industrial Clusters: Economic and Technological Development Zone of Shenyang Area, China", *Environmental Science and Pollution Research*, Vol. 21, No. 17, 2014, pp. 10243 – 10253.

[⑥]　Tsai, C. L., Krogmann, U., "Material Flows and Energy Analysis of Glass Containers Discarded in New Jersey, USA", *Journal of Industrial Ecology*, Vol. 17, No. 1, 2013, pp. 129 – 142. Wernick, I. K., Ausubel, J. H., "National Materials Flows and the Environment", *Annual Review of Energy and the Environment*, Vol. 20, 1995, pp. 463 – 492.

分析和均衡分析以及系统动力学分析等①。

第二节　循环经济研究综述

一　循环经济评价方法研究

（一）物质流分析

物质流分析是指在一定时空范围内关于特定系统的物质流动和贮存的系统性分析。主要涉及的是物质流动的源、路径及汇。根据质量守恒定律，物质流分析的结果总是能通过其所有的输入、贮存及输出过程来达到最终的物质平衡。这是物质流分析的显著特征，它为资源、废弃物和环境的管理提供了方法学上的决策支持工具。这里所说的物质流分析主要是针对不同层次的经济系统、产业部门、工业园区或企业个体，它与自然生态系统的物质流有着本质的不同。

物质流分析方法是研究经济生产活动中物质资源新陈代谢的一种方法，其基本思想的发端可以追溯到100多年以前，而其概念则出现于20世纪不同年代的各个研究领域。第一个关于资源保护和环境管理的研究则出现于20世纪70年代，而这两个最初应用的领域是：城市新陈代谢和流域或城市区域的污染物迁移路径分析。20世纪70—80年代，物质平衡、工业代谢等理论的提出和完善为物质流分析方法应用于整个经济系统的研究奠定了基础。20世纪90年代初，奥地利、日本和德国首先应用物质流分析方法对各自国家经济系统的自然资源和物质的流动状况进行了分析，从而揭开了经济系统物质流分析方法在世界范围广泛应用的序幕。1995年Wemick和Ausubel针对美国的物质流平衡，首先给出了一套相当完整的物质流计算架构。1997年世界资源研究所发表了美国、日本、德国、荷兰等国有关专家合作研究的MFA国际比较研究报告。2001年，欧盟统计局公布了MFA指标的指导性原则文件；欧洲环境署运用物质流分析方法对欧盟

---

① 段学慧：《经济利益驱动机制：循环经济发展的根本动力——基于马克思主义利益观的分析》，《现代财经（天津财经大学学报）》2012年第9期。谢志明、易玄：《循环经济价值流研究综述》，《山东社会科学》2008年第9期。

15 国的物质流输入进行了统计分析[1]。2002 年，欧盟统计局发布了其所有成员国以及欧盟地区的物质流分析和消费统计结果。2004 年，Paul H. Brunner 和 Helmut Rechberger 合作编写了 *Practical Handbook of Material Flow Analysis* 一书，系统介绍了物质流分析的概念、历程、应用范围及目标，详细地陈述了其数据库管理、软件应用的具体操作方法，并列举了许多关于环境管理、资源保护、废弃物管理及区域物质流分析与管理的经典案例[2]。

随着物质总量流动的分析研究的深入进行，单个物质或单质的流动分析已在全球、国家及区域水平得以细致的研究。目前，国内学者应用物质流分析研究区域循环经济发展评价的研究成果不断出现。

（二）价值流分析

一般认为，物质流分析通常把经济系统当作"黑箱"，分析其物质吞吐量。从目前国内外研究趋势看，物质流分析从最初特定物质或元素对生态环境的压力、危害分析转变为宏观经济社会系统物质通量研究，且有向中观层面迈进之趋势，但微观层面研究仍基本处于空白状态；从研究角度看，文献几乎全是从自然科学或工程科学的角度进行研究。在市场经济条件下，从经济系统的运行看，生产过程的物质流伴随着价值流，两者是生产过程的两个方面，彼此相互依存，价值流驱动物质流，是经济系统得以运行的核心驱动要素。因此，为促进循环经济健康发展，除强调物质流分析外，微观领域的价值流分析也非常必要。目前，国内部分学者开始关注循环经济的价值流研究，并取得部分有指导意义的理论成果[3]。

---

① 邱寿丰：《探索循环经济规划之道——循环经济规划的生态效率方法及应用》，同济大学出版社 2009 年版，第 10 页。

② 黄和平：《物质流分析研究述评》，《生态学报》2007 年第 1 期。

③ Fang, Y. P., Zhou, H. Z., "Value Flow Analysis Based on EAP Industrial Chain: Case of Huaning in Xichang, Sichuan", *Journal of Cleaner Production*, Vol. 17, No. 2, 2009, pp. 310 – 316. Kumar, V., Shirodkar, P. S., Camelio, J. A., Sutherland, J. W., "Value Flow Characterization during Product Lifecycle to Assist in Recovery Decisions", *International Journal of Production Research*, Vol. 45, No. 18 – 19, 2007, pp. 4555 – 4572. Ushijima, K., Irie, M., Sintawardani, N., Triastuti, J., Hamidah, U., Ishikawa, T., Funamizu, N., "Sustainable Design of Sanitation System Based on Material and Value Flow Analysis for Urban Slum in Indonesia", *Frontiers of Environmental Science & Engineering*, Vol. 7, No. 1, 2013, pp. 120 – 126. 谢志明：《燃煤发电企业循环经济资源价值流转研究》，经济科学出版社 2013 年版，第 105 页。周志方、肖序：《两型社会背景下企业资源价值流转会计研究》，经济科学出版社 2013 年版，第 158 页。

　　循环经济价值运行一般包括价值投入和资源配置、价值物化与价值增值、价值产出和价值实现三个阶段。在循环经济运行的初始阶段，要投入一定的人力来开发和利用各种资源，劳动者运用一定的技术手段和劳动技能作用于自然资源，通过活劳动的消耗将活劳动物化在资源的开发、生态的保护及相关产品的生产中。劳动者不仅通过具体劳动把物化劳动的价值融入价值流，而且还融入对生态环境质量状况改善所形成的生态环境价值，使生产生活消耗的环境价值从环境保护中得到补偿，从而确保环境资源能够持续供给，使价值流持续运行有了新的动力[①]。在源头上进行控制，优先实行循环经济"减量化"原则，既可以提高资源利用效率和减少环境负荷，也可以增加循环经济价值流量[②]。在企业生产经营过程中，同时会产生大量废弃物，对这些废弃物进行回收和资源化利用可以从根本上减轻对资源和环境的压力，一方面可节约天然资源投入成本，另一方面可减少环境负荷降低排污费（或环境风险损失），从而增加企业价值。部分学者以产品生命周期为分析工具，对制造企业原材料获取、材料制造与加工、产品生产、产品使用或消费、再生循环和废弃等阶段的环境成本模型进行了分析，虽然研究范围包括产品生命周期的各个阶段，但就价值流向而言只限于价值的流出，如资源消耗成本、污染控制成本、污染物处理成本和再生循环成本等，而对生命周期各个阶段的再循环和再利用的价值流入没有涉及[③]。

　　研究表明，资源梯级利用效率对循环经济价值流有影响，资源利用率越高，其循环总量的增值就越明显[④]。黄慧筹从价值转化工程视角，论述了资源循环利用次数对循环经济价值流的影响[⑤]。他认为在单个企业的剩余资源最小化的过程中，可回收资源的价值会随着循环次数的增加而递

①　方巍：《关于人与环境价值关系的思考》，《上海环境科学》2006 年第 6 期。

②　王军、周燕、刘赞、许嘉钰、岳思羽：《静脉产业类生态工业园区评价指标体系构建的探讨》，中国环境科学学会 2006 年学术年会，中国江苏苏州，2006 年，第 1058—1061 页。

③　葛晓梅、王京芳、孙万佛：《基于生命周期的产品环境成本分析模型研究》，《环境科学与技术》2006 年第 5 期。周哲、李有润、沈静珠、胡山鹰：《煤工业的代谢分析及其生态优化》，《计算机与应用化学》2001 年第 3 期。

④　张则强、程文明、吴晓、王金诺：《循环经济的价值增值与超循环理论》，《科技进步与对策》2006 年第 3 期。

⑤　黄慧筹：《循环经济与价值转化工程》，《生产力研究》2006 年第 9 期。

减，因此，在实际生产过程中，当可回收资源经再生产后的价值小于回收再使用过程中添加的资源的价值时，则没有了循环的必要。每一梯级的资源循环利用率和资源循环的次数都取决于企业技术水平和所投入的促使价值转化的成本水平。上述研究主要考虑了影响循环经济价值流的内部因素。循环经济法律法规的实施和资源环境标准的执行等外部因素也会改变企业循环经济价值流量。为了达到更加环保的排放标准要求，企业必须增加环境治理的固定成本投入，环境设施运行还要增加日常的运行成本，这会增加企业价值流出，在绿色产品与一般产品价格无差异时，这些价值流出将成为一种净流出，循环经济价值流就失去了持续运行的动力。政府应该引导企业建立循环经济的激励机制，包括运用价格、税收、信贷和保险等补贴优惠手段，使企业从发展循环经济中得到经济利益，实现经济、社会与生态环境的协调发展①。谢志明、易玄（2008）②认为，对循环经济价值流的形成机制的研究不能只局限于输入端的"减量化"或是类似于末端治理的废弃物最小化所带来的间接价值，应该加大对微观经济主体产品或服务的生命周期各个阶段循环经济价值流入量和流出量及影响因素等一般规律的系统研究。价值流图分析方法有助于识别循环经济价值流，资源消耗会计的方法可以对资源流转的物量及价值流量进行核算，但如何利用资源消耗会计核算提供的资料进行循环经济价值流评价，循环经济价值流对企业物质循环的生态流导引机制等目前还鲜有研究，而这对于循环经济价值流的稳定性至关重要，值得进一步探讨。

（三）生态效率分析

1992 年，世界可持续发展工商委员会（World Business Council of Sustainable Development，WBCSD）最先从企业的角度给出了生态效率的概念："生态效率通过提供能满足人类需要和提高生活质量的有竞争力的商品与服务，同时使整个生命周期的生态影响和资源强度逐渐降低到与生态承载力一致的水平。"我国对生态效率的研究起步较晚，对于生态效率的认识，国内学者的观点大多是在 WBCSD 定义的基础上进行的补充或延伸。王金

---

①　郭彬：《循环经济评价和激励机制设计》，博士学位论文，天津大学，2005 年，第 60 页。涂自力：《论企业发展循环经济的动力机制的培育》，《经济纵横》2006 年第 9 期。

②　谢志明、易玄：《循环经济价值流研究综述》，《山东社会科学》2008 年第 9 期。

南（2002）① 认为，生态效率是一个技术与管理的概念，它关注最大限度地提高能源和物料投入的生产力，以降低单位产品的资源消费和污染物排放为追求目标。周国梅等（2003）② 将生态效率定义为生态资源满足人类需要的效率，可以用产出和投入的比值来衡量。目前，生态效率可以从企业、行业、区域等多个层面分析其循环经济发展水平。

（四）能值分析

20 世纪 80 年代后期，国际系统生态学和生态经济学领域发展出新的科学概念和度量标准——能值。H. T. Odum 根据生态系统中的等级原理，提出了能量品质概念，运用能值转换率等科学概念对能流、物流和价值流进行综合研究，并建立了一套科学的理论体系。通过一系列反映生态经济格局及发展模式特征的指标，开展了全球和区域生态经济格局综合研究。能值分析也使自然生态系统及资源环境的经济学分析成为可能，在经济价值分析和自然能量分析之间架起了桥梁。用能值指标体系可以全面地衡量区域生态经济发展水平③。

（五）生态足迹分析

生态足迹概念是 William 和 Mathis 于 1992 年提出的，在此基础上，Wackergagel 等于 1996 年完善了生态足迹方法，并于 1997 年发表了研究报告 *Ecological Footprint of Nations*，1997 年后，世界自然基金会（World Wildlife Fund，WWF）将生态足迹的研究扩展到了世界上所有的国家，2000 年，WWF 出版 *Living Planet Report*，公布了基于 1996 年数据的世界各国的生态足迹，此后生态足迹研究方法扩散到世界各地，有关生态足迹的研究成果大量出现④。

2000 年，国内的徐中民、张志强等首先引进生态足迹的研究方法，并

---

① 王金南：《发展循环经济是 21 世纪环境保护的战略选择》，《环境科学研究》2002 年第 3 期。

② 周国梅、彭昊、曹凤中：《循环经济和工业生态效率指标体系》，《城市环境与城市生态》2003 年第 6 期。

③ 刘薇：《关于循环经济发展模式的理论研究综述》，《中国国土资源经济》2009 年第 5 期。

④ 邱寿丰：《探索循环经济规划之道——循环经济规划的生态效率方法及应用》，同济大学出版社 2009 年版，第 12 页。

对甘肃省 1998 年的生态足迹进行了实证计算和分析①。此后，国内关于生态足迹的研究逐年增多，直至近年大量出现。

随着循环经济研究的兴起，国内学者开始尝试运用生态足迹研究循环经济。王奇（2005）② 以温州市为例，运用生态足迹方法对发展循环经济的背景进行了定量研究；李炳武、王良健（2006）③ 运用生态足迹方法对长沙市进行了研究。

生态足迹分析可以明确研究区域经济系统可持续发展方面的状况，但研究结果对制定政策缺乏指导意义，也无法弄清与物质流相伴随的价值流的概况，不能显示区域发展循环经济所关注的资源环境和经济两个维度上的发展状况。因此，用生态足迹分析循环经济的文献不多。

（六）情景分析

情景分析是目前在诸多领域中应用比较普遍的一种预测方法。所谓情景是对一些有合理性和不确定性的事件在未来一段时间内可能呈现的态势的一种假定④。情景分析法就是基于情景思想，融定性分析和定量分析为一体，从定性与定量的角度对发展态势及可能产生的影响给出较为合理的预测和描述。国内的情景分析研究始于 20 世纪 80 年代后期，主要应用在人口、气候变化、农业发展、土地利用、能源需求、污染物排放和水污染控制规划、景观规划、交通规划、生态环境规划、水资源承载力及区域生态安全格局设计等领域⑤。

（七）评价指标体系

国内学者陈逸、黄贤金、张丽君等对循环经济型小城镇建设规划与发展的可持续性评价进行了研究，借鉴联合国委员会（UNCSD）可持续发展指标体系等，构建了小城镇建设与规划的循环经济评价指标体系和数据

---

① 徐中民、张志强、程国栋：《甘肃省 1998 年生态足迹计算与分析》，《地理学报》2000 年第 5 期。

② 王奇：《生态足迹法在循环经济定量研究中的应用——以温州市 2002 年生态足迹计算与分析为例》，《温州大学学报》2005 年第 5 期。

③ 李炳武、王良健：《长沙市发展循环经济的战略设计》，《企业改革与管理》2006 年第 3 期。

④ 欧志丹、程声通、贾海峰：《情景分析法在赣江流域水污染控制规划中的应用》，《上海环境科学》2003 年第 8 期。

⑤ 刘薇：《关于循环经济发展模式的理论研究综述》，《中国国土资源经济》2009 年第 5 期。

库，并建立模型对区域可持续发展能力进行了系统评价等[①]。还有学者通过构建指标体系，运用层次分析法、Delphi 法和 DEA 方法对区域或企业的循环经济发展水平进行评价[②]。

二　关于循环经济的经济学研究

在循环经济理论的实际应用方面，国内外学者都进行了广泛的实证研究。Giuseppe Di Vita 研究了废弃物循环利用的宏观经济学影响，主要以凯恩斯乘数理论为分析框架，评价了废弃物循环利用的增加对国民生产总值、工资以及就业率的影响，以期为政府促进废弃物循环利用提供决策依据[③]。Kuhn 把物质平衡条件引入经济增长模型。模型表明，当把废弃物看成是有用的投入时，废弃物库存就是利润源泉之一，企业就会设法加以再利用和再循环。这样废弃物库存随时间推移呈现出递减的趋势，可回收的废弃物也逐渐成为稀缺资源，不循环利用废弃物在经济上就不是最优的[④]。Thomas Eichner、Rüdiger Pethig 分析了德国废弃物管理组织（Waste Management Organization，WMO）如何向各企业收取合理的税费以促进企业有效设计产品、提高产品的可回收性[⑤]。Clark 从生态经济学角度提出，在强调可更新资源生产的同时，资源保护也是资源在一定时间内的

①　陈逸、黄贤金、张丽君、彭补拙：《循环经济型小城镇建设规划与发展的可持续性评价研究》，《经济地理》2006 年第 1 期。

②　梁广华、李冠峰：《循环经济模式下区域经济发展的 DEA 评价》，《河南农业大学学报》2007 年第 5 期。孙威、董冠鹏：《基于 DEA 模型的中国资源型城市效率及其变化》，《地理研究》2010 年第 12 期。王志宪、林ында、虞孝感：《循环经济发展指标体系设置与评价》，《城市问题》2006 年第 4 期。杨华峰：《基于循环经济的企业竞争力评价指标体系》，《系统工程》2006 年第 1 期。

③　Di Vita, G., "Macroeconomic Effects of the Recycling of Waste Derived from Imported Non-Renewable Raw Materials", *Resources Policy*, Vol. 23, No. 4, 1997, pp. 179 – 186.

④　Pittel, K., Amigues, J. - P., Kuhn, T., "Endogenous Growth and Recycling: A Material Balance Approach", https://www.research-collection.ethz.ch/bitstream/handle/20.500.11850/48046/eth - 27750 - 01.pdf? sequence = 1&isAllowed = y.

⑤　Eichner, T., Pethig, R., "Recycling Producer Responsibility and Centralized Waste Management", *Journal of Environmental Economics and Management*, No. 5, 1999, pp. 13 – 21.

最优化利用问题①。他将资源保护理论建立在动态数学模型的基础上，并与动态最优问题联系起来。

　　董骁以外部性、规模经济及贴现和资源跨期配置为切入点，分析了循环经济活动在市场经济条件下动力不足等微观经济现象，认为外部性造成产品价格体系扭曲和资源配置低效，规模收益递增的循环型产业因缺乏足够的市场规模而处于竞争劣势，高贴现率等因素对投资期较长的循环型产业投资与循环型耐用产品消费决策会产生不利影响，为相应的市场制度建立和政策制定提供了微观经济学的理论分析框架②。杨永华等指出，在自然资源日益稀缺的背景下，应该在新古典 C－D 生产函数中引入自然资源变量，并强调了提高资源生产率对经济增长的重要性③。李英东从新制度经济学的视角强调了正式制度与非正式制度的交互作用对发展循环经济的意义，认为正式制度能够降低信息、监督和执行成本，非正式制度是正式制度发挥作用的人文社会环境和土壤④。

三　关于循环经济发展模式的研究

　　循环经济发展模式可以分为产业发展模式和区域发展模式。从产业角度来看，循环经济发展模式可以分为生态农业模式、生态工业模式、循环型第三产业模式以及资源综合利用与环保产业模式四类⑤。2004 年 7 月28—30 日，国家环保总局在天津经济技术开发区组织召开了"推进循环经济试点经验交流会"，会议将我国循环经济发展模式归纳为"3＋1"模式，即小循环、中循环、大循环、废弃物处置和再生产业。王延荣（2006）⑥把循环经济模式分为静态和动态两种，其中，静态模式包括仿生结构模

　　① Clark，B.，"Achieving Sustainable Development through Industrial Ecology"，*International Environmental Affairs*，Vol. 4，No. 1，1992，pp. 12－17.
　　② 董骁：《循环经济动力不足的微观经济学分析》，《上海经济研究》2007 年第 1 期。
　　③ 杨永华、胡冬洁、诸大建：《新古典框架下的循环经济研究》，《西华大学学报》（哲学社会科学版）2006 年第 5 期。
　　④ 李英东：《发展循环经济的制度模式和制度创新》，《经济经纬》2007 年第 2 期。
　　⑤ 刘微：《关于循环经济发展模式的理论研究综述》，《中国国土资源经济》2009 年第 5 期。
　　⑥ 王延荣：《循环经济的发展模式研究》，《技术经济》2006 年第 2 期。

式、有机结构模式以及层次结构模式。诸大建（2006）[1] 针对我国循环经济的发展理想模式提出了 C 模式，即适合我国国情的循环经济发展模式，又称1.5—2 倍数发展战略，该模式将给予我国 GDP 增长一个 20 年左右缓冲的阶段，并希望经过 20 年的经济增长方式调整，最终达到一种相对的减物质化阶段。可以通过三个阶段来发展循环经济：从目前的以高加工业以及消费增长为主、资源消耗和污染排放的总体增长速度远小于经济增长的速度的发展阶段，到 21 世纪初以来进入后工业社会，物质消费趋于稳定、资源消耗和固体废弃物的零增长阶段（大约在 2020 年以后），再到未来所谓"无重量"经济成为主流，实现循环型生产和循环型消费的较高发展阶段。慈福义等（2006）[2] 根据循环经济模式带来的环境效益与经济效益的差别，提出了循环经济模式的五种类型：①环境效益与经济效益同提高的模式；②环境效益提高，经济效益保持不变的模式；③环境效益提高，经济效益下降但大于零的模式；④环境效益提高，经济效益下降且等于零的模式；⑤环境效益提高，经济效益下降且小于零的模式。张晓平等（2007）[3] 介绍了日本、德国的循环经济发展历程和经验，并对我国如何借鉴国外循环经济发展经验提出了具体看法。对于不同区域的循环经济发展模式，国内学者也有丰富的研究成果[4]。

四　关于循环经济的驱动机制研究

对于循环经济发展成效显著的发达国家来说，无论是德国还是英国、法国、丹麦、日本，利益驱动是微观市场主体发展循环经济的核心驱动力，而完善的法律法规和政府的财税政策支持为循环经济的发展提供环境

①　诸大建：《C 模式：自然资源稀缺条件下的中国发展》，《社会观察》2006 年第 1 期。

②　慈福义、陈烈：《循环经济模式的区域思考》，《地理科学》2006 年第 3 期。

③　张晓平、张青云：《发展循环经济的制度解析：国外经验及中国借鉴》，《世界地理研究》2007 年第 3 期。

④　胡晓晶、李江风、李风琴：《资源型城市旅游产业驱动机制研究》，《资源与产业》2010 年第 3 期。刘玲玲：《探究煤炭矿区循环经济模式及其建设方法》，《煤炭技术》2013 年第 5 期。孙芳、贾金凤：《农牧复合区低碳型特色农业循环经济模式研究》，《农村经济》2011 年第 11 期。王进：《延安发展农业循环经济模式选择研究》，《农机化研究》2012 年第 11 期。张志杰、吕鹏、周伟：《矿产资源循环经济模式研究》，《中国矿业》2012 年第 S1 期。

保障，全国公民的普遍支持则是循环经济发展的催化剂。发达国家中，德国是循环经济发展最早、水平最高、成效最显著的国家之一。德国循环经济发展的动力机制包括：经济利益驱动机制、社会需求拉动机制、技术进步推动机制、政府支持的促进机制①。德国循环经济的特点是：废弃物处置的法制化、废弃物管理的规范化、废弃物清除的标准化、废弃物利用的市场化、废弃物管理的效益化、环境教育的社会化、配套性技术的体系化以及监督与保障的制度化②。

目前，在中国，发展循环经济已经上升为国家战略，循环经济承担着转变经济发展方式和调整产业结构的重要任务，借鉴发达国家发展循环经济的经验成为学术界的一个重要研究课题；同时，因为中国还正在建设社会主义市场经济体制，市场经济在配置生产要素过程中还没有成为决定性的力量，因此，发展循环经济还主要是依靠政府推动，但受政绩观和地方保护主义的影响，在发展经济和保护环境、节约资源方面，地方政府也面临艰难选择。正是由于上述原因，循环经济健康发展的动力机制研究成为目前学术界的一个研究热点。近年来，学者们取得了可观的学术成果。肖华茂将区域循环经济发展的动力机制区分为内在的驱动力和外部的约束力，其中前者包括利润、技术、规模经济、社会责任和新的机遇，后者包括政府宏观战略、绿色理念、资源约束、国家政策法规和社会公众呼吁③。段学慧（2012）④认为，循环经济动力机制的构建应在公有制为主体、政府为主导的前提下，围绕利益机制把产权激励、价格激励、财政政策支持、行政激励等结合起来，激活市场主体发展循环经济的主动性。涂自力（2006）⑤认为，是否具有绿色价值观，决定了人们是否具有与发展循环经济相适应的思维方式和行为模式，决定了行为主体是否具有参与循环经济建设的足够动力以及参与的程度和努力的程度，从而从根本上决定了循环

① 王朝全：《发展循环经济必须高度重视动力机制》，2013 第六届中青年专家学术大会，中国四川巴中，2013 年。

② 黄海峰、刘京辉等：《德国循环经济研究》，科学出版社 2007 年版，第 31 页。

③ 肖华茂：《区域循环经济发展模式及其评价体系研究综述》，《生态经济》2007 年第 4 期。

④ 段学慧：《经济利益驱动机制：循环经济发展的根本动力——基于马克思主义利益观的分析》，《现代财经（天津财经大学学报）》2012 年第 9 期。

⑤ 涂自力：《论企业发展循环经济的动力机制的培育》，《经济纵横》2006 年第 9 期。

经济建设的状况和命运。另外，还有学者从特定区域、特定产业和某种学术理念等多个角度探讨循环经济的发展机制问题，拓展了研究视野[①]。

第三节　资源型城市循环经济研究综述

一　国外研究综述

西方以资源型城市为研究对象的文献较少，以资源型城市循环经济为研究对象的则更少。国外对资源型城市的研究内容主要包括经济结构的转型、人口特征、社会学问题、矿区发展生命周期以及资源型城镇发展的新模式。其中，发展模式转型是资源型城市研究的核心内容。例如，德国鲁尔区煤矿城镇的经济振兴便是资源型城镇经济转型的成功案例。为了振兴煤矿区，日本针对本国煤炭资源趋于枯竭的现实，不断调整国内煤炭工业的结构，煤炭需求逐步由国内市场转向国外市场。总而言之，国外学者侧重于基于本国实际情况进行具体领域的应用和实现手段的研究。国外对资源型城市发展循环经济的理论研究比较缺乏，没有把资源型城市的转型发展和循环经济很好地结合起来。

二　国内研究综述

我国学者对资源型城市循环经济的研究肇始于资源型城市的转型与可持续发展研究。改革开放以来，我国经济在取得举世瞩目的成就的同时也付出了生态环境恶化和资源枯竭的惨重代价，资源型城市的生态环境问题尤为突出。自进入 21 世纪以来，在我国经济整体上进行产业结构调整和发展方式转变的大背景下，众多面临资源枯竭的资源型城市率先推进产业结

[①]　陈明：《中国能源可持续发展的政策路径选择》，《现代商业》2013 年第 1 期。黄山、宗其俊、吴小节：《低碳转型的驱动机制——研究现状及评述》，《科技管理研究》2013 年第 13 期。袁文华：《循环经济的品牌授权机制研究》，博士学位论文，山东大学，2014 年，第 141 页。肖杨、毛显强：《基于动力学模型的城市资源竞争机制》，《地理研究》2010 年第 6 期。卫淑霞、张宏华：《循环经济发展的社会环境审视》，《理论探索》2010 年第 2 期。

构转型，探索可持续发展之路。资源型城市循环经济发展问题逐渐成为学术界关注的热点之一。

我国学者认为发展循环经济是资源型城市经济转型的重要内容和实现可持续发展的必由之路。例如，刘荣林等（2003）[①] 提出，煤炭企业实现可持续发展的有效途径就是发展循环经济；朱明峰等（2004）[②] 指出循环经济是资源型城市发展的途径，并提出构建环境建设、农业、工业、服务业和物质再资源化的五次产业结构体系，实现资源型城市的产业循环和可持续发展；董锁成等（2007）[③] 分析了我国资源型城市经济性转型面临的问题，提出构建生态产业体系的总体思路，将循环经济发展同资源替代与产业替代、科技创新等并列为资源型城市经济转型战略路径；董锁成于2007 年和2009 年先后主持完成了《石嘴山资源型城市经济转型与可持续发展规划》《铜陵市资源型城市经济转型规划》。

循环经济发展水平评价方法的研究是资源型城市循环经济研究的重要领域。例如，李王锋和张天柱（2005）[④] 基于资源要素、经济要素、环境要素、社会要素提出资源型城市循环经济建设评价指标体系；李俊莉和曹明明（2013）运用能值理论与分析方法，从能值流量、社会经济发展、资源循环利用、资源环境安全和综合指数五个方面构建了循环经济能值评价指标体系，对陕北资源型城市榆林的循环经济发展状况进行了深入分析[⑤]。

近年来，中国学者对资源型城市的研究逐步深入，开始由描述性的定性研究为主向理论分析的定量研究转变，探讨资源型城市循环经济发展的驱动机制和模式的研究成果逐渐增多。例如，基于产业耦合理论，

---

① 刘荣林、于保华、张涛：《循环经济与煤炭矿区可持续发展》，《江苏煤炭》2003 年第 1 期。

② 朱明峰、洪天求、贾志海、潘国林：《我国资源型城市可持续发展的问题与策略初探》，《华东经济管理》2004 年第 3 期。

③ 董锁成、李泽红、李斌、薛梅：《中国资源型城市经济转型问题与战略探索》，《中国人口·资源与环境》2007 年第 5 期。

④ 李王锋、张天柱：《资源型城市循环经济评价指标体系研究》，《科学学与科学技术管理》2005 年第 8 期。

⑤ 李俊莉、曹明明：《基于能值分析的资源型城市循环经济发展水平评价——以榆林市为例》，《干旱区地理》2013 年第 3 期。

查道中（2011）① 认为煤炭资源型城市应该因地制宜，通过发展循环经济产业集群实现可持续发展。周瑜（2012）② 通过创建资源型城市循环经济创新的动力机制转换器模块，揭示出驱动力作用下的循环经济创新的内在机理。

第四节　工业循环经济研究综述

工业循环经济主要的研究领域有两个：循环经济园区研究和区域工业循环经济研究。

一　循环经济园区研究

由于园区经济的快速发展、在各国经济体系中占据的重要作用以及其相对独立、封闭的运行系统，从20世纪90年代起，学术界开始逐步将循环经济的理论和思想应用于园区经济的实践研究中，建立了大量的具有循环经济特征的经济园区，虽然在不同国家、不同时期有很多不同的称谓，如生态产业园区、生态经济园区、循环经济园区等，但在本质上，都是以物质闭环流动为特色，以生态化、循环化为核心的循环经济园区，只是所强调的侧重点有所不同而已。

循环经济园区最早是以"生态产业园"的概念出现的，于20世纪90年代初由美国康奈尔大学提出。理论形成之初，学界对生态产业园的概念、驱动因素及其动力机制问题产生了不同的见解，特别是针对其形成机制问题展开了争论③。美国环境保护局（USEPA）认为，生态产业园区是由制造业和服务业组成的一个社区，社区内的企业间通过在环境管理和循环利用等方面的合作，实现从原材料的提取到产品的生产、消费再到废弃

① 查道中：《基于耦合理论的煤炭资源型城市循环经济路径研究》，《科技进步与对策》2011年第12期。
② 周瑜：《资源型城市循环经济创新动力机制研究》，《管理现代化》2012年第2期。
③ 元炯亮：《生态工业园区评价指标体系研究》，《环境保护》2003年第3期。

物的处置整个生命周期形成一个物质和能量的闭路循环系统[①]。Korhonen和 Snakin（2005）指出，生态产业园可以提高企业的绝对产能，提高技术效率，整个企业网络和网络中的每个企业都将获益[②]。一般认为，生态产业园兴起于 20 世纪 90 年代，然而，按照 Desrochers 的观点，早在维多利亚时期的英国就存在以诸如纺织业和渔业副产品等产业废物的回收和利用形式存在的"产业回收网络"的概念[③]。Korhonen 等学者强调生态产业园通常趋向于"自然"产生，而非通过刻意的规划。

20 世纪 90 年代以来，生态产业园区开始成为世界产业园区发展领域的主题，一些发达国家如丹麦、美国、加拿大、德国、奥地利、瑞典、爱尔兰、荷兰、法国、英国、意大利、澳大利亚、日本等很早就开始规划建设生态产业示范园区，其他国家如泰国、印度尼西亚、菲律宾、印度、纳米比亚和南非等发展中国家也正积极兴建生态工业园区[④]。

进入 21 世纪以后，随着生态经济理念的推广，大量的生态经济园区快速发展起来，如广西糖业基地之一的贵港市于 2001 年 6 月在国家环保总局的支持下建立了"贵港国家生态工业（制糖）示范园区"，共进行 12 个生态工业建设项目，包括现代化甘蔗园建设、甘蔗渣绿色制浆、废糖蜜制能量酒精技改项目等，形成蔗田系统、制糖系统、酒精系统、造纸系统、热电系统等，各系统内分别有产品产出，系统之间通过中间产品和废弃物的相互交换而连接，组成一个较为完整和闭合的生态工业网络[⑤]。蒙西高新技术工业园区以水泥为核心产业发展循环经济，逐步形成了循环经济发展的基本框架，延伸了资源循环利用的产业链，大大提高了资源利用率，降

① Martin, E. A., "Eco-Industrial Parks: A Case Study and Analysis of Economic, Environmental, Technical and Regulatory Issues", Office of Policy, Planning and Evaluation, USEPA, Washington (DC), 1996.

② Korhonen, J., Snakin, J. P., "Analysing the Evolution of Industrial Ecosystems: Concepts and Application", *Ecological Economics*, Vol. 52, No. 2, 2005, pp. 169 – 186.

③ Desrochers, P., "Industrial Symbiosis: The Case for Market Coordination", *Journal of Cleaner Production*, Vol. 12, No. 8 – 10, 2004, pp. 1099 – 1110.

④ 王瑞贤、罗宏、彭应登：《国家生态工业示范园区建设的新进展》，《环境保护》2003 年第 3 期。

⑤ 段宁、孙启宏、傅泽强、元炯亮：《我国制糖（甘蔗）生态工业模式及典型案例分析》，《环境科学研究》2004 年第 4 期。

低了废弃物最终处置量。2005 年 11 月，园区被确定为 13 家国家循环经济试点（第一批）产业园区之一。目前，园区已形成煤矸石综合利用产业链、二氧化碳综合利用产业链和煤化工产业链[①]。天津经济技术开发区以水资源可持续利用为出发点，结合园区工业企业特点，兴建了污水处理厂、电镀废水处理中心等设施[②]。山东鲁北企业集团通过开发石膏制硫酸联产水泥技术和海水一水多用技术，形成了以磷铵—硫黄水泥联产、海水一水多用、盐碱热电联产三条绿色产业链为核心的生态工业园区[③]。这些生态经济园区的建设代表着循环经济园区研究的重要成就和进展，为区域经济的可持续发展做出了巨大贡献。

在理论研究方面，我国学者针对循环经济园区的评估已经开展了一些研究，如元炯亮等提出了生态工业园区循环经济评价指标体系的设计原则和框架，从经济指标、生态环境指标、生态网络指标和管理指标等角度建立了生态工业园区的评价指标体系及其标准。此外，我国先后颁布的一系列生态工业园区规范性文件，对工业园区循环经济的评价指标体系的构建有一定的指导和借鉴意义。许乃中等从理论和方法上，建立了循环经济绩效评估模型，构建了园区循环经济评价指标体系，并利用模糊数学和灰色聚类方法，对循环经济措施、行为的结果进行评估，提出了循环经济园区的绩效评价指标体系[④]。齐振宏等分析了循环经济与建设生态园区的内在机理与特征，指出生态园区是实现循环经济的有效载体，并提出了我国发展循环经济、建设生态园区的措施与建议[⑤]。

---

①　张秀桥、郭颂旗：《蒙西工业园构建循环经济产业链》，《中国创业投资与高科技》2006 年第 2 期。

②　杜欢政、张旭军：《循环经济的理论与实践：近期讨论综述》，《统计研究》2006 年第 2 期。

③　李有润、胡山鹰、沈静珠、陈定江：《工业生态学及生态工业的研究现状及展望》，《中国科学基金》2003 年第 4 期。

④　许乃中、曾维华、薛鹏丽、东方、周国梅：《工业园区循环经济绩效评价方法研究》，《中国人口·资源与环境》2010 年第 3 期。

⑤　齐振宏、齐振彪：《实现工业可持续发展的循环经济模式研究》，《现代经济探讨》2003 年第 9 期。

二　区域工业循环经济研究

区域工业循环经济研究的成果并不很多，主要原因如下：一是我国循环经济起步较晚，循环经济实践多集中在企业层面和工业园区层面；二是有关循环经济的统计制度不完善，统计数据并不规范，而且区域工业循环经济属于中观研究范畴，循环经济的物质流和能量流的数据涉及大量的企业和部门，更是难以收集。

目前，区域工业循环经济研究成果的主要表现形式是博硕士论文。例如，2010 年，冯琳以新疆为例，结合 3R 原则，分析了干旱区工业循环经济的发展进程与现存问题，探讨了干旱区工业循环经济的建设目标、原则、思路和模式，提出了"一个综合、两类循环、两个体系"的区域工业循环经济建设模式[1]。区域工业循环经济研究的内容还包括区域工业循环经济效率研究[2]、区域工业循环经济典型模式研究[3]以及政府在工业循环经济发展过程中的作用研究[4]等。

第五节　国内循环经济研究的特点和不足

一　国内循环经济研究的特点

随着循环经济研究的不断深入，实证研究成果大量出现，为研究区域循环经济发展机制和模式奠定了坚实基础。分析国内近年发表的有关循环经济的研究成果，可以总结出我国循环经济研究的大体趋势特征。

---

① 冯琳：《中国西部干旱区工业循环经济建设研究》，博士学位论文，新疆大学，2010 年，第 61 页。

② 占绍文、冯全、郭紫红：《区域工业循环经济效率研究》，《科技管理研究》2014 年第 12 期。

③ 林文都、蒋建平、王梦柯：《浙江省工业循环经济标准化模式分析》，《环境保护与循环经济》2014 年第 9 期。王晟：《浙江省工业循环经济典型推进模式研究》，《环境科学与管理》2014 年第 8 期。

④ 王元元：《乌海市发展工业循环经济中的政府行为研究》，硕士学位论文，内蒙古大学，2015 年，第 8 页。

第一，2000 年以来，我国循环经济研究成果数量呈现出先缓慢爬坡继而爆炸式增长而后又迅速下滑的发展态势（见图 2 - 6）。

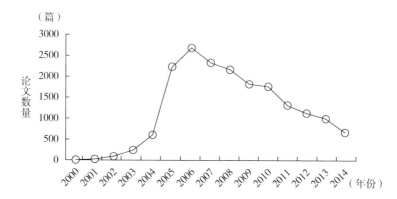

图 2 - 6　2000 年以来循环经济研究成果数量发展趋势

资料来源：中国知网。

第二，研究方法多样化，呈现多学科交叉融合的态势。传统的研究领域是经济学、地理学、生态学等领域，现在，法律学、财政学、管理学、金融学等领域的知识不断被应用到循环经济的研究中①。

第三，循环经济研究的空间尺度逐渐由宏观的国家、省级行政区走向中观的城市、生态工业园区以及微观的企业层面。

第四，研究切入点多种多样。这包括：从某一行业角度入手，研究政策、措施以降低资源损耗量促进废物循环利用；从区域发展规划入手，研究循环经济单元的配置与效率分析；从经济—生态系统关系入手，研究循环经济体系与传统经济体系的经济、生态效应差别；以某类产业集群为基础（如煤化工等），构建循环链条，设计物质循环网络，构建循环经济体系；等等。

综观目前国内循环经济理论与实证研究，从适用范围和有益性分析等

---

① 刘海英、陈宇、耿爱生：《山东半岛海洋循环经济发展的综合评价与财税支持体系构建》，《中国人口·资源与环境》2012 年第 12 期。吴迦南：《浅析我国循环经济法律制度的完善》，《特区经济》2014 年第 5 期。伍红：《借鉴国际经验完善我国促进循环经济发展的税收政策》，《企业经济》2012 年第 5 期。杨晓玲、彭绍征：《试论广西现行循环经济法律制度的不足与完善》，《广西警官高等专科学校学报》2014 年第 3 期。

进行的广度分析较多，而对理论内涵、机理的研究较少；对某一区域如何发展循环经济的宏观研究较多，而对小区域如何构建或转型为循环经济系统的研究较少；对循环经济模式的定性构建较多，而定量构建较少；对循环经济模式的效果选取间接指标进行综合评价较多，而基于物质、能量等直接指标的分析则相对较少[①]。

二　当前循环经济研究存在的不足

在发达国家，循环经济研究已经有了较长的历史，而在我国，循环经济研究还处于起步阶段，还没有形成完善的理论体系，虽然经过十几年的努力，在部分领域取得了阶段性成果，但综合分析发现，循环经济深层次的问题还有待进一步探讨。一是真正研究如何选择区域循环经济发展模式的文献较少，在我国区域循环经济模式的选择上大多是生态工业园，这与我国区域经济发展的差异性特点不吻合；二是所提供的模式可操作性不强，没有紧贴我国目前的经济发展状况和区域经济发展特点，只能停留在研讨中；三是缺乏能反映生态经济动态平衡和动态变化的区域循环经济发展模式；四是没有提供配套的技术支持体系和相关的政策法律体系，使选择的模式很难落实为行动。

---

① 李富佳：《西部欠发达地区循环经济园区物质能量流动与优化调控》，博士学位论文，中国科学院大学，2012 年，第 19 页。

第三章　系统动力学建模基础

第一节　实验数学方法与社会科学

一　近代社会科学落后于自然科学的方法论原因

近代自然科学的飞速发展得益于西方在科学方法论上的突破，其中实验—数学方法的提出发挥了举足轻重的作用，是近代科学方法论的重要支柱。实验—数学方法撬开了近代科学之门，为近代科学的发展奠定了坚实的基础。

伽利略是第一个完整提出并成功运用实验—数学方法的科学家，他树立了把定量实验与数学论证相结合从而去发现自然规律的典范。《科学技术史讲义》一书指出："伽利略的研究方法直接促进了近代自然科学的发展。他把力学与数学方法相结合，寻求数学公式表达运动的规律，使力学研究从猜测物体运动的原因上升为研究并证明运动的若干性质，为力学及其他科学开拓了研究的新天地。"[1]

自伽利略之后，自然科学的研究对象，大至天体运行小至分子运动，都被带进了科学家的实验室之中。科研方法论的突破弥补了人类自身理性认识以及观察、经验之不足，使科学家的理性推理能够建立在严密的实验基础之上。科学家仰赖这种方法，在科学前沿阵地披荆斩棘、开疆拓土，力学、天文学、化学、生物学等，无不实现了巨大的发展，取得

---

[1]　清华大学自然辩证法教研组：《科学技术史讲义》，清华大学出版社1982年版，第83页。

了辉煌的成就。即使到了现代，数学—实验方法仍是科学家建功立业的最有力武器。

相比较于自然科学，数学—实验方法在社会科学领域的运用要晚很多，从一定程度上说，制约了社会科学的发展。造成这种情况的原因与数学—实验方法的特点和社会科学的属性有着千丝万缕的联系。

运用实验—数学方法进行科学研究的过程大致如下：对现象的一般观察—提出假设—运用数学和逻辑进行推理—实验检验—形成理论①。这种方法要求所研究的对象必须可观察、可测量和可控。如伽利略的"斜面实验"，自由落体可以控制在高度可自由调节的斜面上进行，这样斜面上小球的下降速度与时间均可得到控制。伽利略在一个板条上刻出直槽，在直槽上贴上羊皮纸，以达到让直槽平滑的目的，他让一个光滑的黄铜小球沿直槽下落，并用水钟测定小球下落时间，经过上百次的实验，完全证实了落体"所经过的各种距离总是同所用时间的平方成比例"②。在这个实验中，斜面的坡度、长度等实验条件都可观测、可度量、可调控，为研究者推理落体速度和时间的数量关系，并通过实验对理论进行检验提供了良好的条件。

相比较于自然科学，社会科学的研究对象要复杂得多，往往不具备可观测性、可度量性和可控性，无法像自然科学那样很容易地把研究对象孤立起来，然后通过人工方法模拟问题的背景，使之在实验室里模拟实际运行情况，进而推导现象背后的原理。社会科学所研究的问题往往具有较大的时间和空间跨度，所涉及的要素数量多、结构复杂，受人类自身认识能力的限制往往很难进行研究。因此，实验—数学方法难以在社会科学中得到推广应用，无形中也影响了社会科学的发展。以经济学为例，在亚当·斯密创立微观经济学以前，生产者的生产行为及其背后的机制都是模糊的，因为生产者的生产行为缺乏观测性、可度量性和可控性，更无法像"斜面实验"那样，千百次地重现在研究者面前。亚当·斯密之后，生产行为的可观测性和可度量性才得以解决，但由于经济行为的复杂性特点，可控性仍难以做到。

---

① 吕增建：《伽利略——实验科学的开拓者》，《科技导报》2017 年第 8 期。
② 刘筱莉、仲扣庄：《物理学史》，南京师范大学出版社 2004 年版，第 93 页。

总而言之，在 20 世纪之前，社会科学研究仍基本上停留在传统的方法之上，即注重理性思维而忽视感性观察与认识，注重演绎推理而忽视归纳推理，注重定性研究而忽视定量研究，注重机械的因果决定论而忽视辩证的因果循环论。从根本上来说，整个社会科学中没有科学的实验方法与手段。

早在 16 世纪，在自然科学中，科学实验方法与理性思维并重的科学方法就取代了曾经占绝对统治地位的演绎思维方法。相比较而言，科学实验的方法在社会科学中的运用则推迟到了 20 世纪。

二 社会科学的实验方法——系统动力学的创立

工业革命的诞生和传播促进了不同国家和地区之间的交往，人类政治经济活动全球化的进程开始加快。进入 20 世纪，发展逐渐成为各个国家和地区追求的目标，人类迫切想了解政治、经济、社会发展的规律性，而这正是社会科学的主要研究目标。强大的需求为社会科学的发展注入了动力。社会科学要想获得快速发展，必须在研究方法上取得创新。这是时代赋予社会科学学者的历史责任。

系统动力学就是在这种背景下诞生的。它使社会科学也像自然科学一样，可以将研究对象放在"实验室"中进行观察、调控，为学者观察、归纳、验证社会发展规律提供了便利条件，极大地促进了社会科学的发展。系统动力学的诞生不是偶然的，它是近现代科学发展的必然产物。具体来说，人类在科学领域所取得的一系列成果，从哲学、思想方法和技术上为系统动力学的诞生提供了坚实的保障。

哲学上，18 世纪的还原论替代了古希腊亚里士多德的整体论，到 20 世纪，贝塔朗菲的系统论则成为主流，为系统动力学从系统的高度、角度研究问题奠定了坚实的理论基础。

思想方法上，尤其是在事物发展的因果律方面，近现代科学为系统动力学的诞生提供了充分的条件。随着对事物发展规律认识的日益深入，科学家逐渐意识到事物的发展处于复杂的因果关系链之中，辩证因果论逐渐取代了牛顿的机械决定论。这种思想体现在现代许多科学家的著作与思想之中，尤其是贝塔朗菲的一般系统论、哈肯的协同学等。

具体而言，20世纪中叶，维纳创立了控制论，研究系统在外界环境可控条件下的运行机制和调控方法；香农创立的信息论为信息的编码与传递进行了理论上的准备，并对决策的信息基础做了有益的探讨；尤为重要的是，贝塔朗菲提出的系统理论为研究与考察复杂系统的运行与控制奠定了坚实的理论基础。

就技术而言，20世纪初发明的电子计算机技术，可以方便地处理复杂系统数据的收集与整理、运行机制的分析与研究，为研究复杂系统提供了技术上的条件。至此，系统动力学的创立就已经水到渠成了。1961年福雷斯特出版了专著《工业动力学》，正式宣告了综合系统论、控制论、信息论、组织理论并借于计算机技术的系统动力学的诞生。

系统动力学自诞生之日起就不断经受各种挑战与考验。从工业动力学到城市动力学，从区域研究到国家模型再到全球问题研究，系统动力学都承受住了，获得了辉煌的发展，实现了从工业动力学到一般动力学、从微观领域到宏观领域的跃迁。这种转变不仅是研究方法上的，更重要的是理论水平的升华。

第二节　系统动力学解决问题的思想方法

一　系统动力学的研究对象

系统动力学属于软科学技术，它的研究对象属于软科学研究对象的一部分。软科学诞生于20世纪四五十年代，它的研究对象很广，范围覆盖生态、科技、经济、社会各个领域，具体包括资源的有效利用问题、组织管理协调问题、公共政策的制定问题，甚至政策制定系统的改进等。这些问题本质上都是很复杂的。根据问题本身的特征以及人类解决现实世界问题的思维模式，软科学所研究的问题大体上可以划分为两大类：一类是硬问题（结构化问题），另一类是软问题（非结构化问题）。

切克兰德指出，软科学有关硬问题的解决思路基本上遵循着统一的"手段—目标"模式。切克兰德将这种解决问题的模式称为硬系统思维。

这种模式将问题的解决过程分为三个环节，即确诊系统现状，规范系统未来状态（目标），选择最优的实现途径（手段），最终使系统从现状过渡到最佳的状态。如用线性规划、非线性规划解决运筹效率问题，一般都可写出明确的目标函数，通过求目标函数的极值来选择备选方案。

但对软问题而言，例如现代政策科学所处理的一类问题，即价格改革问题、产业结构调整问题，往往很难借助"手段—目标"模式来求解。这与软问题本身的特点具有密切的关系。

软问题的研究问题具有一定的模糊性，各种问题往往彼此交错地联系在一起，研究过程往往只能从某一问题领域或问题情景入手；软问题的研究目标具有动态性，涉及多个利益主体，研究目标会随着研究的开展以及对问题认识的加深发生转移；再就是软问题研究受研究者价值观的影响很大，研究过程中，必须同时研究与问题有关各方之价值偏好相关的问题解决方案，以及这些解决方案最终将会导致怎样的结果。

受上述特征的影响，软问题研究很难用"是否解决问题"来评价。它的研究目的不在于"解决问题"，而在于"学习"，在于提高决策者对问题的认识。系统动力学方法适应软问题研究的特点，在相关研究领域发挥出了巨大的威力。

从技术上说，系统动力学所能解决的大部分生态、科技、经济、社会问题大都为高阶（多因素）、多反馈回路（循环因果关系）、非线性的复杂大系统问题。其基本特征主要表现为：系统行为具有时间动态性，问题的边界和环境比较明确稳定，所涉及的关键要素可以定量描述，系统的运行及决策主要以理性原则为基础。

二 系统动力学的思想基础

（一）切克兰德的软系统思维

针对软问题的研究特点，切克兰德提出了一套软系统思维方法论（软系统方法论）——一种基于系统观点的解决现实问题的方法论。软系统方法论使用四种智力活动，即感知—判断—比较—决策，构成了各个阶段联系在一起的学习系统。软系统方法论包含七个逻辑步骤，它们之间的联系如图 3 - 1 所示。

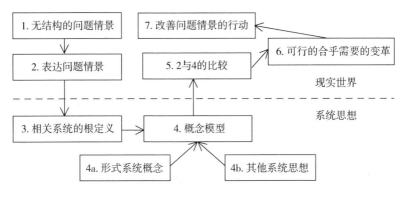

图 3 - 1　软系统方法论的七个步骤

依据这一思维模式，步骤 1 可以看成是现实世界中的问题，步骤 2 可以看成是感觉世界中的问题，这两个步骤往往通过寻找结构与过程元素以及它们之间的关系来进行。步骤 3 和步骤 4 是归纳总结建立"模型"的问题。其中，有关系统是指在步骤 2 看来可能与改进问题的情景有关的人类活动系统，在这个阶段，在某一世界观的支配下，对"感觉的问题"定义为"与问题相关之系统"，找出与问题相关的各要素。建立概念模型要求用尽可能少的动词覆盖有关系统根定义中所必需的活动，然后用逻辑关系组织它们。概念模型回答有关系统"做什么"的问题。通过步骤 5 对概念模型与现实进行比较。这个阶段实质上是对现实世界情景中的"怎样做"与概念模型中揭示的"做什么"是否配套的分析。步骤 6 和步骤 7 确定、实施期望与可行的变革。步骤 7 的任务是把步骤 6 的决策付诸行动以改善问题情景。实施了期望与可行的变革后，会有新的问题情景出现，则又可再次使用软系统方法论，进入下一个分析周期。

切克兰德非常重视系统动力学对于解决软问题所表现出的潜力，并将系统动力学看成是软系统方法论中的一种系统技术。虽然由他创立的软系统方法论在时间上要晚于系统动力学，但它分析问题的思路方法与系统动力学具有很高的契合度，从某种程度上说，软系统方法论为系统动力学的发展奠定了坚实的思想基础。

（二）系统动力学的软思维观

系统动力学强调世界观与价值观在建立模型过程中的基础作用。建立模型最主要的目的在于对每一种价值观的含义进行模拟实验；系统动力学模拟是一种结构—功能模拟，它包含两层含义：一是系统动力学模拟以结构模拟为基础，允许进行变结构模拟；二是系统动力学模拟属于非"唯象"型的模拟，它与其他模拟技术有根本的不同，如计量经济学等回归技术是建立在唯象基础之上的黑箱式功能模拟，系统动力学模拟建立在严格的微观数理逻辑基础之上。

系统动力学将有限合理性作为解决社会经济问题的原则，在经济可行性的基础上，研究的目的是通过有限的步骤寻找满意的解决问题之对策，这与以优化为中心的硬系统技术有本质的区别。

系统动力学模型对于软问题中"软变量"的处理有独到之处。一般而言，现实社会经济问题中往往包含着许多难以用实物形态变量加以描述的"无形变量"，例如，价值观对社会经济发展的影响，这种影响很难用实物变量加以度量。计量经济学以及其他的经济学模拟技术，一般都主张将这类无形变量排除在外。但系统动力学创始人福雷斯特则认为：与其将这类变量排除在外，不如通过对其进行不准确的定性描述而包含在模型之内。系统动力学对这类变量的处理方式无疑使模型与现实世界的距离更近了一步。

（三）系统动力学为社会科学提供了实验方法

系统动力学被广泛地称为政策实验室，它开辟了一个用实验的办法进行社会科学研究的新纪元。通过构建系统动力学模型，社会科学工作者可以像科学家做物理实验那样，对社会经济现象进行可控以及可再现的实验。这种实验主要包括世界观实验、结构实验、政策实验与参数模拟等几个方面。

首先是世界观实验。依据切克兰德的软系统方法论，每一概念模型实质上都包含一种价值假定，因此，通过构建系统动力学模型即可对各种世界观的含义进行实验。

其次是结构实验。系统动力学模型是结构—功能模型。通过构建系统动力学模型，能够对较大规模的结构调整进行模拟，并预测其可能导致的后果。

　　最后是政策实验与参数模拟。在社会经济运行过程中，为了实现某具体的蓝图，社会主导者往往会制定各种各样的政策。对于系统动力学模型而言，这些政策实施往往会体现为系统运行的某参数的变化，通过调整这些参数，以及观察核心变量的变动趋势，即可判断政策实施的效果，进而为政策的优化改进提供有益的借鉴。

（四）非唯象的"事理学"方法

　　系统动力学模拟是对现实世界的结构—功能模拟。像物理学那样，系统动力学将模拟建立在微观结构、第一原理基础之上，建立在对事物的最基本原因、动因进行最基本的动力学分析之上。因此，系统动力学就犹如牛顿物理学一般，是一门"事理学"——关于事物发展演化的动力学。

　　系统动力学对系统未来的模拟建立在系统内部元素相互作用的基础之上，认为系统的宏观行为由系统的内部结构产生。系统动力学模型要求因果反馈链是封闭的，即系统内部各元素之间表现为一种循环式的因果关系。同时，系统所处的环境又为系统行为演化提供了外部条件。

　　系统的宏观行为根源于现实世界的微观结构。系统动力学建模时一般采用分散式的建模思想，即模型的微观基础是微观个体的平均行为，如平均意义下具体企业的投资行为、个体消费者的消费行为等。因此，从某种程度上可以说，系统动力学模型架起了连接现实世界行为主体微观行为与宏观行为的桥梁。

三　计算机模拟是系统动力学的基本方法

　　系统动力学借用计算机的强大现实模拟功能，建立了一套有效的，将思维模型转化为计算机模型的方法技术。在计算机模型中，系统运行的假定必须是明确的、完备的、精确的，各个假定之间必须满足自洽性，模型必须严格定义每一变量。因此，与思维模型相比，计算机模型更便于同行之间进行交流。模型批评家可以对模型进行检验、沟通或加以更改；相反，思维模型事实上很难进行检验或沟通交流。计算机模型比人脑能够处理更多的信息，并同时跟踪系统各模块之间的相互关系。计算机模型具有更强的逻辑性，在复杂的假定条件下，可以得出正确的、合乎逻辑的结论。

通过修改模型参数，科学家可以方便地对不同的条件与政策进行实验。它提供了一种社会实验的办法。类似于自然科学的数学—实验方法，系统动力学方法使社会科学的研究省时省力，极大地促进了社会科学的发展。

第三节　系统的概念及系统动力学建模的特点

一　系统的概念和本质特征

系统是当代社会使用频率很高的一个概念，根据研究对象的差异，不同领域的学者给系统下的定义也不一样。例如，钱学森等认为，系统是极其复杂的研究对象，即由相互作用和相互依赖的若干组成部分结合成具有特定功能的有机整体，而且这个系统本身又是它们从属的更大系统的组成部分[1]。贝塔朗菲则认为，"系统是处于一定相互联系中的与环境发生关系的各组成成分的总体"[2]。依据系统动力学的基本思想，系统可以这样定义：一个由相互区别、相互作用的各组成部分（单元或要素）按照一定的秩序有机地结合在一起，为同一目的而实现某种功能的集合体。

尽管系统的定义五花八门，类型千差万别，但大多数系统都具有一些共性，这些共性体现了系统的本质特征，这些共性包括整体性、综合性、结构性、层次性、关联性、相似性等。

系统的整体性是相对于系统的各个组成部分（单元或要素）而言的，这些组成部分（单元或要素）一旦组成系统，就表现出各独立成分所不具备的性质和功能，形成系统新的质的规定性，这体现出所谓的"整体大于部分之和"的特征，即整体的性质和功能大于各个组成部分（单元或要素）的性质和功能的简单相加。例如，工厂将工人、技术、生产设备等生产要素有机地组织在一起进行生产，这个工厂就可以看作一个系统，假定

---

[1]　钱学森、许国志、王寿云：《组织管理的技术——系统工程》，《文汇报》1978 年 9 月 27 日第 1 版和第 4 版。

[2]　[美] 冯·贝塔朗菲：《一般系统论——基础、发展和应用》，林康夫、魏宏森等译，清华大学出版社 2000 年版，第 29 页。

在没有协作的情况下，一个工人只能看管一套生产设备，在工厂里，通过协作，十个工人则可以实现看管十五套生产设备的目标，从而能够大大提高工厂的生产效率。当然，这是系统的结构比较好的一种情况，即系统的组成部分（单元或要素）以比较好的秩序结合在一起的情况，现实世界中，也存在结合不好的情况，系统各组成部分（单元或要素）之间相互掣肘，互为妨碍，从而使系统的性质和功能等于或小于其各个组成部分（单元或要素）的性质和功能之和。我国的一则寓言故事"一个和尚挑水喝，两个和尚抬水喝，三个和尚没水喝"就说明了这种情况。再举个例子，对农业种植业而言，土地面积和农业工人数量之间有一个合适的比例关系，在一定的土地面积下，如果投入的农业工人数量过多，反而起不到增加产出的目的，从而出现"电炉放进冰箱里"和"整体小于部分之和"的不良结果。

综合性是指系统研究涉及的要素多、领域广，系统问题的探讨、优化方案的制定等需要整合相关领域的专家、领导和实际操作人员等多方力量，大家共同参与、协同工作来完成。例如循环经济研究，不仅涉及技术因素，还包括经济因素、社会因素、环境因素、政治因素、文化因素等，循环经济研究单靠经济学的知识是不够的，还需要数学、环境学、社会学、信息论、控制论、哲学等方面的学科知识。

结构性是指系统的各个组成部分（单元或要素）是按照一定的秩序、方式和关系结合在一起而形成系统的。特定的结构产生特定的功能，系统的结构是系统具有特定性质和功能的保障。结构是系统各组成部分（单元或要素）的组织形式，是组成部分（单元或要素）相互联系和相互作用的总和。系统的功能是相对于系统研究者或观察者来说所发挥的有利作用。以工业循环经济系统为例，它的功能是相对于整个社会而言的，能够起到节能减排优化环境、促进经济和环境协调发展的作用。

层次性是指系统的层次或等级。一方面，对于所研究的整个系统而言，它往往从属于一个更大的系统，即系统所处的环境，是环境的一个组成部分，另一方面，系统的各个组成部分（单元或要素）往往也是一个小的系统，我们一般称之为所研究系统的"子系统"。例如工业循环经济系统包括政府、企业、市场等组成部分，政府、企业、市场等组成部分也有复杂的结构和功能，也是一个系统，它们可以被称为工业循环经济系统的"子系统"。层次性揭示了组成系统的不同层级或级别的部分（单元或要素）之间的垂直结构。高层次系统的性质和功能从低层次的系统中来，低层次系统是高层次系统的基础和载体。不同层次的系统反映不同层次的客观规律，高层次的系统往往兼具低层次系统的功能。在特定的条件下，系统的层次性会发生变迁，高层次的系统有可能退化成低层次的系统，低层次的系统也可能跃迁为高层次的系统。

与高层次的系统具有层次性一样，低层次的系统也具有层次性，即系统的组成部分（子系统）也具有层次性。各子系统的结构和功能具有相对独立性，自然对整个系统功能的实现所做的贡献也存在差异。也就是说，对整个系统而言，各子系统的重要性是不同的。因此，对系统的功能和发展趋势起主导作用的子系统尤为重要。这种子系统的结构被称为主导结构。系统动力学建模时，应围绕主导结构进行分析和模型构建。

关联性是指系统的整体、各组成部分（单元或要素）、环境三者之间存在普遍的相互联系、相互作用。相关性是通过物质、能量和信息的传递和交换实现的。为便于研究系统，这些关系往往被研究者描述为各种各样的因果关系。现实世界中，系统各部分（单元或要素）之间存在错综复杂的因果关系，表现为一果多因、一因多果或互为因果。系统动力学建模就是建立在反馈因果关系的基础之上的。面对因果关系复杂的研究系统，系统动力学一般从系统中的基本结构入手，基本结构搭建完成后，再将其按照一定的信息反馈关系联结起来。例如，本书关于生物质发电外部性计算的系统动力学建模，其基本结构包括四个模块，即生物质消耗量分析模块、正外部性分析模块、财政补贴分析模块、净现值分析模块，在四个模块的基础上，再按照四个模块之间的反馈关系联结成一个统一的系统动力学模型。

系统的相似性是指不同领域、不同种类的系统中存在着结构和功能上的相似，从而可以用同一模式、原则或规律来描述的特性[①]。例如，国民经济系统中 GDP 的增长与金融系统中存款的增长都遵循指数增长的规律；城市化率与生物学上生物种群的繁殖则遵循 S 形的变化规律。基于相似性

————————————

① 严广乐、杨炳奕、黄海洲：《系统动力学：政策实验室》，知识出版社 1991 年版，第 37 页。

原理，学者专家们通过研究系统的共性，抽象出各种类型的系统的结构和功能的数学模型或计算机模型，对系统展开定量的分析和研究。为方便研究者构建模型，系统动力学遵照相似性原理，运用模拟语言设置了一套基本函数，用来描述系统或其要素的一些基本行为。例如，SMOOTH、DELAY 分别描述系统中的平滑、延迟等特性。目前，为提高系统建模的效率，建立系统动力学通用单元、通用函数、通用模块和通用模型的工作，已成为系统动力学一个重要的研究领域。

二　系统动力学建模的特点

现实世界中的系统都非常复杂，研究起来很不方便，研究者往往通过建立模型来代替所研究的对象。简而言之，模型是研究者根据研究的需要对现实系统的抽象和归纳，模型与现实系统存在一种结构和功能上的相似关系，模型比现实系统要简单且易于调控。研究者通过对模型的结构、功能和演变趋势的研究来达到研究现实系统的目的，进而获得事半功倍的效果。系统动力学建模就如同一个时空缩放器，它能将微观系统放大，能把宏观系统变小，能将过往牵到现在，能把未来拉到眼前，研究对象可以一览无遗地被放到研究者的电脑屏幕上，从而使复杂艰巨的系统研究工作变得轻松且省时省力。系统动力学建模具有两个显著的特点：一是结构和功能双模拟，二是基本信息反馈结构。

系统动力学建模从结构和功能两个方面对现实系统进行模拟。系统的结构是指系统的各组成部分（单元或元素）之间的相互关联和相互作用的方式。建模时，依据系统的结构抽象出能够表征系统各组成部分的变量，并用函数描述变量之间的反馈机制。系统的功能是系统对研究者而言能够发挥的有利作用。结构和功能分别描述了系统的组织形式和行为特性。系统的功能取决于系统的结构。结构、功能双模拟保证了所建立的模型服务于研究者的研究目的。其中，建模所需的系统功能方面的数据信息可以通过收集、分析系统的历史数据获得，这是定量方面的信息；建模所需的系统结构方面的信息属于定性方面的信息，往往依赖于建模者对所模拟的现实系统运行机制的认识和理解的深度。只有充分利用现实系统定性和定量两方面的信息，并将它们有机地融合起来，研究者才能构造出与现实系统较好地吻合在一起的计算机模型。

　　基本信息反馈结构是指组成一个系统动力学模型所必须具有的单元、单元类型以及单元间最简单的联结方式。系统动力学认为，系统由单元、单元的运动和信息组成，单元是系统存在的现实基础；信息的反馈作用是单元运动的根源①。反馈回路是系统的基本结构，决定了系统的动态行为。一个复杂的大系统往往可以用多个以特定的方式联结起来的基本信息反馈结构来描述。众多的反馈回路相互交叉、相互作用，构成了系统的整体结构，并执行系统的总体功能。

第四节　系统动力学建模的步骤方法

一　系统动力学建模的步骤

　　系统动力学建模是一个认识问题和解决问题的过程，人类认识客观事物是一个波浪式前进、螺旋式上升的过程，系统动力学建模也是如此，一个成功的模型总是伴随着建模者对所模拟的现实系统的认识不断深化而逐渐完善的。系统动力学建模的过程可以大致分为五个步骤：系统分析、结构分析、模型建立、模型调整和检验，以及模型使用与政策试验。

　　第一步是系统分析。系统分析的主要目的是明确问题，确定系统的边界。建模成功最重要的因素是建模的目的是什么？这个明确的问题往往与系统的功能有关。例如，针对工业循环经济系统进行建模，建模的目的就是要调控工业循环经济持续健康发展，为了实现这个目的，就要找出导致目前系统难以持续健康发展的机制，以期可以有效地调控它的发展。现实系统是复杂的，我们无法将现实系统的所有要素都纳入模型，也没有这个必要，系统动力学的模拟应在满足研究需要的基础上将模拟系统尽量简化，这就需要分析系统的基本问题与主要问题、基本矛盾与主要矛盾。研究者需要确定系统的边界，把主要的要素纳入系统，把无关紧要的要素排

---

①　蔡琳：《系统动力学在可持续发展研究中的应用》，中国环境科学出版社2008年版，第33页。

除在外。最后，还得确定系统行为的参考模式，即描绘出研究问题的可能变动趋势。

第二步是结构分析。结构分析的任务是研究系统各组成部分之间的相互联系、相互作用的方式，抽象出变量并确定它们之间的反馈回路。变量包括内生变量、外生变量和状态变量。内生变量是指系统输入作用后在系统输出端所出现的变量，属于不可控变量。外生变量是可控变量，形成系统的输入。状态变量是描述系统各组成部分本质属性的一个表征量，通常是重要变量，系统的主要反馈回路一般都围绕状态变量来构建。一般来说，可以将模型所有状态变量在某个时点的取值视作系统当时的状态①。系统的环境要素可以通过参数来描述，变量之间的反馈关系可以通过函数来表示。将各变量的反馈关系链组织起来就构成了系统的反馈回路，在反馈回路上可以确定系统结构方面的一些性质，包括反馈回路之间的耦合关系、系统各层次与整体之间的反馈机制，及反馈回路随时间的变化特性等。

第三步是模型建立。从数学建模的角度看，模型由参数、变量和函数关系三项要素构成，经过前面系统分析和结构分析的铺垫，就可对系统建立规范的数学模型。系统动力学模型由一组一阶常微分方程组所构成，这些方程组又可以分解成状态变量方程、速率变量方程、辅助变量方程、常量方程、表函数方程、初始值方程等。模型的参数估计先从系统的各个组成部分分别独立地进行，然后在组装整体模型时再进行总的调试。建模的过程是建模者对所模拟的系统的结构和功能的认识逐渐深入的过程，也是系统模拟由定性向定量转化的过程。

第四步是模型调整和检验。本步骤的任务是发现所构建的模型的瑕疵，继而重新分析系统的机构和功能、反馈回路的耦合程度，对模型进行修改和调整。建模不可能一蹴而就，它是一个循环往复的过程，一个成功的模型往往要经过多次修改和完善。这一过程离不开模型优劣的评估环节。系统动力学模型的检验和评估有一整套技术方法，包括量纲测试、模型边界测试、极端条件测试、参数和结构的灵敏度测试等。模型的评估的标准就是检验系统的结构和行为特性与客观现实相吻合的程度，也就是检验模型能不能再现历

---

① 钱永光、贾晓菁、钱颖等：《系统动力学》，科学出版社 2013 年版，第 14 页。

史数据，能不能描述现状，以及能不能与系统未来发展的参考模式相匹配。倘若模型评估失败则需分析原因，探索问题的根源，然后返回最初的步骤重新修改模型，一直到模型的评估结果能够令人满意为止。

最后一步是模型使用与政策试验。建模的目的是应用，也就是通过修改某些具有政策导向意义的参数，观察系统的演变趋势，寻找令用户满意的系统演化趋势的系统参数，为用户提供最佳参考决策方案。

二　系统动力学建模的方法

DYNAMO 是系统动力学的建模语言，由系统动力学的创始人 J. W. Forrester 等创建。它通过一系列的符号和编程规则构建真实系统的仿真模型，对系统进行结构、功能方面的模拟，以实现对系统的有效调控。

（一）存量流量

存量和流量是系统动力学的一个核心概念，模拟反馈回路随时间变化的过程离不开这两个变量。系统动力学模型正是围绕这两个变量描述系统行为特性的。1961 年 Forrester 教授在创立系统动力学时，用浴缸里的水来说明存量和流量的概念。存量就是浴缸里的水，流量包括流入浴缸里的水量和流出浴缸的水量。在不考虑溅出和蒸发的情况下，某段时间内，浴缸中水的变化量就是流入浴缸的水量减去流出浴缸的水量，也可以说流入量与流出量之差累计在浴缸中。围绕一个流量、存量组成的单元是系统动力学模型的必要组成部分，最简单的系统动力学模型也必须包含这样一个单元。

系统动力学模型中，存量由一个矩形方框所代表，流入量由箭头指向存量的管道代表，流出量由指离存量的管道代表，存量变化量是双箭头，表示流入量与流出量的结合，阀门表示流量受其他因素影响而可以变化，云团表示流量的源和漏，前者是作为流量起点的存量，后者是作为流量终点的存量，两者都位于边界之外，源和漏被认为有无限容量并永远不会限制它们所支持的流量[1]。

存量是累计量，其数学意义是积分，它累计了流入量和流出量的差。

---

① 钱永光、贾晓菁、钱颖等：《系统动力学》，科学出版社 2013 年版，第 91 页。

图 3 – 2 所表达的结构可以用式（3 – 1）来描述。

$$Stock\ (t)\ =\ \int_{t_0}^{t}\left[Inflow\ (s)\ -Outflow\ (s)\right]\ ds\ +\ Stock\ (t_0)\qquad (3-1)$$

其中，$Stock\ (t)$ 表示 t 时可存量的数值，$Inflow\ (s)$ 代表流入量，$Outflow\ (s)$ 代表流出量，$Stock\ (t_0)$ 代表初始时刻存量数值。

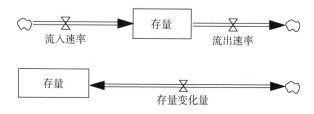

图 3 – 2　用 Vensim 绘制的存量流量示意

流量是速率变量，是存量的净改变量，是流入量减流出量，也就是存量的导数，可以用微分公式来表示。

$$d(Stock)/dt = Inflow(t)\ -Outflow(t)\qquad (3-2)$$

存量流量图以及以积分和微分公式给出的存量和流量的定义是完全等效的。数学公式的优点是严谨，而存量流量图则更容易理解。

（二）存量流量图的组成要素

1. 存量流量图实例

图 3 – 3 是某生物质电厂的财务系统因果关系图。由图可知，累计净利润随着净利润的增加而增加，累计净利润是存量，净利润是存量变化量。当累计净利润与目标累计净利润存在差异时，企业决策者就会调整经营策略，使目标累计净利润和累计净利润趋同。例如，当累计净利润远低于目标累计净利润时，企业决策者则会制定经营策略，通过增加营业收入、降低总成本等手段，使净利润增加，进而提高累计净利润的值，减少它和目标累计净利润之间的差距。图中的箭头描述变量之间的因果关系，即前面的变量引起后面变量的变化，箭头旁边的加号表示两个变量的值同方向变动，即后面的变量随前面变量的增加而增加，反之亦然；箭头旁边若是减号，则意味着两个变量的值反方向变动，即后一个变量随着前一个变量的增加而减小，反之亦然。

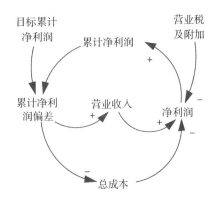

图 3 - 3   某生物质电厂的财务系统因果关系示意

存量流量图同样描述系统的反馈机制，但比因果关系图更细化、更精确。图 3 - 4 为某生物质电厂财务系统的存量流量图，它是在图 3 - 3 的基础上对生物质电厂财务系统更细致和深入的描述，不仅可以清晰地反映系统各单元之间的逻辑关系，还能进一步明确系统中各种变量的性质，进而刻画系统的反馈与调控过程①。

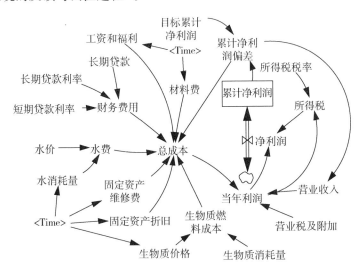

图 3 - 4   某生物质电厂的财务系统存量流量示意

① 钱永光、贾晓菁、钱颖等：《系统动力学》，科学出版社 2013 年版，第 94 页。

2. 辅助变量和常量

要完整地刻画系统各单元之间的反馈机制，单用存量和流量指标是无法实现的，存量流量图要用到数量不等的辅助变量和常量。图 3 - 3 中，税费、固定资产折旧等就是辅助变量，水价、所得税税率等就是常量。

系统动力学模型主要围绕存量和流量刻画系统的运行和反馈机制，存量和流量是模型的关键变量。在现实世界中，流量受许多因素的影响，描述流量变动规律的速率变量方程如果仅用一个表达式来描述，则往往需要通过多层函数嵌套来实现。这既不利于速率变量方程的编写，也不利于观察外部变量对系统的影响。因此，模型常常会用到辅助变量，将速率变量方程分解成几个独立的方程，即辅助变量方程对速率变量方程进行细致的刻画。

在系统研究期间保持不变或者变化幅度可以忽略不计的量被称为常量。常量一般为系统中的局部目标或标准。

（三）给变量赋值或键入函数

到完成存量流量图这一步，实际上模型仍处于定性的概念模型阶段，在此基础上，需要给全部常量赋值，给所有变量键入方程，使整个模型形成一个用数学方程式连接在一起的定量的计算机模型。

在此之后，就可以运行模型，对模型进行检验和修改完善，最后使用模型并进行政策试验。

三　Vensim 软件简介

Vensim 是系统动力学比较常用的软件之一，本书系统动力学建模用的就是此软件。系统动力学建模的核心环节，例如绘制因果关系图、存量流量图等都可以用 Vensim 来完成。下面，我们围绕存量流量图的绘制来介绍该软件的应用。

（一）Vensim-PLE 的界面

Vensim-PLE 启动后，其界面如图 3 - 5 所示。

菜单栏包括 File、Edit、View、Layout、Model、Windows 等组成部分。

主工具条包括创建模型、打开文件、打印、剪切、粘贴等命令。

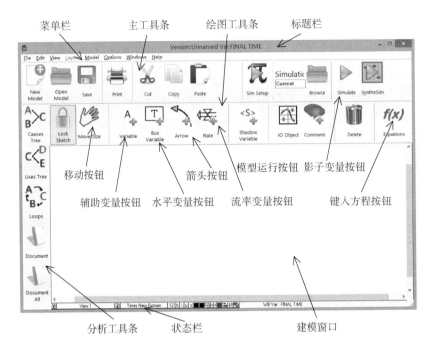

图 3 - 5   Vensim-PLE 软件界面

绘图工具条包括移动、键入水平变量、键入辅助变量、键入方程等命令按钮。

（二）创建变量

1. 添加水平变量（存量）

点击建模工具条上的 Box Variable 按钮，当鼠标移到建模区时，鼠标外形发生变化，鼠标箭头右侧出现和所点按钮一样的图案（一个带方框的大写 T 字母，方框右下部还有一个绿色的加号），这时只要鼠标在建模区左击一下，就会弹出一个空白方框，在里面输入变量的名称，然后回车，就完成了水平变量的输入。

2. 创建速率变量

点击绘图工具条上的 rate 按钮，将鼠标移到建模窗口，鼠标外形发生变化，鼠标箭头右侧出现与绘图工具条上的 rate 按钮一样的小图案，在水平变量右侧空白区点一下，所点处出现一个云团（源），向左移动鼠标时，从源引出一个箭头，当鼠标在水平变量上点击时，弹出一个空白方框，输入速率变量的名称，然后回车，就完成了流入速率变量的创建。同理，点击水平变量，然后再在水平变量的右侧空白处点击，可以完成流出速率变量的创建。

速率变量通常用单向箭头显示因果关系。如果因果关系是双向，可按如下步骤设置双向箭头。

（1）在绘图工具条上点击手形 Move/Size 按钮。这时，建模窗口中箭头的外形发生了些微的变化，在箭头的双线中有两个小圆圈，如图 3-6 所示。

图 3-6　速率变量箭头的双线中的两个小圆点

（2）用鼠标箭头右击右边的小圆点，弹出对话框，在 Arrowhead 前的小方框中点一下，小方框内就会显示一个"√"，如图 3-7 所示；然后点"OK"，将会得到双向的箭头，如图 3-8 所示。

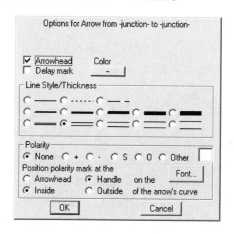

图 3-7　创建双向流动速率变量的对话框

图 3-8　双向流动速率变量（存量变化量）示意

3. 添加辅助变量和常量

点击 Variable（辅助变量按钮），在建模窗口内需要添加辅助变量的地方单击鼠标，会弹出一个输入框，在里面输入变量的名称，就完成了辅助变量的输入；常量的创建过程与辅助变量的创建过程一样。

（三）给各类变量键入方程

1. 给水平变量键入方程

在图 3 – 4（某生物质电厂财务系统存量流量图）的基础上，我们介绍有关变量方程的键入方法。点击建模工具条上的键入方程按钮，则存量流量图中的变量出现变化，没有键入方程的变量其背景变黑，这时，可将鼠标移动到这类变量上面，然后左击鼠标，会弹出一个对话框，假如点击的是"累计净利润"变量，则对话框如图 3 – 9 所示。

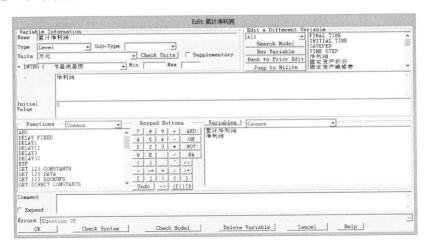

图 3 – 9 水平变量方程编辑对话框

在对话框的左上角列出了该变量的名称（Name）、类型（Type）、单位（Units）等，建模时可以对这些项目进行检查和编辑。由于是对水平变量键入方程，方程编辑区有两个窗口，上边的窗口编写水平变量的方程，下面窗口键入水平变量的初始值。对话框的下半部分，左边是供建模者建模时使用的函数，中间部分是输入键盘，右边列出与当前变量有因果关系的变量。在本例中，某个年份的累计净利润等于上年的累计净利润加上本年份净利润的值，因此，在方程编辑区上边的窗口中，只需键入"净利润"即可，建模者可以在对话框下半部分右边的窗口中点击该变量，它就会出现在方程编辑区上边的窗口中；水平变量的初始值需根据所模拟系统的实际情况键入，在本例中，我们输入"0"。在本例中，流率变量"净利润"相当于存量变化量。

2. 给流率变量、辅助变量键入方程

点击方程键入按钮，然后将鼠标移动到需要键入方程的变量，左击鼠标左键，则弹出方程编辑对话框，我们以图 3 – 10 中的"净利润"为例来说明这个过程。

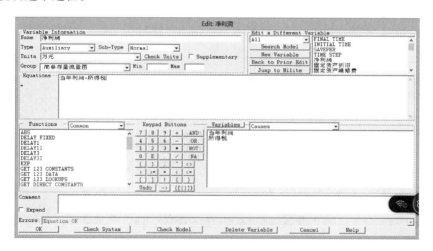

图 3 – 10　流率变量的方程编辑对话框

在对话框中，"Type"后边的小方框中显示该变量的类型为 Auxiliary（辅助变量），其方程编辑窗口只有一个，下半部分右边的窗口中显示出两个变量，意味着"净利润"与这两个变量有因果关系，依据其逻辑关系，净利润等于当年利润减去所得税，用数学符号将其输入方程编辑窗口，如图 3 – 10 所示。

（四）两个常用函数

1. 表函数

自变量与因变量的关系通过列表给出的函数就是表函数。建立一个有效的能反映显示系统中变量之间的因果关系的表函数并不是一件很容易的事，必须考虑因变量和自变量的实际背景，再仔细归纳其所包含的一般数学问题和一般统计问题，进行深层次的量化分析，最后才能得出反映变量间一般关系规律的量表嵌入系统动力学模型。

举个例子，果园修剪下来的树枝的重量（干重）随果园树龄的增长而变化，经过常年的观察和统计，可以将两者之间的关系用表函数的形式表示出来。

假设某模型中有几个辅助变量，如图 3 - 11 所示，我们知道了两个变量"苹果枝单位面积产量"与"Time"时间之间的数量关系（见表 3 - 1），建模时就可以用表函数描述两者的关系。

图 3 - 11 某模型中的几个辅助变量

表 3 - 1 苹果枝单位面积产量与树龄的关系 单位：年，吨/公顷

树龄	2	5	10	15	20
苹果枝单位面积产量	4.25	4.8	5.25	6	6.6

点击键入方程按钮，再左击"苹果枝单位面积产量"，则界面弹出一个方程编辑对话框，如图 3 - 12 所示。

在 Type 后面的下拉菜单里选 Auxiliary，再在 Sub-Type 后面的下拉菜单里选 with lookup，则其后出现"As Graph"按钮，先将"Time"变量输入方程编辑窗口，再点击"As Graph"按钮，软件界面弹出对话框，如图 3 - 13 所示。

假定果园于 2018 年种植，依据表 3 - 1 中的数据，可将苹果枝单位面积产量和时间之间的关系用表函数表示出来，如图 3 - 14 所示。

点确定后，返回方程编辑对话框，表函数建立完成，如图 3 - 15 所示。

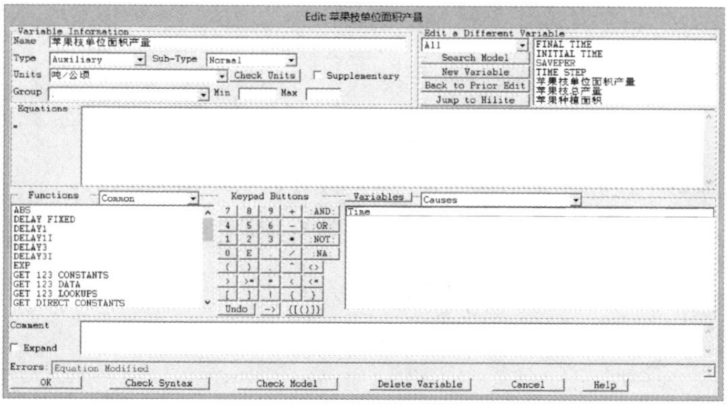

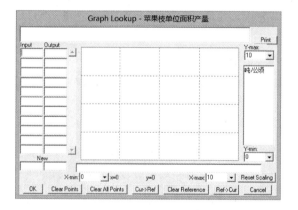

图 3 – 12　方程编辑对话框

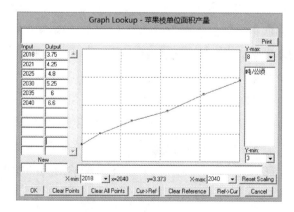

图 3 – 13　Graph Lookup 对话框

图 3 – 14　Graph Lookup 对话框参数输入

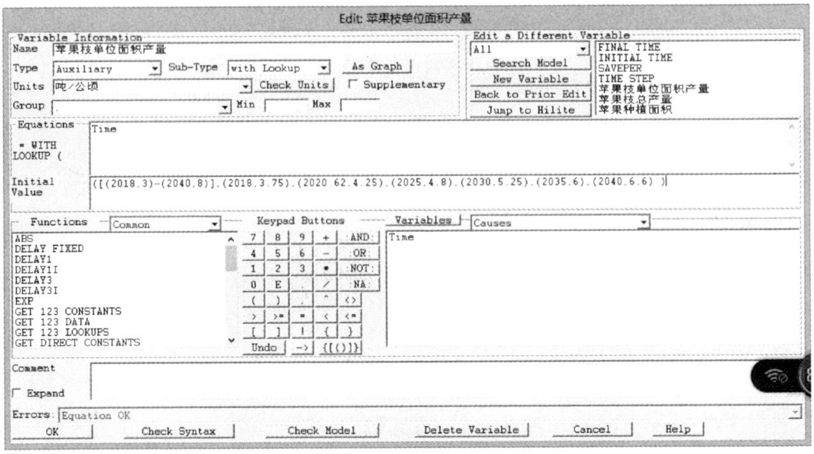

图 3 – 15　设置好的"苹果枝单位面积产量"表函数

2. IF THEN ELSE 函数

现实社会中，政策的时效性很强，要将政策的规定性纳入模型，经常会用到 IF THEN ELSE 函数。

该函数的形式是：IF THEN ELSE（｛cond｝，｛ontrue｝，｛onfalse｝）。其中，｛cond｝是条件，｛ontrue｝的意思是当条件得到满足时该变量的计算式，｛onfalse｝则是当条件不能满足时该变量的计算公式。该函数能以套叠的形式使用，即 IF THEN ELSE 可以包含若干个 IF THEN ELSE 函数。

例如，国家支持生物质发电产业发展，对相关企业免征增值税，所得税政策是"其所得税可减按 10% 计算；生物质发电企业经营期前三年免征企业所得税，第四年至第六年免征企业所得税的 50%"。在系统动力学模型中计算生物质发电企业的所得税免征额时，就可用该函数计算。

假定生物质发电厂于 2019 年开始运营，则该厂免征的所得税金额用 IF THEN ELSE 函数表示就是：IF THEN ELSE（Time < = 2021，IF THEN ELSE（当年利润 < = 0，0，当年利润 × 所得税税率），IF THEN ELSE（Time < = 2024，当年利润 × 所得税税率 – 当年利润 × 0.9 × 所得税税率 × 0.5，当年利润 × 0.1 × 所得税税率））。具体模型的结构和反馈回路请看本书关于生物质发电企业外部性计算章节。

第四章　石嘴山市工业循环经济发展水平评价

第一节　石嘴山市工业循环经济发展现状

一　石嘴山市基本情况概述

（一）自然环境和资源

1. 地理位置

石嘴山市位于宁夏北部，地处北纬 38°22′—39°23′、东经 105°58′—106°59′，东邻内蒙古鄂尔多斯市，西接阿拉善左旗，南靠宁夏首府银川市，北连内蒙古乌海市。石嘴山市为宁夏五个地级市之一，市境南北长 119.5 千米，东西宽 88.8 千米，总面积 5310 平方千米。

2. 地形地貌

石嘴山市东临鄂尔多斯台地，西踞银川平原北部，海拔为 1090—3475.9 米之间，按地形地貌可分为贺兰山山地、贺兰山东麓洪积扇冲积平原、黄河冲积平原和鄂尔多斯台地四种类型。境内贺兰山最高峰海拔 3475.9 米，面积 1605.7 平方千米，占石嘴山市土地总面积的 30.24%。黄河自平罗县高仁乡入境至宁蒙交界，全长 99.6 千米，横贯平罗县、惠农区。

3. 气候

石嘴山市地处西北内陆，属东部季风区与西部干旱区域的交汇地带，典型的温带大陆性气候。全年日照充足，降水量集中，蒸发强烈，空气干燥，温差较大，无霜期短，夏热而短促，春暖而多风，秋凉而短早，冬寒而漫长。全年平均气温 8.4—9.9℃，最低平均气温 -19.4— -23.2℃，最高平均气温 32.4—36.1℃。全市年平均降水量在 167.5—188.8 毫米，平均降水量的地理分布较为均匀，年蒸发量在 1708.7—2512.6 毫米，是降水量的 10—14 倍。

4. 土壤

全市土壤主要有灌淤土、白僵土、灰钙土、凡沙土、湖土、新垫土、草甸土、新积土和盐土九大类，农田土壤质地主要以中壤、轻壤居多，同时呈碱性反应，是建设优质、高产、高效、低污染绿色农副产品生产基地的好地方。全市土地总面积 5310 平方千米，其中农用地为 117 万亩，占全市土地总面积的 14.44%；建设用地 63.71 万亩，占全市土地总面积的 8%。

5. 水资源

石嘴山市用水资源消耗主要为农业用水、工业用水、生活用水和其他用水。2013 年石嘴山市用水量分配如表 4 - 1 所示。

表 4 - 1 　　　　　　　　　　2013 年石嘴山市用水量分配情况

	总用水量	农业用水量	工业用水量	生活用水量	其他用水量
用水量（亿立方米）	12.988	11.4	1.315	0.222	0.051
所占比例（%）	100	87.8	10.36	1.71	0.13

6. 矿产资源

石嘴山市现已探明的矿种有煤、硅石、白云岩、石灰岩、铁矿石等十余种。全市现有各类矿山企业 74 家，其中煤矿企业 32 家，各类非煤矿企业 42 家，原煤产能 2200 万吨，其他各类矿石产能 1000 余万方。矿产资源开发和以矿产资源开发为依托的产业在全市国民生产总值中占有很大比例。

煤炭，主要分布在石炭井、汝箕沟、马莲滩、石嘴山、沙巴台、正义关六个矿区，累计查明资源储量 25.86 亿吨，保有资源储量 20.49 亿吨。硅石累计查明储量 6020.17 万吨，预测远景资源储量 42.7 亿吨。石灰岩

（水泥用）累计查明资源量 2020 万吨。

7. 森林资源

石嘴山市林业用地面积有 1340 公顷，其中林地面积 664 公顷，经济林面积 66.7 公顷，活立木总蓄积量 74.02 万立方米，退牧还草 380 公顷，其中人工还草 70 公顷。2013 年森林覆盖率（含四旁树及灌木林）为 12.5%。

8. 能源

石嘴山市是宁夏的电力工业基地，电力总装机容量近 400 万千瓦，2013 年发电量达 213 亿千瓦时。石嘴山市是全国重要的煤炭基地，2013 年原煤产量 1801 万吨，其中外售量达 1100 余万吨。石嘴山市能源消耗主要为电力、煤炭、天然气、油、太阳能、风能等，2013 年资源消费总量折标准煤 1347.4 万吨，人均消费标煤量 17.75 吨。

（二）社会经济条件

2013 年年末，石嘴山市总人口 75.93 万人，其中，城镇人口为 54.10 万人，占总人口的 70.25%。2013 年，石嘴山市国民生产总值 446.32 亿元，近三年平均增长速度 10% 以上，高于全国及自治区平均水平。全市经济总量占自治区的 17.43%。

2010—2013 年，石嘴山市城镇居民人均可支配收入由 15466 元增长到 22224 元，年平均增速 9.5% 以上，增速高于自治区 8.8% 及国家 8.9% 的平均水平，达到全国平均水平的 82.45%；农民人均纯收入由 6060 元增长到 8928 元，高于宁夏及全国平均水平，年平均增长速度 10% 以上。

2010—2013 年，石嘴山市公共财政收入由 57.18 亿元增长到 74.5 亿元，增速呈逐年下降趋势，低于自治区及全国平均水平。2013 年，石嘴山市人均可支配财政收入（含转移财政支付）11310 元/人，与全区 12% 的增速水平持平，高于全国平均水平。

2013 年，石嘴山市第一产业实现增加值 24.24 亿元，增长 4.2%；第二产业实现增加值 287.34 亿元，增长 12.3%；第三产业实现增加值 134.74 亿元，增长 6.1%。三次产业结构由 2010 年的 6.0：62.6：31.4 调整为 5.4：64.4：30.2，第一产业下降 0.6%，第二产业比重上升 1.8%，第三产业比重提高 1.2%。

石嘴山市以重化工业为主的第二产业在国民经济中占有很大的比重，

在 2010—2012 年连续三年第二产业的比重逐年提升，2013 年第二产业在国民经济中的比重略有下降。第一产业在国民经济中的比重呈逐年下降趋势，第三产业在 2010—2012 年呈下降趋势，在 2012—2013 年比重又逐步提高。

石嘴山市是西北工业重镇，近年来以资源枯竭城市转型、沿黄经济区建设、老工业基地改造为抓手，以调整产业结构为主线，逐渐形成了新材料、装备制造、冶金、电石化工四大优势产业集群及以新能源、生物医药、新型煤化工三大特色产业为主导的支柱产业。2013 年，支柱产业完成产值 417.18 亿元，占全市工业比重的 62.55%。

（三）生态环境状况

1. 水环境质量和废水排放情况

石嘴山市辖区内主要地表水体包括：黄河干流石嘴山段（全长约 140 千米）、第三排水沟（境内全长约 88 千米）、第五排水沟（全长 87.2 千米）、三二支沟（境内全长 39.2 千米）。黄河石嘴山段及排水沟监测项目包括化学需氧量、重金属等共 25 项指标，每月监测一次。2013 年，黄河石嘴山入境断面（平罗黄河大桥），Ⅲ类水质达标率为 100%，水质类别为Ⅲ类，属良好水质；黄河宁夏出境断面（麻黄沟，宁—蒙交界处），Ⅲ类水质达标率为 90%，水质类别为Ⅲ类，属良好水质；"三排"入境断面（贺兰县洪广镇高荣七队），水质类别为劣Ⅴ类，属重度污染水质；"五排"入境断面（平罗县姚伏镇小店村胜利桥），水质类别为劣Ⅴ类，属重度污染水质；三二支沟入境断面（平罗县镇朔七队桥），水质类别为劣Ⅴ类，属重度污染水质；"三排""五排"汇合入黄口（惠农区万亩红柳园浮桥），水质类别为劣Ⅴ类，属重度污染水质。

石嘴山市辖区主要湖泊湿地总面积 41418 公顷，占宁夏湿地总面积的 16.2%。瀚泉海、惠泽湖、威镇湖和石嘴子公园湿地水质类别为劣Ⅴ类（36%），污染程度为重度污染；镇朔湖、西大湖和明月湖水质类别为Ⅴ类（28%），污染程度为中度污染；天河湾、高庙湖、沙湖、星海湖监测数据显示参与水质类别评价的六项指标全部符合《地表水环境质量标准》（GB 3838—2002）中的Ⅲ类标准（36%），水质良好。

2013 年，全市废水排放量 4355.13 万吨，化学需氧量排放总量 15443

吨，氨氮排放总量 2421.05 吨。从排放强度看，化学需氧量排放强度小于 3.60 千克/万元 GDP，氨氮排放强度小于 0.54 千克/万元 GDP。

2. 大气环境质量和废气排放情况

近年来，石嘴山市实施了减排工程、煤尘防控工程、清水工程、危废控制工程、固废利用工程、数字环保工程、源头控制工程、提质增效工程等一系列环保专项行动，环境空气质量逐步提升，从国家三级标准升至二级标准。石嘴山市环境空气质量共四个监测点位，均采用东宇大西比自动空气采样分析仪进行空气质量的分析，分析项目包括可吸入颗粒物（PM_{10}）、二氧化硫、二氧化氮、一氧化氮和氮氧化物。2013 年石嘴山市环境空气中可吸入颗粒物、二氧化硫和二氧化氮三项指标的年平均浓度分别为 0.077 毫克/立方米、0.051 毫克/立方米、0.028 毫克/立方米，全部达到国家环境空气质量二级标准，二级及好于二级以上天数为 324 天，占全年监测天数的 88.8%。

2013 年全市工业废气排放总量为 1601 亿立方米，比上年增加 17 亿立方米。主要污染物二氧化硫排放总量 95155.27 吨，氮氧化物排放总量 88729.85 吨，烟粉尘排放总量 89580.39 吨。从排放强度看，二氧化硫排放强度小于 21.32 千克/万元 GDP，氮氧化物排放强度小于 19.88 千克/万元 GDP。

3. 土壤环境质量和固体废弃物排放情况

2013 年，市环境监测站监测的项目为 PH、镉、汞、砷、铅、铬、锰、钴、铜、锌和镍共 11 项，监测结果均合格。

石嘴山市固体废弃物主要来源于工业固废、农业固废（畜禽养殖固废、农作物秸秆）和生活垃圾，排放量如表 4-2 所示。

表 4-2　　　　　　　　石嘴山市 2013 年固体废弃物排放量情况

污染源	产生量（万吨/年）	占总量的百分比（%）	利用量/处置量（万吨/年）	利用/处置率（%）
工业固废	1042.00	66.84	689.10	66.13
农业固废	503.70	32.31	461.64	91.78
生活垃圾	13.20	0.85	11.36	86.06
总计	1558.90	100	1162.10	74.55

4. 环保基础设施建设及运行概况

石嘴山市近年来扎实开展环境污染综合治理，强化重污染、高耗能行业和企业污染整治，加快淘汰落后产能、落后生产工艺和设备。多渠道筹措资金，增加环境保护资金投入。到 2013 年，全市二氧化硫排放量减少 3.826 万吨，相比 2010 年下降 28%；氮氧化物排放量减少 2.6 万吨，比 2010 年下降 22%；化学需氧量排放量减少 0.128 万吨，比 2010 年下降 7%；氨氮排放量减少 0.032 万吨，比 2010 年下降 11%。

截至 2013 年，全市电力装机全部完成脱硫，现有的 8 台 30 万千瓦以上燃煤发电机组脱硝已完成 5 台，其他燃煤发电机组（含企业自备电厂）对现有脱硫设施进行扩容改造；35 蒸吨及以上的燃煤锅炉，建设脱硫设施；对钢铁烧结机、球团设备全面实施烟气脱硫改造；对现役新型干法水泥窑全部实施低氮燃烧技术改造，熟料生产规模在 2000 吨/日以上的生产线实施脱硝改造，已全部投入运行。

截至 2013 年，石嘴山市已经建成污水处理厂三座，日处理能力 17 万立方米/日，目前实际日处理量为 11.5 万立方米/日，城区生活污水处理率达到 100%。

截至 2013 年年末，城区推行生活垃圾分类收集的小区比例达到 21%，已建成生活垃圾收集设施 97 座，垃圾填埋场 320 万立方米。城市生活垃圾无害化处理率达 100%，农村生活垃圾无害化处理率达 56%，全市生活垃圾无害化处理率达 86%。

二　资源产业分析

（一）煤炭资源具有一定的区域优势

煤质品种优良，分布较为集中。与周边地市相比，石嘴山市在煤炭资源储量上处于前列，且石嘴山市煤质优良。目前，石嘴山市煤种丰富，全国 12 个煤种中石嘴山市有 11 个，其中太西煤品质最为优良，具有"三低、六高"的特点，含灰分仅 8.54%，含硫分 0.3%，是冶金工业、化学工业和民用的绝佳原料。与其他各市相比，石嘴山市煤炭储量低于鄂尔多斯市、榆林市与乌海市，鄂尔多斯市、榆林市煤炭资源储量极为丰富，鄂尔多斯的煤炭资源不仅储量大、分布面积广，而且煤质品种齐全，有褐煤、长焰煤、不黏结煤、弱黏结煤、气煤、肥煤、焦煤；榆林市煤炭矿藏属国内最优质环保动力煤和化工用煤，两市煤炭资源分布较为分散，集中管理与运输成本较大（见表4－3），而石嘴山市煤炭与其他矿产资源分布较为集中，有利于开采与管理运营。

表4－3　　　　　　　　　　　　九地市自然资源比较

城市	自然资源情况
石嘴山市	煤质优良，分布较为集中，易开采，太西煤保有储量达6.55亿吨，可开采储量不足2亿吨；硅石探明储量1754.6万吨，黏土储量19亿吨
银川市	煤炭、赤铁矿、熔剂石灰岩、熔剂白云岩储量丰富，其中灵武矿区的煤炭、石油、天然气储量丰富，且品质较高
中卫市	煤炭基础储量、资源量预计11.49亿吨，主要为无烟煤和炼焦用煤；石膏基础储量、资源量18.79亿吨；水泥石灰岩探明储量2505万吨，化工灰岩探明储量860万吨
吴忠市	石油储量3700万吨，天然气储量8000亿立方米，煤炭储量64.7亿吨，石灰岩储量49亿吨，冶镁白云岩储量23.69亿吨。吴忠太阳山开发区煤炭探明储量约65亿吨，占全宁夏煤炭储量的20%
固原市	非金属矿藏资源丰富，石膏6.6亿吨，石英砂16亿吨，煤9.18亿吨，石灰岩3.1亿吨
榆林市	煤炭预测2800亿吨，探明储量1500亿吨，占全国储量的五分之一，埋藏浅，易开采，属国内最优质环保动力煤和化工用煤；天然气探测储量6亿—8亿立方米，是迄今我国陆上探明的最大整装气田；此外，石油、岩盐、湖盐储量丰富
乌海市	矿产资源丰富，分布集中，配套性好，平均每平方千米矿产资源的丰度是自治区的5倍，是全国的5.75倍；煤炭资源探明储量27亿吨，预测可抽采量在80亿立方米以上，全部为主焦煤及配焦煤种；此外，铁矿757万吨，制镁白云岩514万吨
鄂尔多斯市	已探明煤炭储量1496亿吨，约占全国总储量的六分之一，煤种齐全，且易开采；已探明天然气储量约1880亿立方米，已探明稀土高岭土储量占全国50%；此外，石油、油页岩、天然碱、芒硝等储量丰富
巴彦淖尔市	煤资源储量30多亿吨，油页岩储量50亿吨，铁资源储量6.24亿吨，硫铁储量4.69亿吨；此外，铬、铜、铅、锌、镍、钴、钼、镉矿等金属矿产储量丰富，易开采

资源组合优势好，利于开发。石嘴山市资源组合优势较好，硅石探明

储量 1754.6 万吨，预测远景资源储量 42.8 亿吨，品位极高，二氧化硅含量在 96.8%—99.4%，是硅系列产品、钢铁炉料和玻璃工业的优质原料，年产硅石可达 260 万吨。黏土预测远景储量 19 亿吨以上，是陶瓷、水泥、建材工业的重要原料。

（二）资源产业在国民经济中仍占据绝对优势

近年来，随着经济转型的持续展开，石嘴山市工业结构优化趋势明显，但资源产业在国民经济中仍占据绝对优势（见表 4 - 4）。

表 4 - 4　　　2007 年与 2013 年石嘴山市规模以上工业行业结构比较

单位：亿元，%

行业	2007 年		2013 年	
	产值	比重	产值	比重
规模以上工业总产值	287.97	100.00	647.30	100.00
（1）产业集群	159.90	55.50	354.16	54.70
其中：新材料	44.10	15.20	63.70	9.80
装备制造	20.99	7.30	48.13	7.40
特色冶金	51.88	18.00	101.70	15.70
电石化工	42.93	14.90	140.63	21.73
（2）特色产业	13.39	4.65	40.63	6.30
其中：新能源	—	—	4.60	0.70
生物医药	—	—	5.96	0.92
新型煤化工	13.39	4.65	30.07	4.60
（3）煤炭、电力	114.68	39.80	206.20	31.86

资料来源：石嘴山市统计局。

规模以上工业总产值中，煤炭、电力行业的比重由 2007 年的 39.80% 下降到 2013 年的 31.86%；新型煤化工比重没有变化，仍占 4.60%。在四大产业集群中，电石化工和特色冶金都是高耗能产业，属于煤炭资源产业链的重要一环，将这些产业加总在一起，2013 年资源型产业占规模以上工业总产值的比重仍高达 73.89%，仅比 2007 年下降 3.46 个百分点。

三　存在的问题

总体来看，石嘴山市循环经济起步较早，在重点企业产业链延伸和资源循环利用上取得了一些成效，但粗放型经济发展方式尚未根本改变，产业间的生态工业网络、整个社会的废弃物回收和再利用体系、循环型社会的构建尚不健全，创建循环经济示范市工作面临着内外部的环境压力、投入与产出的挑战，主要存在资源、环境、资金、政策、技术、服务体系等一系列问题。

（一）　资源趋于枯竭，经济发展滞缓

石嘴山市煤炭产量由高峰期的 2300 万吨/年下降至不足 1000 万吨/年，煤炭储量仅够开采 10 年左右，已从煤炭输出地变为净输入地，煤炭资源的供需缺口越来越大。

历史遗留问题依然严重，转型发展内生动力不强，产业发展对资源的依赖性依然较强，煤炭开采及洗选业增加值占全市工业增加值比重的 1/3，现代制造业、高技术产业等处于起步阶段。三产发展相对滞后，占 GDP 的比重仅为 30%。人才、资金等要素集聚能力弱，创新水平低，进一步发展接续替代产业的支撑保障能力严重不足。

（二）　空间布局分散，不利于企业间开展循环经济

石嘴山市的城市发展是典型的先矿后城的发展过程，城市是在矿区开发的基础上发展起来的，因此形成了大武口、石嘴山、石炭井、汝箕沟、白芨沟、大峰矿等城镇，各点相距较远，最远达 100 多千米，致使产业区小而分散，城市资源浪费，运行成本过高。目前全市大小数十个煤矿散布在贺兰山地约 2200 平方千米的土地上，逐步形成了彼此相距较远、相对独立而呈三角顶立的三个城镇：石嘴山、大武口、石炭井，经济与城市空间结构呈现出大分散、小集中的格局。各城镇都用地颇多，基础设施、市政结构、产业布局都小而全、小而散，这种散状的空间结构客观上给城市规划、产业分布、区域整体空间结构的优化以及城市管理等都带来困难，也阻滞了区域经济的快速发展。矿区的兴衰对地区的人口空间分布影响巨大，石炭井矿务局机关南迁后，其原所在地石炭井区于 2002 年 10 月被撤

并，最繁华时有 9 万人口居住的石炭井，如今只剩 1 万左右的常住人口。

城市内部空间布局杂乱，城市与工业布局鱼龙混杂，房屋质量差，基础设施配套不齐全，交通不便，治安和消防隐患大，严重影响城市的功能和形象，制约城市的发展。历史形成的工矿棚户区、城市棚户区范围依然较大，改造的难度较大。

（三）民生问题突出，生态环境压力大

截至 2013 年年底，历史遗留的"老工伤"人员近 1.67 万人，占全区的 70%，全市企业拖欠职工工资 6000 多万元，欠缴社会保险费 4 亿多元，城镇职工养老保险基金当期收支相抵预计超支 61244.6 万元，面临收不抵支的局面。全市地方公共财政收入占全区的份额由 1985 年的 17.64% 下降到 2013 年的 11%，城镇居民人均可支配收入比全国平均水平低 4731 元。

环境治理、城市基础设施等历史欠账问题依然突出，仍有 200 多万平方米的棚户区需要改造，87 平方千米的沉陷区需要治理，安全隐患突出，地面植被退化严重，土壤治理难度大，生态修复面临极大挑战。高碳经济特征明显，节能减排任务艰巨，万元 GDP 能耗是全国平均水平的 3 倍，单位 GDP 氨氮、氮氧化物、二氧化硫等主要污染物排放强度分别是全国平均水平的 1.23 倍、5.6 倍和 5.8 倍，三废排放总量及排放强度较大的现状很难短时间改变。

（四）可持续发展长效机制尚未建立，循环经济资金支持不足

衰退产业援助机制尚未建立，资源型产品价格形成机制不完善，发展壮大接续替代产业任重道远。资源开发行为有待进一步规范，资源补偿、生态建设和环境整治、安全生产及职业病防治等方面的主体责任仍未落实到位，调控监管机制有待健全。

发展循环经济的投入机制还有待健全，资金投入不足，企业缺乏加大投入的内在动力和外在压力，政府支持发展循环经济的稳定投入机制还未形成。融资渠道单一，信贷规模偏小，门槛过高，手续复杂，银行抵押单一、担保体系不健全、企业信誉低等问题，导致部分中小企业融资困难；地方政府还未建立起稳定的支持循环经济发展的专项资金账户，市财政安排资金主要出于对环境保护、资源综合利用的考虑，对循环经济技术改造、工艺改进、技术研发、基础设施改善、循环经济体系建设等方面，财

力投入有限。

（五）循环经济政策体系不完善，管理机构自身能力建设不足

石嘴山市尚未颁布比较详细的促进循环经济发展的政策清单，相关配套法规和标准还不健全，对于发展循环经济还没有明确的优先领域和产品目录；尚未建立起完备的城市与企业的信息、物质流量表，对进行循环经济管理缺乏充足的数据信息；适合于循环经济发展的制度体系和运行机制不完善，缺乏弥补市场外部性的政策体系支持和投资融资机制，适合区域性循环经济网络发展需要的经济机制和政策体系还在摸索阶段，多数项目融资比较困难，实施难度大；尚未建立完善的循环经济发展的管理体制、监督、奖惩运行机制，缺少循环经济资源效率标准、能源效率标准、废弃物排放标准等约束性指标体系的评价标准；资源性产品的价格形成机制还未能充分反映资源稀缺程度、环境损害成本和供求关系，"污染者付费"的原则没有完全落实，资源循环利用还存在一些政策障碍。

推动循环经济工作管理机构的自身能力建设不足，特别是市级以下管理部门，机构不稳、人员不足的问题突出，影响工作的正常开展。另外，对建设节约型社会重要性的认识仍然不足，对能源资源对可持续发展战略的基础支撑地位和作用重要性的认识还有待进一步提高。全市循环经济在部分企业、行业和领域的小循环试点已取得成功，但从总体上看，全市产业较分散，循环经济整体框架定位模糊。

（六）公共服务体系不够完善，企业自主创新能力不足

石嘴山市经过多年的发展，积极推进循环经济发展，已逐步构建了政策和服务平台，但从循环经济发展的总体要求来看，公共技术开发和服务、副产品及废弃物交换平台、能量交换体系、创业服务体系、投融资服务体系、知识产权信息服务体系、科技信息服务体系、评价指标体系、统计核算平台等还不够完善，以现代金融、设计管理、咨询为核心的现代生产型服务业体系发育明显不足。

近年来，石嘴山市循环经济在发展速度、产业结构、经济效益等方面取得了长足的进展，但现有产品中初级产品较多，高附加值、高科技含量及拥有自主知识产权的产品比重较低，研发投入明显不足，资源节约和环境保护重大技术的研发还比较薄弱，资源高效利用和循环利用的关键技术

亟待突破,先进适用的成熟技术推广应用亟待加强。从人才供给能力来看,技术人才总量不够,技术和管理人才匮乏,由于经济发展的不平衡,多年来石嘴山市许多行业人才引进十分困难,严重影响了循环经济发展的核心竞争力,循环经济发展后劲不足。

(七) 循环经济发展意识不强,社会领域循环经济开展不够深入

循环经济的宣传还有待加强,全社会的循环经济意识不强,政府绿色采购和居民绿色消费意识薄弱,城市废弃资源和再生资源的回收利用还在探索阶段,群众参与发展循环经济、建设节约型社会的程度仍需进一步提高。大多数企业经营者对发展循环经济的重要性认识不足,积极性不高,这对更广泛的在企业内部推行清洁生产、发展循环经济产生了很大的制约。石嘴山市地处西北地区,投资吸引力弱,能够影响和带动全局的大项目、好项目少,企业社会化分工、专业化协作意识不强,大中小企业相互配套、相互服务、相互补充的循环体系不完整。

作为国家级的循环经济试点城市,石嘴山市社会领域循环经济的开展还不够深入。比较突出的是,政府绿色采购和居民绿色消费意识还很薄弱,城市废弃资源和再生资源的回收利用基本上还处于自然化的低级阶段。

(八) 循环经济专项规划缺位,产业共生机制有待完善

石嘴山市工业园区缺少相应的循环经济专项规划,目前主要是企业内部的能流、物流循环利用,园区能流、物流循环利用的制度设计尚未进行,缺少能流、物流循环利用的优惠政策等相关制度设计,以致工业园区大多仍然是单个企业、单个项目的集合,上下游产业(企业)之间因投入和产出的经济效益问题而使能流、物流的循环利用难以实现。随着全市循环经济产业链的不断延伸,上下游企业、产业间关联度越来越强,但循环经济上下游企业间还没有真正结成"产业共生、利益共享、风险共担"的经济共同体。

第二节　石嘴山市工业循环经济发展水平综合评价

工业循环经济发展水平的综合评价是定量分析其发展机制和发展模式

的前提和基础。工业循环经济是区域循环经济系统的子系统，通过综合评价，可以判断其发展水平、工业循环经济发展中的薄弱环节和突破点，以及未来进一步发展的展望。

一　研究综述

1992 年，世界可持续发展工商委员会（WBCSD）最先从企业的角度给出了生态效率的概念："生态效率通过提供能满足人类需要和提高生活质量的有竞争力的商品与服务，同时使整个生命周期的生态影响和资源强度逐渐降低到与生态承载力一致的水平。"[1] 我国对生态效率的研究起步较晚，对于生态效率的认识，国内学者的观点大多是在 WBCSD 定义的基础上进行的补充或延伸[2]。生态效率在评价循环经济发展水平领域具有重要地位，是资源利用效率及环境污染效益的综合表征指标，被认为是循环经济的合适测度指标[3]。目前，生态效率可以从企业、行业、区域等多个层面分析其循环经济发展水平。其中，借助生态效率概念评价区域循环经济发展水平的研究正逐渐增多[4]。

综合分析，已有研究成果对区域循环经济发展水平的评价具有相对性，即在一个时期的循环经济发展过程中，通过分析研究区域生态效率（环境效率和资源效率）的变化趋势来判断其循环经济发展水平。一般而言，区域循环经济发展水平受经济发展阶段、经济规模、科技水平、产业

---

① 邱寿丰：《探索循环经济规划之道——循环经济规划的生态效率方法及应用》，同济大学出版社 2009 年版，第 13 页。

② 王金南：《发展循环经济是 21 世纪环境保护的战略选择》，《环境科学研究》2002 年第 3 期。周国梅、彭昊、曹凤中：《循环经济和工业生态效率指标体系》，《城市环境与城市生态》2003 年第 6 期。

③ 诸大建、邱寿丰：《生态效率是循环经济的合适测度》，《中国人口·资源与环境》2006 年第 5 期。

④ 黄和平：《基于生态效率的江西省循环经济发展模式研究》，《生态学报》2015 年第 9 期。王微、林剑艺、崔胜辉、曹斌、石龙宇：《基于生态效率的城市可持续性评价及应用研究》，《环境科学》2010 年第 4 期。张妍、杨志峰：《城市物质代谢的生态效率——以深圳市为例》，《生态学报》2007 年第 8 期。

结构、政府的执政理念等诸多因素的影响①，区域之间差异很大，仅依据一个区域生态效率的时间序列数据只能判断其大体发展趋势，并不能准确定位其循环经济发展水平。例如，一个区域的环境效率即污染物排放效率不断提高有利于可持续发展，是循环经济发展水平提高的表现，但提高了多大幅度，是否减少了经济发展对环境的压力，这些问题的答案并不能从生态效率的变化趋势中得出。因此，生态效率分析还应放在更大一个参照系中进行评价，除研究区域外，添加必要的参照区域效果会更好，例如，全国或其他典型的具有对比性的区域。另外，有的研究成果②构建了区域可持续性或循环经济测度模型，依据社会服务量（城市福利产出）和生态负荷的变动方向将循环经济（城市可持续性）水平分为增强区域、次增强区域和减弱区域，这种分类方法虽然具有较强的科学性，能够准确反映出循环经济发展所带来的资源环境效应，刻画出经济发展给资源环境所带来的压力的变动趋势，但并不适合中国的实际情况。我国是发展中国家，在未来较长的一段时间内，资源消耗和污染物排放量的绝对值还会持续增加，于是合理的判断是，对于我国大多数区域而言，属于增强类型的概率很小，模型的现实意义会大打折扣。因此，循环经济测度模型应该尽量照顾到中国的现实国情，即我国的循环经济既追求降低经济发展对资源的依赖性，又允许污染物排放规模随经济增长存在小幅度增加。陆钟武等（2003）提出的"穿越环境高山"理念③和诸大建等（2006）④提出的中国循环经济发展的 C 模式既考虑到了通过转变经济发展方式减轻经济增长对资源环境造成的压力的紧迫性，也照顾到中国是发展中国家，应该有一定的资源消耗和污染物排放增长空间的合理要求，可以为构建区域循环经济测度模型提供理论指导。

　　本书以生态效率作为度量煤炭资源型城市工业循环经济发展水平的核

---

① 段宁：《赶不上定理及其循环经济理论意义》，《中国环境科学》2007 年第 3 期。李英东：《发展循环经济的制度模式和制度创新》，《经济经纬》2007 年第 2 期。

② 王微、林剑艺、崔胜辉、曹斌、石龙宇：《基于生态效率的城市可持续性评价及应用研究》，《环境科学》2010 年第 4 期。

③ 陆钟武、毛建素：《穿越"环境高山"——论经济增长过程中环境负荷的上升与下降》，《中国工程科学》2003 年第 12 期。

④ 诸大建：《C 模式：自然资源稀缺条件下的中国发展》，《社会观察》2006 年第 1 期。

心指标，进而构建出横向比较度量模型；然后，以穿越"环境高山"理念和适宜中国国情的循环经济 C 模式为基础，构建出工业循环经济发展绩效度量模型。运用上述两个度量模型，分别从横向比较和纵向比较两个维度对石嘴山市的工业循环经济进行实证研究，不仅有助于完善循环经济发展水平评价的理论方法，对于其他国内类似煤炭资源型城市的工业循环经济也具有借鉴和示范意义。

二　研究方法

（一）度量模型构建

1. 横向比较度量模型

在环境效率和资源效率的基础上，参照前人的研究成果，本书构建出生态效率度量和横向比较度量模型（见图 4 - 1）。图中度量模型是在标准化环境效率和资源效率的基础上提出的，由曲线 $E = (x^2 + y^2)^{1/2}$ 与直线 $x = 0.5$、$y = 0.5$ 和 $y = x$ 构成。曲线表示生态效率的走势，曲线离原点越远，生态效率值 E 就越高。经过标准化处理后，环境效率和资源效率的值位于 [0, 1]，E 则位于 [0, $2^{1/2}$]。

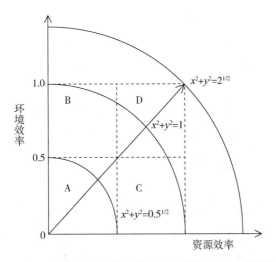

图 4 - 1　生态效率度量及循环经济发展路径评价模型

　　直线 $x=0.5$ 和 $y=0.5$ 将［0，1］之间的正方形分成 A、B、C、D 共四个区域。其中，A 区域表征"资源—产品—污染排放"的传统生产方式，资源效率与环境效率都不高，B 区域表征"末端治理"的生产方式，污染排放效率提高，但资源效率提高不明显；C 区域表征"源头削减"生产方式，资源效率提高但污染排放效率没有得到改善；D 区域为"循环经济"的生产方式，资源效率和污染排放效率都得到提高。城市工业循环经济发展水平的提高需要一个过程，依据资源效率和环境效率的组合状况可以判断其循环经济发展轨迹和发展水平。

　　在由多个评价对象组成的参照系之中，部分参评对象的循环经济发展水平很低，在有限的考察期内，生态效率的演变轨迹只能局限在 A、B、C 和 D 区域的其中一个或两个。为准确描述参评对象的发展特征，本书依据生态效率演变轨迹与直线 $y=x$ 之间的关系，进一步将循环经济的类型分为三种：生态效率演变轨迹在 $y=x$ 之下的，为资源效率优先的发展模式；反之，为环境效率优先的发展模式；若生态效率的演变趋势是围绕 $y=x$ 上下交替着向上延伸，则为生态效率均衡的发展模式。

　　为提高评价的客观性，本书将石嘴山市放在由全国和东中部地区的邯郸、焦作和枣庄三个煤炭资源型城市所构成的多维参照系中进行研究。

　　2. 纵向比较度量模型

　　（1）穿越"环境高山"理念和 C 模式的内涵

　　陆钟武等的穿越"环境高山"理念和诸大建等提出的 C 模式的核心理念是一致的，具体而言，就是将环境负荷增长（资源消耗量、污染物排放量）同经济增长联系在一起，在环境负荷小幅度增长的前提下实现经济高速增长（见图 4－2）。这种发展理念的实质是，人类自觉调整自身发展模式，改变库兹涅茨环境曲线（EKC）的演变进程，以实现经济发展目标和生态目标的双赢。

　　C 模式给予我国 GDP 增长一个 20 年左右缓冲的阶段，并希望经过 20 年的经济增长方式调整，通过两个阶段来发展循环经济：从 21 世纪初到 2020 年，本阶段为相对脱物质化阶段，资源消耗和污染排放的总体增长速度能远小于经济增长的速度；2020 年以后，为物质消费趋于稳定、资源消耗和污染物排放实现零增长和负增长阶段，是循环经济的较高发展阶段。

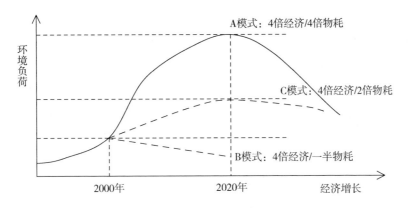

图 4－2 穿越"环境高山"理念和循环经济 C 模式示意

本书借助 C 模式的理念，构建纵向比较度量模型，评价石嘴山市工业循环经济发展绩效。

（2）度量模型

以循环经济 C 模式为参照标准，即在 2000—2020 年工业经济增长 4 倍而环境负荷（指工业发展而导致的环境负荷，后文同）增长 1.5—2 倍，按发展绩效由低到高，将工业循环经济发展绩效划分为七个层次（沿袭 C 模式的逻辑，这些层次沿用模式的名称，但实质是表征发展绩效的概念），这七个层次即低效传统经济、次 A 模式、高效 A 模式、次 C 模式、高效 C 模式、次 B 模式、高效 B 模式（见表 4－5）。其中，次 C 模式和高效 C 模式应该是中国大多数地区应该遵循的适宜模式；次 B 模式和高效 B 模式应该是中国高度发达地区应该遵循的模式；次 A 模式和高效 A 模式是中西部部分地区可能会采用的模式；低效传统经济模式则会出现在资源枯竭型地区或问题区域。

表 4－5   基于 C 模式的循环经济发展绩效分类

	EG < 2	2 < EG < 4	EG > 4
PG < 1.5	低效传统经济	次 B 模式	高效 B 模式
1.5 < PG < 2	低效传统经济	次 C 模式	高效 C 模式
PG > 2	—	次 A 模式	高效 A 模式

注：EG 代表 2020 年研究区域工业经济同 2000 年相比增长倍数，PG 代表环境负荷增长倍数，既可以代表资源消耗增长倍数，也可以表示污染物排放增长倍数。

　　为反映工业循环经济发展的过程特征，本书构建环境负荷增长标准模型和工业经济增长标准模型。依据 C 模式的逻辑思路，环境负荷增长曲线应是一条抛物线（本质是 EKC 环境库兹涅茨曲线），环境负荷增长速度应该经历一个先快后慢的过程，在抛物线的顶点 2020 年时，环境负荷增长趋于零，然后环境负荷进入零增长继而进入绝对量下降的阶段。这样，知道 2000 年和抛物线顶点 2020 年的环境负荷的数据，可以求出环境负荷增长的标准模型，即式（4 - 1）：

$$Y_n = a \ (n - 20)^2 + b, \ 0 \leqslant n \leqslant 20 \qquad (4 - 1)$$

　　其中，Y_n 表示第 n 年的环境负荷，a、b 是抛物线参数，假设初始年份 2000 年环境负荷为 100，当 2020 年实现 4 倍增长时，$a = -0.75$，$b = 400$，实现 2 倍增长时，$a = -0.25$，$b = 200$，实现 1.5 倍增长时，$a = -0.125$，$b = 150$。作为发展中国家，近期我国经济增长不会出现逐渐停滞的情况，工业经济增长曲线更接近于匀速增长，本书用式（4 - 2）作为描述工业经济增长过程的标准模型。

$$Y_n = Y_0 \ (1 + g)^n \qquad (4 - 2)$$

　　其中，Y_n 表示第 n 年的工业经济总量，Y_0 表示 2000 年的工业经济总量，g 为增长率。若 2020 年为 2000 年的 4 倍、2 倍，则 g 分别为 0.0718、0.0353。环境负荷与工业经济增长的标准曲线如图 4 - 3 所示。

　　循环经济 C 模式并没有对发展过程中环境负荷的年度增长率给予限制，只是强调要以不超过 2 倍（1.5—2 倍）的环境负荷增长换取 4 倍的经济增长，因此，对于同一个区域，符合 C 模式要求的环境负荷增长过程可以有无数个选择，不同增长模式之间也存在巨大的差异，为便于比较，本书构建环境负荷辨识指数和工业经济辨识指数 R_{ij}，如式（4 - 3）所示。本书中，环境负荷辨识指数包括综合能耗辨识指数、水耗辨识指数、COD 排放辨识指数、二氧化硫排放辨识指数和工业烟粉尘排放辨识指数。其中，Y_n 表示第 n 年研究区域实际环境负荷或工业经济总量，y_n 表示第 n 年时按标准模型计算的环境负荷或工业经济总量。R_{ij} 表示从初始期到 j 年的环境负荷或工业经济辨识指数，$i = 1.5$，2，4 分别表示研究区域终期的环境负荷或工业经济总量是初始期的 1.5 倍、2 倍和 4 倍。

$$R_{i,j} = \sum_{n=0}^{j} \ (Y_n - y_n), \ i = 1.5, \ 2, \ 4, \ 0 \leqslant j \leqslant 20 \qquad (4 - 3)$$

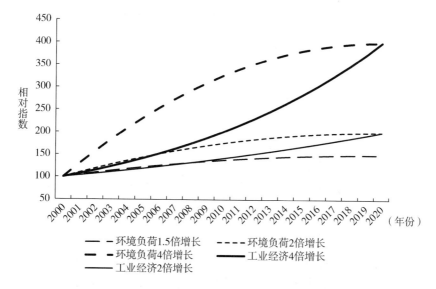

图 4 - 3　2000—2020 年环境负荷和经济规模的标准增长模型

各类型循环经济模式的环境负荷辨识指数和工业经济辨识指数具有不同的取值范围（见表 4 - 6）。

表 4 - 6　各类型循环经济的环境负荷和工业经济辨识指数的取值范围

循环经济类型	环境负荷辨识指数	经济规模辨识指数
低效传统经济	$R_{2,n} < 0$	$R_{2,n} < 0$
次 A 模式	$R_{2,n} > 0$	$R_{2,n} > 0$ 且 $R_{4,n} < 0$
高效 A 模式	$R_{2,n} > 0$	$R_{4,n} > 0$
次 C 模式	$R_{1.5,n} > 0$ 且 $R_{2,n} < 0$	$R_{2,n} > 0$ 且 $R_{4,n} < 0$
高效 C 模式	$R_{1.5,n} > 0$ 且 $R_{2,n} < 0$	$R_{4,n} > 0$
次 B 模式	$R_{1.5,n} < 0$	$R_{2,n} > 0$ 且 $R_{4,n} < 0$
高效 B 模式	$R_{1.5,n} < 0$	$R_{4,n} > 0$

（3）辨识指数的现实意义

环境负荷辨识指数实质上是实际增长曲线与横轴围成的面积同标准模型增长曲线与横轴围成的面积之差，若差值大于零则表示累积的实际环境负荷比标准模型的大。工业经济辨识指数与环境负荷辨识指数具有相似的指示意义。环境负荷辨识指数和工业经济辨识指数的构建旨在消除环境负荷和工业经济增长的不规律性对循环经济发展绩效评价的影响，也就是说，在从初始期到考察期的这段时间内，将实际累积的环境负荷总量与标准增长模型在此段时期内累积的总量相比较，而忽略掉累积过程中某具体年份的实际排放量和标准排放量的相对关系。

（4）辨识指数的属性

以环境负荷为例，a 年辨识指数大于零，意味着从 2000 年到 a 年的时段内，研究区域工业经济累积的环境负荷大于标准增长模型所累积的环境负荷；辨识指数持续增长意味着本时段内每年的环境负荷都比标准增长模型的要大，持续降低意味着本时段内每年的环境负荷都比标准模型的要小；对于某地区某年的辨识指数而言，倍数越大则辨识指数值越小，即 4 倍辨识指数小于 2 倍辨识指数，2 倍辨识指数又小于 1.5 倍辨识指数，进而可以推出，若 1.5 倍辨识指数小于零，则 2 倍和 4 倍辨识指数必定小于零。

（二）指标体系构建和数据来源

1. 指标体系构建

指标体系从多个层面刻画研究区域工业循环经济的本质属性。作为煤炭资源型城市，工业增加值、以煤炭为代表的能源的消耗以及由此带来的二氧化硫、烟（粉）尘、COD 等污染物的排放量，是五个重要的经济与环境指标，从一定程度上反映出该类型城市工业经济发展与资源环境的关系。本书以上述五个指标对三个煤炭资源型城市的工业循环经济进行评价。

（1）横向比较度量模型的指标体系

3R 原则是循环经济的典型特征。经济运行遵循 3R 原则可以提高单位资源的产出率和单位污染物所能创造的经济价值。生态效率的概念可以体现上述两个方面的特征，如式（4-4）所示。以生态效率为基础，可以设计出一套指标体系，来评价工业循环经济发展水平。

$$\text{生态效率} = \frac{\text{产品或服务的价值}}{\text{资源消耗或环境影响}} \qquad (4-4)$$

式（4-4）分母里包括资源消费和环境影响两个方面，因此，可以将两者的生态效率区分为资源效率和环境效率，分别从减少资源消耗和增加末端循环（减少污染物的产生）的角度表征工业经济系统物质代谢的生态效率。考虑到能源、水资源是重要的生产要素，而二氧化硫、COD、烟粉尘排放量是工业生产的主要废弃物和影响环境的主要污染物，对城市工业循环经济系统的功能具有重要影响，本书以这五种物质分别代表生态效率中的资源消耗物和环境影响的指标，并以地区工业增加值作为生态效率中产品或服务的价值。其中，水资源指的是工业企业的年度取水量，不包括循环利用水量；二氧化硫、COD 和烟粉尘排放量指工业企业排放量。所建指标体系如表 4 - 7 所示。

表 4 - 7　　　　　　　　横向比较度量模型的指标体系

一级指标	二级指标	三级指标	计算公式
生态效率	资源效率	综合能耗效率（万元/吨标准煤）	工业增加值/能源消耗总量
		水耗效率（万元/吨）	工业增加值/工业取水量
生态效率	环境效率	废水 COD 排放效率（万元/吨）	工业增加值/工业 COD 排放量
		二氧化硫排放效率（万元/吨） 烟粉尘排放效率（万元/吨）	工业增加值/工业二氧化硫排放量 工业增加值/工业烟粉尘排放量

（2）纵向比较度量模型的指标体系

在工业增加值、综合能源消耗、取水量、COD 排放量、二氧化硫排放量、烟粉尘排放量的基础上，计算出相应的工业经济辨识指数和环境负荷辨识指数，结合前文设定的判断标准，分析石嘴山市工业循环经济的发展绩效。

2. 数据来源和处理方法

本节所用数据来自各年份的《中国环境统计年报》《石嘴山统计年鉴》《山东统计年鉴》《河南统计年鉴》《河南水资源公报》《焦作统计年鉴》。为消除价格因素带来的纵向数据不可比性，工业增加值用工业增加值指数换算成 2005 年不变价格数据。

为描述 2005—2013 年石嘴山市各种资源和污染物的资源效率和环境效率的发展趋势，本节以 2005 年数据为基础将各年份数据做了相对化处理，即以 2005 年的资源效率和环境效率指标值去除其他各年份的值。因石嘴山数据比较齐全，本书部分段落对石嘴山市分析的时间跨度为 2000—2013 年。

（三）评价方法

在计算包含多个分指标的环境效率和资源效率时，本书使用熵值法确定各指标的权重。为增加参评对象从而获得客观性更高的权重值，将不同年份的地区视作不同的参评对象。

1. 指标权重和生态效率计算过程

熵可用来度量系统的无序化程度。通过对熵的计算确定权重的原理：当某指标使评价对象之间的指标值相差较大时，熵值较小，说明该指标提供的有效信息量较大，其权重也应较大；反之，说明指标提供的有效信息量较小，其权重也应较小。熵值法确定指标权重需三个步骤[①]。

第一步，构建标准化矩阵。

首先，对数据做无量纲化处理。设有 m 个参评对象、n 个指标，本书共有 36 个参评对象和 6 个指标，每个城市每个年份的数据可视为一个参评对象，共有 4 个地区（将全国也视作一个地区），每个地区有 9 年的数据，为了消除量纲和量纲单位的不同所带来的不可公度性，评价之前先应对指标做无量纲化处理。对于效益型指标，一般可令：

$$z_{ij} = \frac{x_{ij} - x_j^{min}}{x_j^{max} - x_j^{min}}, \ j = 1, \ 2, \ \cdots, \ n \qquad (4-5)$$

本书的三个环境效率指标和两个资源效率指标都属于效益性指标，指标值越大越好。

对于成本型指标，一般可令：

$$z_{ij} = \frac{x_j^{min} - x_{ij}}{x_j^{max} - x_j^{min}}, \ j = 1, \ 2, \ \cdots, \ n \qquad (4-6)$$

对于成本型指标，指标值越小越好。没做处理的资源消耗量和污染物排放量都是成本型指标。

因熵值法中用到对数，无量纲化后数据不能直接使用，需要进行平移修正，即令：

$$z'_{ij} = z_{ij} + 1 \qquad (4-7)$$

其次，用下列公式构建标准化矩阵

---

① 于会录、董锁成、李世泰、李飞：《金融危机爆发前后山东临港产业发展绩效研究》，《地域研究与开发》2015 年第 6 期。

$$p_{ij} = z'_{ij} / \sum_{i=1}^{m} z'_{ij} \qquad (4-8)$$

第二步，定义熵。第 j 个指标的熵为：

$$e_j = -\frac{1}{\ln m} \sum_{i=1}^{m} p_{ij} \ln p_{ij} \qquad (4-9)$$

第三步，定义熵权。定义了第 j 个指标的熵之后，可得到第 j 个指标的熵权：

$$w_j = (1-e_j) / (n - \sum_{j=1}^{n} e_j), \ 0 \leqslant w_j \leqslant 1, \ \sum_{j=1}^{n} w_j = 1 \qquad (4-10)$$

应当说明的是，资源效率的两个指标的权重及环境效率的三个指标的权重的计算过程是独立进行的，即资源效率的两个指标的权重值之和等于1，环境效率指标亦然。

第四步，计算第 i 个参评对象的环境效率和资源效率。

$$F_{ij} = \sum_{j=1}^{m} w_{ij} \times z_{ij} \qquad (4-11)$$

按照前述生态效率概念模型的要求，资源效率和环境效率的值都在 [0，1]。各指标标准化值乘以指标权重然后求和即得到每个参评对象的环境效率和资源效率，然后再按照公式 $E = (x^2 + y^2)^{1/2}$ 计算出生态效率。

2. 石嘴山市循环经济评价步骤

第一步，分析石嘴山市工业循环经济发展水平。首先，分析资源效率和环境效率的发展趋势，判断工业发展和资源环境演变趋势之间的关系。其次，具体分析资源效率和环境效率的变动情况，包括变动幅度和发展速度。再次，通过与全国、焦作、枣庄的比较，分析石嘴山市工业循环经济发展轨迹的特点和发展水平。最后，分析资源效率指标和环境效率指标与枣庄、焦作和邯郸三个煤炭资源型城市的差距，定位石嘴山市工业循环经济发展的水平及未来发展的方向。

第二步，基于 C 模式的度量模型，根据环境负荷和工业经济辨识指数判断石嘴山市工业循环经济发展绩效。

三　结果分析

（一）石嘴山市工业循环经济发展水平分析

1. 石嘴山市工业经济发展与资源环境演变趋势分析

2000 年以来，扣除物价因素，石嘴山市工业增加值年均增长率一直保持两位数，达 14.74%，2013 年工业增加值总量是 2000 年的 5.9 倍，增长速度高于全国和自治区平均水平（见图 4-4）。

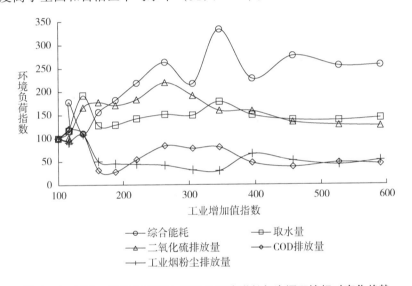

图 4-4　2000—2013 年石嘴山市工业经济增长与资源环境相对变化趋势

以综合能耗来看，2000 年，工业综合能耗为 426.83 万吨标准煤，2013 年为 1096.38 万吨标准煤，年均增长 11.4%。而 2007—2013 年则平均只增长了 3.1%。这种情况说明工业增长对能源消耗的依赖性已经大幅度下降，同时说明工业经济的能源消耗强度大幅度降低。

从工业取水量变化趋势来看，2000 年为 6096.16 万吨，2013 年为 8732.46 万吨，年均增长率为 4.88%；工业取水量经历了一个先增加后降低的过程。2003 年达到最大值 11706.24 万吨，2004 年跌到 7804.6 万吨，随后缓慢上升，到 2009 年又出现一个用水高峰，达到 10856.5 万吨，随后进入持续下降阶段，2009—2013 年年均增长率为 -5%。这说明 2008 年石嘴山市成为国家循环经济试点城市对节水工作有促进作用。从 COD 排放量变化趋势看，从 2000 年的 11531 吨减少到 2013 年的 5139.13 吨，年均增长率为 2.48%，其中，2007—2013 年年均增长率为 - 7.73%。石嘴山市工业经济在快速增长的同时实现了水资源利用效率的大幅度提高。

从二氧化硫排放量的变化趋势看，从 2000 年的 71243 吨上升为 2013 年的 89771.8 吨，年均增长率为 3.39%，呈现先升而后降的趋势。2000—2007 年为上升阶段，而后为下降阶段；2007—2013 年，年均增长率为 - 8.59%，显示出工业发展循环经济的显著效果。从烟粉尘的排放量看，从 2000 年的 165293.59 吨到 2013 年的 86838.85 吨，年均增长率为 1.11%，其中，2007—2013 年增长率平均值为 12.66%，出现反弹。

综上所述，从两个资源指标和三个污染物排放指标来看，除综合能耗随工业增长有较大的增长幅度外，其余指标均呈大体不变或下降趋势。这反映了石嘴山工业增长同物质消耗之间逐步脱钩的现象。

2. 石嘴山市资源效率和环境效率变化情况分析

按照式（4 - 4）分别计算并得到石嘴山市 2005—2013 年的资源效率和环境效率数据（见表 4 - 8）。

表 4 - 8　　石嘴山市 2000—2013 年资源效率和环境效率的变化情况

年份	综合能耗效率（万元/吨标准煤）	水耗效率（万元/吨）	COD 排放效率（万元/吨）	二氧化硫排放效率（万元/吨）	烟粉尘排放效率（万元/吨）
2000	780.64	54.66	28.90	4.68	2.02
2001	780.61	54.66	28.15	5.76	2.57
2002	510.64	54.66	27.88	5.36	2.57
2003	975.95	39.30	36.09	3.89	2.57
2004	809.00	69.09	149.03	4.27	6.48
2005	809.00	79.83	194.77	5.16	8.32
2006	788.00	84.76	117.93	5.64	10.06
2007	782.00	95.29	90.56	5.62	12.70
2008	1098.99	111.90	112.78	7.47	19.46
2009	810.00	106.13	123.74	10.16	23.42

年份	综合能耗效率（万元/吨标准煤）	水耗效率（万元/吨）	COD 排放效率（万元/吨）	二氧化硫排放效率（万元/吨）	烟粉尘排放效率（万元/吨）
2010	1354.00	144.32	242.08	11.67	12.00
2011	1288.99	179.06	344.12	15.87	17.81
2012	1612.01	208.20	321.34	19.28	24.65
2013	1793.99	225.24	382.73	21.91	22.65

从表 4 - 8 可以看出，在 2000—2013 年期间，石嘴山市工业经济的各种资源和环境效率均有所上升，其中综合能耗效率年均提高 11.46%，呈逐步提高趋势，年际变化较大，增长幅度从 - 34.6% 到 91.1%；水耗效率年均增长 13.7%，增长幅度年际变化大，从 - 28.1% 到 75.8%，属于不平稳上升，但上升趋势明显；COD 排放效率增长趋势明显，增长幅度大，2013 年是 2000 年的 13 倍；烟粉尘排放效率和 COD 排放效率的变动特点相似，即增长趋势明显，增长幅度大，2013 年效率是 2000 年的 11 倍；二氧化硫排放效率增长幅度不是很大，2013 年排放效率是 2000 年的 4.7 倍，增长趋势平稳。综上所述，按效率提高幅度由大到小的排序是：COD 排放效率 > 烟粉尘排放效率 > 二氧化硫排放效率 > 水耗效率 > 综合能耗效率（见图 4 - 5）。

3. 与枣庄、焦作和全国的比较分析

（1）资源效率

资源效率有综合能耗效率和水耗效率两个指标。2005 年，三个城市的综合能耗效率都低于全国平均水平，从一个侧面显示出煤炭资源型城市的产业特征：高耗能产业占比大。2005—2013 年，四个研究地区的综合能耗效率都得到了提高，其中，焦作增长幅度和速度最大，到 2013 年已经远远超过其他三个研究地区，枣庄则基本达到全国平均水平，石嘴山市则依然远远落后于前三者，不到焦作的五分之一，仅相当于全国平均水平的三分之一（见图 4 - 6）。

从水耗效率看，枣庄市最高，2005—2013 年，无论是增长速度还是提高的幅度，枣庄市水耗效率始终高于其他三个地区。焦作市和石嘴山市相

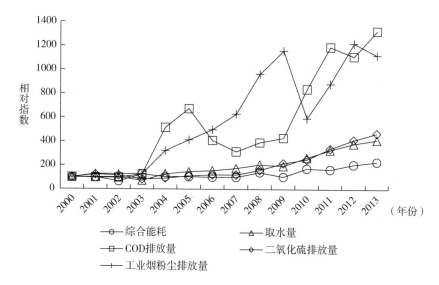

图4-5 2000—2013年石嘴山市工业经济资源效率和环境效率的变化趋势

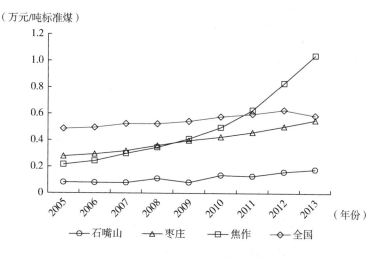

图4-6 2005—2013年综合能耗效率变化趋势比较

差不大，焦作略高于后者。三个煤炭资源型城市的水耗效率都高于全国平均水平（见图4-7）。

（2）环境效率

环境效率包括 COD 排放效率、SO_2 排放效率、烟（粉）尘排放效率三

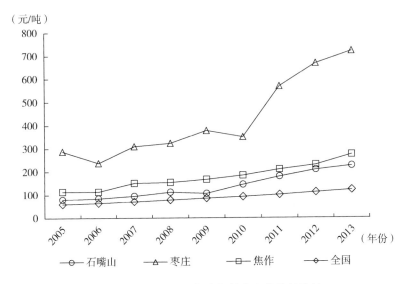

图4-7　2005—2013年水耗效率变化趋势比较

个指标。2005年，四个研究区域的COD排放效率相差不大。2010—2013年，枣庄市和焦作市的COD排放效率明显快于全国和石嘴山市，并逐渐将后面两个研究地区甩在后面。石嘴山市COD排放效率最低（见图4-8）。

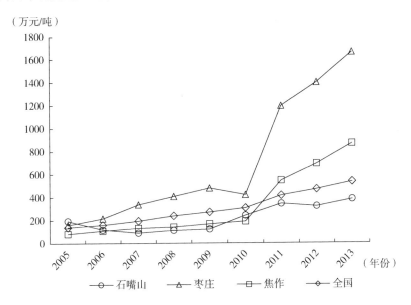

图4-8　2005—2013年COD排放效率变化趋势比较

SO₂ 排放效率的情况与 COD 排放效率相类似，枣庄与焦作在 2009 年后提高速度加快，将全国和石嘴山市甩在后面。石嘴山市 SO₂ 排放效率最低，远远落后于其他三个研究区域，并且提高速度也比较小，与其他三个研究区域相比，差距有逐步扩大的趋势（见图 4 - 9）。

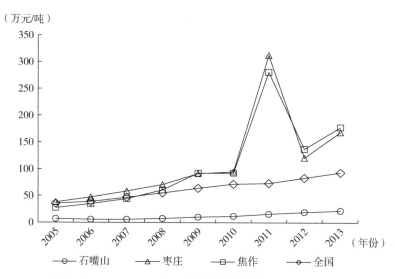

图 4 - 9　2005—2013 年二氧化硫排放效率变化趋势比较

2005 年，四个研究区域的烟粉尘排放效率相差不大，2005—2013 年，四个研究区域的烟粉尘排放效率都获得了提高，但呈现比较复杂的演变趋势。其中，石嘴山市效率最低，且提高速度缓慢；焦作、枣庄和全国的烟粉尘排放效率交替领先，2009 年后，枣庄市提高速度加快，逐渐与全国和焦作拉开距离；2011 年后，焦作市开始加速，将全国和石嘴山市甩在后面（见图 4 - 10）。

从环境效率看，石嘴山市与枣庄、焦作和全国有较大的差距，枣庄和焦作则逐渐与全国石嘴山市拉开距离，枣庄市的环境效率略高于焦作。三个城市中，石嘴山市是国家循环经济试点城市，焦作是河南省第一批循环经济试点城市，枣庄的经济技术开发区则是山东重点循环经济园区。另外，三个城市都是中国资源枯竭型城市，与循环经济和资源枯竭型城市相关的一些优惠政策对促进三个城市工业循环经济的发展会发挥一定的作用。

综上所述，无论从资源效率还是环境效率的绝对值看，石嘴山市工业

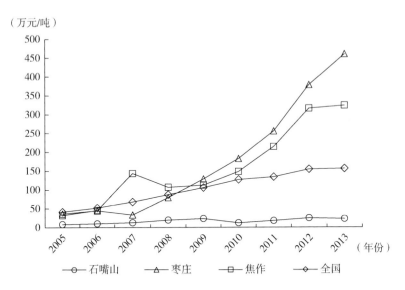

图 4 – 10　2005—2013 年烟粉尘排放效率变化趋势比较

循环经济与其他三个研究区域存在巨大的差距。

4. 生态效率演变轨迹和循环经济类型判断

按照前述数据标准化方法和计算步骤，得到 2005—2013 年石嘴山、枣庄、焦作和全国的生态效率（见表 4 – 9）。

表 4 – 9　　　　2005—2013 年研究区域工业经济的资源效率与环境效率

年份	石嘴山		枣庄		焦作		全国	
	资源效率	环境效率	资源效率	环境效率	资源效率	环境效率	资源效率	环境效率
2005	0.0177	0.0245	0.2823	0.0712	0.1102	0.041	0.1929	0.0683
2006	0.0208	0.0088	0.2485	0.0985	0.1228	0.0644	0.2011	0.0847
2007	0.0292	0.0052	0.3192	0.1260	0.1793	0.1574	0.2201	0.1126
2008	0.0579	0.0169	0.3502	0.1904	0.2043	0.1469	0.2259	0.1460
2009	0.0395	0.0252	0.4133	0.2658	0.2454	0.1890	0.2414	0.1762
2010	0.0967	0.0422	0.4031	0.3002	0.3003	0.2223	0.2630	0.2086
2011	0.1222	0.0723	0.6001	0.7396	0.3833	0.5397	0.2796	0.2382
2012	0.1615	0.0765	0.7028	0.6865	0.4961	0.5062	0.3028	0.2756
2013	0.1842	0.0903	0.7689	0.8545	0.6314	0.5895	0.2910	0.3008

　　为更清晰地展示研究区域2005—2013年的生态效率变化趋势，按照图4-1所示的生态效率度量原理，画出近9年来的生态效率变化轨迹图（见图4-11）。石嘴山市和全国都还没有超越A区域，两者都属于资源效率优先的发展模式；枣庄和焦作已经到达D区域，从演变轨迹看，两者都围绕$y = x$上下交替盘旋上升，属于生态效率均衡的发展模式。从发展的程度看，按生态效率值由大到小排序，依次为枣庄市、焦作市、全国、石嘴山市，基本上体现了中国经济发展水平的三个梯度：东部地区＞中部地区＞西部地区。作为西部地区典型的煤炭资源型城市，石嘴山市的生态效率低于全国平均水平，显示出其粗放型经济发展模式的特点。相对于环境效率，石嘴山市资源效率提高幅度更大、发展速度更快。自成为国家循环经济试点城市以来，石嘴山市的减量化成绩显著，但污染物排放效率无论相对于东部和中部的煤炭资源型城市来说，还是相对于全国平均水平而言，都有巨大差距。

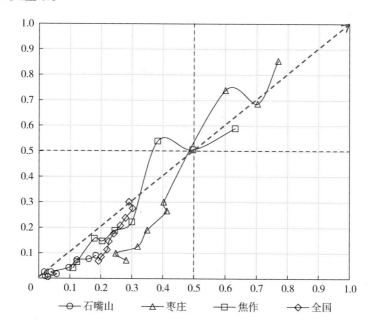

图4-11　石嘴山市2005—2013年生态效率变化轨迹

（二）基于 C 模式的石嘴山市工业循环经济发展绩效评价

1. 石嘴山市工业循环经济发展绩效判断

依据前文所述循环经济发展水平的判断标准，2013 年石嘴山市工业循环经济发展绩效判断结果如表 4-10 所示。

表 4-10　　　　　　　　2013 年石嘴山市循环经济发展水平定位

辨识指数	经济规模	综合能耗	二氧化硫排放	COD 排放	取水量	烟粉尘排放
4 倍	1641.66	-624.79	-1406.18	-2530.81	-1542.45	-2667.78
2 倍	2154.37	785.71	4.32	-1120.31	-131.95	-1257.28
1.5 倍	—	—	356.94	-767.69	220.67	-904.65
辨识指数特点	$R_{4,n}>0$	$R_{2,n}>0$ 且 $R_{4,n}0$	$R_{1.5,n}>0$ 且 $R_{2,n}>0$	$R_{1.5,n}<0$ 且 $R_{2,n}<0$	$R_{1.5,n}>0$ 且 $R_{2,n}<0$	$R_{1.5,n}<0$ 且 $R_{2,n}<0$
绩效判断		次 A 模式	次 A 模式	高效 B 模式	高效 C 模式	高效 B 模式

2001—2013 年，石嘴山市工业经济 4 倍辨识指数都大于零，且呈逐年增加趋势，说明此段时期内的工业经济总量都比标准增长模型的大（见图 4-12）。

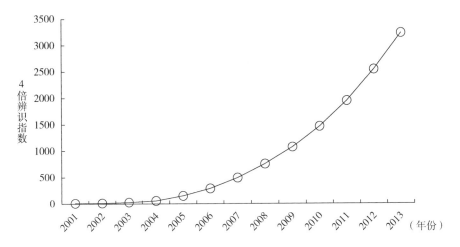

图 4-12　2001—2013 年石嘴山市工业经济辨识指数变动趋势

环境负荷包括综合能耗、水耗、COD 排放、二氧化硫排放和烟粉尘排放五个。因工业经济 4 倍辨识指数始终大于零，只依据环境负荷的辨识指数值即可对石嘴山市工业循环经济发展绩效做出判断，下面将按这五项指标和工业经济辨识指数之间的关系，结合前面表 4 - 6 中所列的判断标准，分析石嘴山市工业循环经济发展绩效。

（1）综合能耗

2001—2013 年，除 2002 年外，综合能耗 4 倍辨识指数始终小于零，2 倍辨识指数始终大于零。因此，根据综合能耗辨识指数和工业经济辨识指数的取值特征（见图 4 - 12、图 4 - 13），对照前面表 4 - 6 的判断标准，可以判断，除 2002 年外，石嘴山市工业循环经济处于次 A 模式阶段。因综合能耗 2 倍辨识指数始终大于零，并且持续增长，没有降低的趋势，可以判断，在 2020 年前，综合能耗 2 倍辨识指数低于零的可能性较小。也就是说，以综合能耗而言，石嘴山市转型为高效 C 模式的可能性很小。

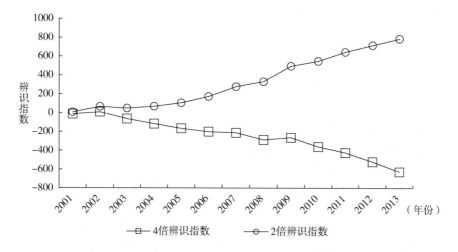

图 4 - 13　2001—2013 年石嘴山市综合能耗辨识指数变动趋势

（2）水耗

水耗 2 倍辨识指数经历了一个先升高后降低的过程，在 2003 年达到峰值，然后逐年降低，于 2010 年开始小于零。以水耗（工业取水量，下文同）来看，意味着从 2010 年开始，石嘴山市工业循环经济由次 A 模式转型为高效 C 模式。水耗 1.5 倍辨识指数也呈现先升高后降低的过程，峰值出现在 2010 年，而后呈逐渐小幅下降的过程。在 2020 年前，水耗 1.5 倍辨识指数存在小于零的可能性。也就是说，以水耗而言，石嘴山市工业循环经济有可能转型为高效 B 模式（见图 4 - 14）。

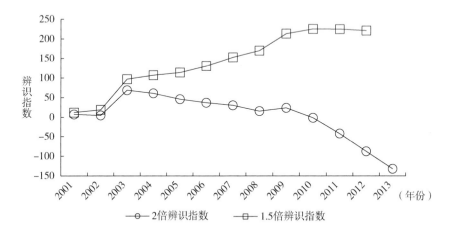

图 4 - 14　2001—2013 年石嘴山市水耗辨识指数变动趋势

（3）COD 排放

从 2003 年开始，COD 排放 2 倍辨识指数开始小于零，并呈持续降低趋势；从 2004 年开始，COD 排放 1.5 倍辨识指数开始小于零，并呈持续降低趋势。这意味着，石嘴山市工业循环经济从 2003 年开始由次 A 模式转型为高效 C 模式，进而于 2004 年又转型为高效 B 模式（见图 4 - 15）。

（4）二氧化硫排放

二氧化硫排放 2 倍辨识指数呈现一个短暂下降而后升高又下降的态势。2001 年、2002 年小于零，2003 年开始逐年升高，到 2008 年达到峰值，而后持续降低，2013 年为 4.32，很接近零，未来转型为高效 C 模式的可能性很大。1.5 倍辨识指数与 2 倍辨识指数相似，峰值出现在 2010 年，而后呈逐年降低趋势，2013 年 1.5 倍辨识指数值为 356.94，存在转型为高效 B 模式的可能性（见图 4 - 16）。

（5）烟粉尘排放

从 2001 年开始，烟粉尘排放 2 倍辨识指数和 1.5 倍辨识指数始终小于零，意味着从 2001 年开始，石嘴山市工业循环经济就属于高效 B 模式，

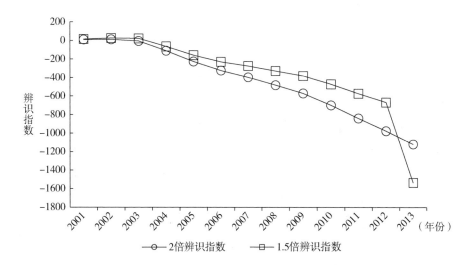

图 4 – 15　2001—2013 年石嘴山市 COD 排放辨识指数变动趋势

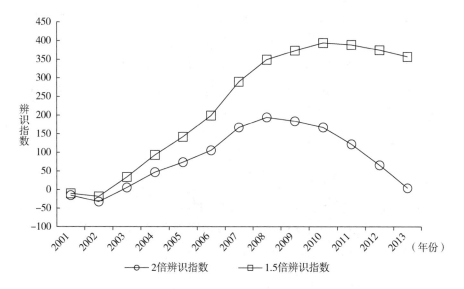

图 4 – 16　2001—2013 年石嘴山市二氧化硫排放辨识指数变动趋势

而且持续向着更好的方向发展（见图 4 – 17）。

2. 模式转型的实现路径分析

以 C 模式作为标准评价循环经济发展绩效最突出的特点是将研究对象放在一个特定的时间段内（2000—2020 年）进行考察，环境负荷增长倍数

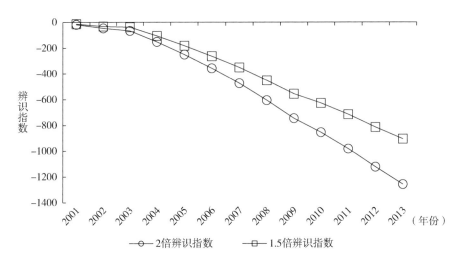

图 4 - 17　2001—2013 年石嘴山市烟粉尘排放辨识指数变动趋势

与工业经济增长倍数之间的关系是评价的主要依据。因此，2020 年之前的评价结果可以为将来的发展战略规划提供决策参考。

与表 4 - 3 中高效 C 模式的条件相比，2013 年，石嘴山综合能耗 2 倍辨识指数不能达到要求，指数值为 785.71。到 2020 年，若要成功转型为高效 C 模式，务必要使综合能耗 2 倍辨识指数小于零。依据式（4 - 3），若 2020 年综合能耗 2 倍辨识指数小于零，则：

$$R_{2,20} = \sum_{n=0}^{13} Y_n + \sum_{n=14}^{20} Y_n - \sum_{n=0}^{20} y_n < 0 \qquad (4-12)$$

此处，假设在 2013—2020 年，为实现循环经济发展目标，综合能耗规模以固定速率降低。对石嘴山市而言，依据标准增长模型和 2000—2013 年综合能耗的实际数据（2000 年为 100），可得：

$$\sum_{n=14}^{20} Y_n < 591.54 \qquad (4-13)$$

以 2013 年的相对指数 256.87 为基数，石嘴山综合能耗按固定速度 g 增长，则：

$$256.87 \times \sum_{n=1}^{7} (1+g)^n < 591.54 \qquad (4-14)$$

通过计算可得，$g = -0.2812$。据此，石嘴山市若要在 2020 年达到高效 C 模式的要求，综合能耗规模需按 - 28.12% 的速度逐年减少。据此，可计算出未来石嘴山市工业的综合能耗数据（见表 4 - 11）。可见，单以综合能耗来看，石嘴山市要想到 2020 年达到高效 C 模式的要求几乎是不可能的。这从侧面反映出，作为煤炭资源型城市，石嘴山市工业对能源消耗是高度依赖的。

表 4 - 11　　石嘴山市综合能耗在 2020 年转型为高效 C 模式的
综合能耗数据　　　　　　　　　　　　　　　　单位：万吨

年份	2014	2015	2016	2017	2018	2019	2020
石嘴山	788.08	566.47	407.18	292.68	210.38	151.22	108.70

四　结论

通过对以上各种推算结果的分析，大致可以得到以下几点结论。

第一，成为试点城市以来，相对于以前的发展模式，石嘴山市工业循环经济发展水平得到较大幅度提高，工业经济增长与能源消耗、水资源消耗、COD 排放量、二氧化硫排放量、烟粉尘排放量等指标之间存在比较明显的脱钩现象，而这正是循环经济非常重要的一个特征，即经济增长方式实现转变，不再以牺牲资源环境为代价。但同全国和东中部煤炭资源型城市相比，石嘴山市无论是资源效率还是环境效率都存在不小的差距，尤其是环境效率。尽管取得了一定成效，但是石嘴山市工业发展循环经济仍然任重而道远。

第二，在 2005—2013 年，石嘴山市工业的各种资源和环境效率均有所上升，其资源效率总体上大于环境效率，与全国一样，石嘴山市工业循环经济走的是资源效率优先的发展道路。

第三，从横向比较来看，2013 年石嘴山市工业的环境效率和资源效率与东部、中部煤炭资源型城市及全国平均水平相比还存在比较大的差距，但从纵向比较来看，以 C 模式作为评价标准，石嘴山市工业循环经济取得了不错的绩效。

第四，循环经济发展水平可以从横向比较和纵向比较两个维度进行评价，横向比较可以发现研究区域同发达地区的差距并找准未来的发展方向，纵向比较可以看到自身所取得的成就，增强发展信心。

第五，作为发展中国家，中国的循环经济发展水平评价应该有自己的评价标准，以 C 模式作为适应中国国情的循环经济发展模式进而用以衡量区域的循环经济发展水平具有一定的现实意义。

第三节　本章小结

本章第一节在概括石嘴山市的自然环境、资源条件、社会经济条件和生态环境现状的基础上，论述了石嘴山市工业循环经济存在的问题。总体来看，石嘴山市循环经济起步较早，在自治区和国家都有一定的地位。但因石嘴山属于老工业基地和资源枯竭型城市，历史积累的社会经济和生态环境问题多而复杂，目前，石嘴山市工业循环经济存在的问题主要包括：资源趋于枯竭，经济发展滞缓；空间布局分散，不利于企业间开展循环经济；民生问题突出，生态环境压力大；可持续发展长效机制尚未建立，循环经济资金支持不足；循环经济政策体系不完善，管理机构自身能力建设不足；公共服务体系不够完善，企业自主创新能力不足；循环经济发展意识不强，社会领域循环经济开展不够深入。

本章第二节将工业节能的途径区分为结构调整节能和循环经济节能两类，分别探讨两类途径对中国和石嘴山市工业节能的作用。依据循环经济与科技变革之间的关系，将工业行业分为 A 类循环经济行业和 B 类循环经济行业，并推断 A 类行业的节能量同利润总额存在相互促进的关系，B 类则呈负相关，进而运用面板数据分析技术验证上述论断。研究结果表明：

第一，成为循环经济试点城市以来，石嘴山市工业循环经济发展水平得到较大幅度提高，但同全国和东中部煤炭资源型城市相比，无论是资源效率还是环境效率都存在不小的差距，尤其是环境效率。

第二，在 2005—2013 年，石嘴山市工业的各种资源和环境效率均有所上升，其资源效率总体上大于环境效率，与全国一样，石嘴山市工业循环经济走的是资源效率优先的发展道路。

第三，从横向比较来看，2013 年石嘴山市工业的环境效率和资源效率与东部、中部煤炭资源型城市及全国平均水平相比还存在比较大的差距，但从纵向比较来看，以 C 模式作为评价标准，石嘴山市工业循环经济取得了不错的绩效。

第四，循环经济发展水平可以从横向比较和纵向比较两个维度进行评价，横向比较可以发现研究区域同发达地区的差距并找准未来的发展方向，纵向比较可以看到自身所取得的成就，增强发展信心。

第五，以 C 模式作为适应中国国情的循环经济发展模式进而用以衡量区域的循环经济发展水平具有一定的现实意义。

第五章 石嘴山市工业循环经济的宏观驱动机制

第一节 工业循环经济主体的行为选择动机

一 工业循环经济发展的行为主体

政府（调控者）、企业（生产者）、公众（消费者）是城市工业循环经济的三大行为主体。在市场经济条件下，生产者追求利润最大化，企业的循环经济发展水平不仅受成本、效益的约束，也受法律、法规、竞争、价值观等诸多因素的影响；消费者作为商品的消费者，其环境观、消费偏好等自身属性也对工业循环经济有重要影响；作为宏观经济运行环境的提供者和维护者，从一定程度上说，政府可以通过经济管理和调控职能影响工业循环经济的发展趋向和发展水平。

（一）城市工业循环经济发展目标

传统的工业生产系统具有价值增值和物质转化双重功能。其中，价值增值功能是闭环的，物质转化功能是开环的。企业是工业生产系统的微观单元，利润最大化是企业所有者经营企业的主要目标。依据马克思主义政治经济学原理，在企业生产过程中，资本被再生产出来并带来利润，为追求利润最大化，利润中的相当一部分又被投入企业的规模扩张，这个过程是一个闭环的过程：资本—生产—扩大的资本。但企业的物质转化功能不是闭环的，受生产工艺和管理水平的制约，在生产过程中，总有资源被浪费掉，总会有废弃物被排放到环境中；失去使用价值的产品被作为废弃物返还到大自然。可以说，传统的企业生产过程是个开环过程，即环境—资源—生产—废弃物—环境，对于由单个企业所组成的工业生产系统而言，物质转化功能也具有开环特征。在工业生产系统的两个功能中，价值增值功能是主要驱动力，处于主导地位，物质转化功能则处于附属地位。随着全球工业化的发展，工业生产系统规模越来越大，一方面，给人类带来了前所未有的物质财富，另一方面，物质转化功能的开环特征给地球的资源环境带来巨大的压力，其所引起的资源枯竭、生态退化和环境污染日益威胁到人类的可持续发展。

工业循环经济实施的根本目标就是对工业生产系统进行改造，变开环为闭环，减少工业生产系统对资源环境的依赖和对其产生的损害（见图5-1）。

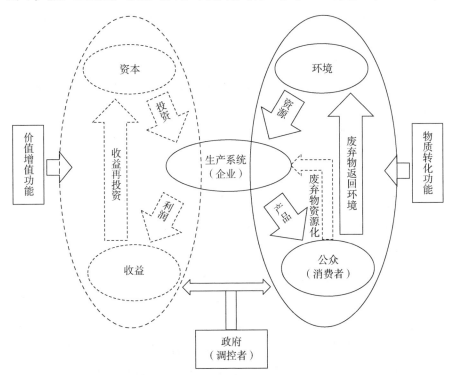

图5-1　工业循环经济运行过程框架

（二）工业循环经济的实施层面

工业生产系统具有层次性（企业、产业、园区、工业系统），对工业生产系统的循环化改造也具有层次性，即循环经济具有层次性。对应于工业生产系统的四个层次，对工业生产系统的循环化改造可以从企业、产业、园区和社会四个层面展开。

企业层面的循环经济改造主要通过提高管理水平、改造生产工艺和加强科技创新，提高资源转化效率，减少废弃物的产生量，提高废弃物的综合利用率。

产业层面的循环经济改造主要通过延长产业链条，将具有产品或副产品关联性的企业组织在一起进行生产，一个企业的产品或副产品是另一个企业的原材料，企业地理接近，既减少了交易成本，又提高了废弃物的综合利用率。

园区层面的循环经济改造即以生态工业园区的理念组织企业生产，例如卡伦堡生态工业园、广西贵港生态工业（制糖）示范园等。

社会层面的循环经济改造主要通过加强垃圾分类管理提高资源再生利用率，通过宣传教育引导公民建立绿色健康消费习惯，通过立法引导企业采取清洁生产和循环经济技术。

二　城市循环经济行为主体的经济行为分析

城市工业循环经济发展目标要通过行为主体的经济活动实践来实现。在市场经济条件下，生产者的生产行为追求利润最大化；消费者的消费行为则遵循效用最大化原则；对于政府来说，通过各种政策工具，以上升为国家意志的发展理念为指导，对国民经济进行调控。因此，城市工业循环经济发展水平不仅取决于政府的宏观调控，还取决于生产者和消费者在市场经济条件下的市场行为。其中，从各主体对工业循环经济的作用来看，生产者承担着主要的直接责任，循环经济的减量化、再利用和再循环的3R原则主要由生产者的生产工艺、管理水平和企业经营理念来决定；消费者在发展区域循环经济过程中发挥着辅助作用，消费者是否支持绿色、环保、低碳、节能产品对生产者的生产行为有间接影响，另外，消费者本身也是循环经济重要的参与主体，例如，消费者将垃圾进行分类整理和分类投放对废弃物资源化利用意义重大；政府的宏观调控为城市工业循环经济提供制度与文化环境，是城市工业循环经济发展的主导力量，发挥着举足轻重的作用。

（一）企业的行为分析

1. 外部性和低效率的资源配置现象

（1）外部性

外部性理论是福利经济学和环境经济学的重要理论，主要被用来解释在资源环境等公共物品领域存在市场失灵、资源配置效率低下等经济现象的原因。一般认为，外部性的概念是马歇尔首次提出的。马歇尔在1890年出版的《经济学原理》中，在分析个别厂商和行业经济运行时，首创了外部经济和内部经济这一对概念。但外部性理论的思想萌芽可以追溯到剑桥学派的奠基者、英国经济学家亨利·西奇威克，他最初对外部性的认识，体现在对穆勒"灯塔"问题的继续探讨上[1]。在《政治经济学原理》一书中，他认为，在很多情况下，通过自由交换，个人总能够为他所提供的劳务获得适当的报酬的观点明显是错误的。他指出，某些公共设施，由于它们的性质，实际上不可能由建造者或愿意购买的人所完全拥有。虽然没有直接提到外部性，但西奇威克已经意识到在自由经济中，个人并不是总能够为他所提供的劳务获得适当的报酬，这种从"个人提供的劳务"中只能获得部分"报酬"的现象正是我们所研究的外部性[2]。

在西奇威克和马歇尔的开创性研究之后，福利经济学创始人庇古以私人边际成本、社会边际成本、边际私人纯产值和边际社会纯产值等概念作为理论分析工具，基本形成了静态技术外部性的基本理论。1928年，阿温·杨在其著名论文《收益递增与经济进步》中，系统地阐述了动态的外部经济思想。1952年，鲍莫尔在《福利经济及国家理论》一书中对垄断条件下的外部性问题、帕累托效率与外部性、社会福利与外部性等问题做了较深入的考察。20世纪60年代以来，外部性理论研究的核心内容包括：遵循庇古的研究思想，对众多的外部不经济问题进行了深入的探讨；针对外部性（尤其是外在不经济）问题，提出了众多的"内在化"途径，例如，科斯于1960年

①　王方华：《中国与东亚区域经济的合作》，硕士学位论文，湘潭大学，2011年，第10页。
②　张宏军：《西方外部性理论研究述评》，《经济问题》2007年第2期。

提出的明晰产权的思路，沿着马歇尔关于规模经济（动态的外部经济）的思路发展。

经济学家对外部性的概念存在一定的争议，许多学者曾给外部性下过定义。例如，萨缪尔森和诺德豪斯的《经济学》给外部性下的定义为："外部性是指那些生产或消费对其他团体强征了不可补偿的成本或给予了无须补偿的收益的情形。"1962 年布坎南（J. M. Buchanan）和斯塔布尔宾（W. C. Stubblebine）的《外部性》（"Externality"）一文对外部性的定义为：只要某一个人的效用函数（或某一厂商的生产函数）所包含的变量是在另一个人（或厂商）的控制之下，就存在外部性，用经济学公式表示为①：

$$O_j = O_j \ (Z_{1j}, \ Z_{2j}, \ \cdots, \ Z_{nj}, \ Z_{mk}), \ j \neq k$$

也就是说，以 j、k 表示相同的经济单位，当经济单位 j 的目标函数 O_j 不仅受其自身可以控制的变量 Z_{ij}（$i = 1$，$\cdots$，n）的影响，而且也受某些不受其自身控制的变量 Z_{mk} 的影响时，则对单位 j 而言，存在单位 k 带给它的外部性。

（2）外部性导致资源配置效率低下

经济活动的外部性包括外部经济性和外部不经济性。外部经济性是经济活动使他人或社会受益，而受益者无须花费代价，外部不经济性是经济活动使他人或社会受损，而造成外部不经济性的经济活动主体却没有为此承担成本。

无论是外部经济性还是外部不经济性都会导致资源配置效率的降低。大多数经济活动具有外部不经济性。现实经济生活中，受生产工艺、管理水平、经营理念、消费习惯和消费理念的影响，经济活动主体的生产行为和消费行为不可避免地会给资源环境带来一定的压力，而由此带来的环境污染、生态退化和资源耗竭等损害的成本却并不由这类经济活动的主体承担，从而使经济活动的社会成本大于私人成本。市场经济条件下，企业追求利润最大化，生产决策遵循边际收益等于边际成本。假定在完全竞争的条件下，具有生产外部不经济性的企业的产量为 Q，产品的市场价格为 P，成本为 $C\ (Q)$，$C'\ (Q) > 0$，生产过程造成的外部不经济性（环境、资

---

① 周立：《中国崛起的外部性与经济安全》，《管理评论》2006 年第 6 期。

源成本）为 $D(Q)$，其导数大于零，即生产规模越大，外部不经济性越大。以 $Y(Q)$ 表示该企业的利润，则企业利润最大化的数学表达式为：

$$\max\left[Y(Q1)\right]=PQ1-C(Q1)$$

在企业不考虑外部性成本的条件下，企业实现利润最大化的条件为 $P=C'(Q1)$，即产品的价格等于企业的私人边际成本。然而，此时企业的最佳产量与社会收益最大化原则约束下的企业最佳产量是不一致的，全社会利润最大化的数学表达式为：

$$\max\left[Y(Q2)\right]=PQ2-C(Q2)-D(Q2)$$

全社会收益最大化的条件是 $P=C'(Q2)+D'(Q2)$。很显然，在完全竞争条件下，产品价格是常数，可推出 $C'(Q2)+D'(Q2)=Cv(Q1)$，由 $C'(Q)>0$，$D'(Q)>0$ 可知，$Q2<Q1$，即存在外部不经济性的条件下，稀缺资源被过多地配置给该企业（见图 5-2）。其中，$C'(Q1)=MPC$，$C'(Q2)=MSC$，社会边际收益和企业边际收益都等于价格 P。

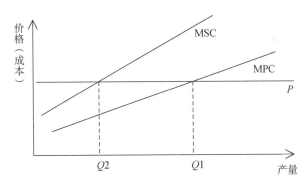

图 5-2　外部不经济性导致稀缺资源的过多配置

而对于具有外部经济性的企业而言，MPB < MSB，企业生产决策的依据是 MSB = MSC，在完全竞争条件下，企业的供给曲线就是边际成本曲线，此时，企业的最优产量 $Q1$ 小于相对于社会收益最大化而言的最优产量 $Q2$（见图 5-3）。

2. 企业发展循环经济缺乏微观利益驱动机制

循环经济的减量化、再利用、再循环原则有利于资源的可持续利用和生态环境保护，因此循环经济具有外部经济性。

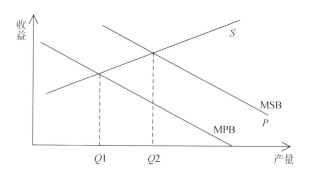

图 5 - 3　外部经济性导致稀缺资源的配置不足

对于生产相同产品的企业来说，如果排除技术进步的作用，循环经济企业的生产成本要比非循环经济企业的高。在一般意义上，循环经济不能降低成本似乎不能成立。例如，火电厂和水泥厂之间的循环经济案例。火电厂的脱硫石膏、粉煤灰、炉渣可以作为水泥厂的原料，通过交易综合利用这些火电厂的废弃物可以给双方都增加收益。但仔细分析发现，脱硫石膏和粉煤灰及炉渣作为水泥厂的原料应该属于科技创新，属于一种废弃物由于发现了新的用途从而带来收益的技术进步的一种类型。诸如通过构建产业链提高企业共生效应从而促进循环经济发展的案例也属于创新，即产业组织创新。如果对科技创新进行严格界定，就会发现，上述结论有其内在的道理，为了避免引起误解，本书强调，上述论断只适用于严格排除技术创新前提下的循环经济。

下面用反证法证明上述结论。假定在完全竞争市场的条件下，一个经济体生产某种产品的企业具有相同的生产工艺、管理水平、技术水平、生产成本和生产规模，具有相同的废弃物排放水平和资源利用率水平。其中，一个企业要提高资源利用率，即发展循环经济，如果该企业的平均生产成本低于非循环经济企业，则企业获得超额利润（见图 5 - 4），在完全竞争市场条件下，将会有大量企业通过发展循环经济降低生产成本，提高利润，并引起产品价格下降，直至超额利润消失。同时，由于发展循环经济，降低了该产品的生产成本，供给曲线向右移动，在需求曲线不变的条件下，供需平衡的均衡点右移，导致市场价格下降，社会需求增加。循环经济增加了配置到该领域的稀缺资源（见图 5 - 5），而这与前面证明的结论——"外部经济性导致稀缺资源的配置不足"相矛盾。

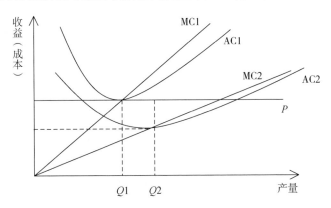

图 5 - 4　循环经济型企业生产成本低时的生产决策

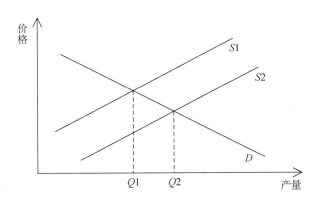

图 5 - 5　循环经济型企业成本低导致的资源配置增加

　　单纯发展循环经济会增加企业的生产成本说明，将"跑冒滴漏"和"浪费"的资源重新纳入生产流程是要付出成本的，在企业管理水平和劳动者的劳动积极性等生产条件没有改善的条件下，这种废弃物资源化行为具有不经济性。也就是说，企业发展循环经济缺乏利益激励机制。

　　3. 技术进步与循环经济的关系

　　排除科技进步的循环经济缺乏微观利益激励机制，企业发展循环经济存在意愿不强和动力不足的现象。但伴随企业生产工艺和生产流程的循环化改造而诞生的技术进步则极有可能为企业发展循环经济注入不竭动力。此处的技术进步为广义的技术进步，既包括生产工艺、中间投入品以及制造技能等方面的革新和改进，也包括技术所涵盖的各种形式知识的积累与改进。例如对旧设备的改造、采用新设备、改进旧工艺、采用新工艺、使用新的原材料和能源、对原有产品进行改进、研究开发新产品、提高工人的劳动技能、发现废弃物的新的用途、开拓新的市场等。当伴随循环经济而产生的技术进步带来的利润大于发展循环经济而产生的成本时，企业发展循环经济就有了微观的利益驱动机制。

只有伴有技术进步的循环经济实践才有生命力。辨析循环经济和技术进步之间的关系有助于厘清循环经济发展主体之间的责任和义务，从而制定更加合理的体制机制，促进循环经济的持续发展。部分学者认为，循环经济大有发展前途，不仅可以取得较好的经济效益还能带来不菲的社会效益和生态效益。他们可以举出多个案例证明自己的观点。不能否认这些案例的真实性。问题的关键在于这些案例中的企业在发展循环经济过程中技术进步发挥了多大的作用。许多案例说明，企业发展循环经济过程中的技术创新带来了利润，弥补了循环经济造成的利润损失（社会收益大于私人收益的部分）。将循环经济和技术创新的作用区分开来具有重要的意义。既然循环经济企业的私人收益小于社会收益，那么为促进循环经济的发展，社会应该给予企业一定的补贴，其数额应该等于社会收益大于私人收益的部分，或者制定并严格执行循环经济法，让所有企业都成为循环经济企业。如果让企业自愿发展循环经济，则社会必须提供公共技术，使发展循环经济有利可图。

（二）公众的消费行为分析

消费者在消费选择、垃圾的分类投放意识、绿色低碳生活方式普及水平、对生活环境质量的要求、环保监督意识等方面会影响到循环经济的发展水平。根据马斯洛的需求层次理论判断，绿色、健康、低碳消费需求是比生理需求、安全需求、社交需求、尊重需求还高的需求，属于自我价值实现的需求层次，消费者的环境友好型消费倾向和环境伦理观、环境意识等方面的素质会随着收入水平的提高而不断改善。显然，这需要一个很漫长的过程，同时说明经济增长是发展循环经济的重要条件。在经济收入水平一定的条件下，基于追求效用最大化的假设，理性的消费者在是否选择购买绿色节能产品（与循环经济要求一致）时会更多地考虑未来收益或成本的贴现因素。

1. 贴现因素对投资和消费行为的影响

与循环经济相关的产业、产品和技术的投资或消费，其收益或效用有一个较长的投资回报期或效用享有时段，并不能被投资或消费主体即时获得。例如，企业对生产工艺的循环化改造，消费者选择购买一款节能型家电，这些经济行为所获得的节能收益在短时期内很难看到效果，必须将其放在一个较长的考察期限内进行评价，才能够看到其成效。对于理性的投资主体或消费者来说，当进行此类跨期投资和消费决策时，其所关注的焦点就不仅仅是当期或下一期的净收益，而是各期净收益之和，此时，贴现因素成为决策必须考虑的重要因素。

贴现就是将未来的收益或成本按一定比率进行折现。净现值（NPV）项目投资评估方法可以用来解释贴现因素对投资行为的影响。净现值是在投资项目经济寿命期内，所产生的未来净现金流（收益与成本之差）的折现值。其表达式为：

$$NPV = \sum_{t=1}^{T} \frac{F_t}{(1+i)^t} - I < \sum_{t=1}^{T} F_t - I$$

其中，i 为投资贴现率，I 为初始投资总金额，T 为项目寿命期（年），F_t 为第 t 年的项目净现金流，F_t 等于第 t 年的项目收益 Bt 和项目成本 Ct 现金流之差。由表达式可知，当投资贴现率不为 0 时，NPV 一定低于不考虑贴现因素的项目净现金流之和。而且，i 越大，意味着 NPV 越低；$NPV < 0$ 表示该项投资是亏本的。此外，在一定的投资能力约束下，即便 $NPV > 0$，理性的投资者在做决策之前，还会将此项投资与其他投资计划相比，选择 NPV 较大的项目进行投资。同样，对于一名理性的消费者而言，在选择购买耐用品时，也会将贴现因素考虑在内。消费者对所备选的耐用消费品在各个时期的花费进行贴现后，再比较其消费总额的现值，最后选择性价比更高的商品。因此，消费者在一定预算约束条件下，做出的跨期消费决策必然受到贴现率的影响。

2. 考虑贴现因素的节能产品跨期消费模型

一般来说，节能环保型产品性能优良，耗能低，但价格相对昂贵。理性的消费者在选择购买节能环保型产品时，会将节能环保型产品的使用寿命期内所节约的成本折现并与当前所多付出的成本做比较，从而判断购买节能环保型产品是否合算。在此以较具代表性的节能空调为例，通过将贴现等因素引入空调跨期消费成本函数，分析贴现等因素对消费者在节能空调与普通空调之间进行消费决策的影响。

假定市场上有两种空调产品，分别是能源效率较高的节能空调和能源效率较低的普通空调。消费者只根据产品消费总成本（即购买成本与使用成本）的现值最低的原则来选购商品，不考虑其他诸如通货膨胀、收入约束以及对产品品牌和外观等方面的个人偏好等因素的影响。其中，P_H、P_L、T_H、T_L、F_H、F_L、P_t、r 分别代表节能空调价格、普通空调价格、节能空调使用年限、普通空调使用年限、节能空调年耗能量、普通空调年耗能量、电价、贴现率，同时假定 $P_H > P_L$、$T_H > T_L$、$F_H < F_L$，空调的消费总成本为购买成本与使用成本现值之和：

$$C_i = P_i + \sum_{t=1}^{T_i} \frac{P_t F_i}{(1+r)^t}, \ i = L, \ H$$

于是，消费者选购节能空调的条件是消费总成本低于或等于普通空调，即：

$$\Delta C = C_L - C_H = (P_L - P_H) + \left[\sum_{t=1}^{T_L} \frac{P_t F_L}{(1+r)^t} - \sum_{t=1}^{T_H} \frac{P_t F_H}{(1+r)^t} \right]$$

ΔC 为因使用节能空调而节约了的消费总成本，它由节能空调和普通空调价格之差（暂且称为短期消费成本之差），以及使用寿命期内能源消费成本之差构成（暂且称为长期消费成本之差）。若 $\Delta C > 0$，消费者选购节能空调，若 $\Delta C < 0$，消费者选择普通空调。同时，由表达式还可以判断空调的价格、能效、使用寿命、电价、贴现率对消费者决策的影响。一般来说，普通空调和节能空调之间的价格越接近，节能空调的能效越高、产品寿命越长，消费者越倾向于购买节能空调；高电价或电价的上涨趋势会增强节能空调的能源节约效应，从而引导消费者购买节能空调；当消费贴现率 r 较高时，短期消费成本占总成本的比例较高，消费者对产品价格更为关注，节能空调的能源节约效应受到削弱；反之，当消费贴现率 r 较低时，节能空调在使用过程中的能源节约效应就更明显，消费者就会把注意力从产品购买价格扩展至产品使用成本上来，从而增强节能产品的吸引力。

现实生活中，由于未来的电价、产品质量、产品寿命和收入水平等因素存在很大的不确定性，消费者心理贴现率往往非常高。当消费者以高心理贴现率衡量节能产品和普通产品时，往往会认为长期节约下来的电费折现值太低，此时，节能产品的吸引力会大大降低。为提高节能产品的竞争力，降低消费此类产品的贴现率是此类产品在竞争激烈的市场环境中生存的关键。

（三）政府行为分析

1. 政府是工业循环经济发展的主导因素

工业循环经济是一种新发展理念和发展模式。在市场经济条件下，由于企业以利润最大化为追求目标而消费者以效用最大化为追求目标，两类市场经济主体在发展循环经济方面都存在动力不足现象。但传统经济发展模式并不能实现人类的可持续发展目标。发展循环经济，提高资源利用率，减少废弃物的排放，遏制生态环境的退化及缓解资源日趋枯竭的严峻发展形势，是人类实现可持续发展的必由之路。虽然从经济系统微观层面看，人类缺乏发展循环经济的动力，但从宏观层面看，人类已经确立了实现可持续发展的宏伟战略。我国在 1994 年就出台《中国 21 世纪议程》，将清洁生产和循环经济作为促进可持续发展的重要手段，并于 2002 年和 2008 年分别制定《清洁生产促进法》和《循环经济促进法》，分别于次年正式实施。国内各级地方政府都纷纷出台相应的政策措施支持本地区循环经济的发展。发展循环经济作为一种发展理念已经上升为国家意志，并通过法律、法规、政策体现出来，进而影响到整个国民经济系统的方方面面，对企业、消费者、政府的行为都有相关的激励和约束机制，科技、教育、文化等领域也能找到与发展循环经济相关的倾斜政策。

发展工业循环经济就要对传统工业体系进行改造。由传统工业形态向循环经济的转型一般需要大量的社会投入，生产者（企业等微观经济主体）由于利益目标的驱使，普遍存在注重经济效益而忽视社会和环境效益的价值取向；消费者（社会公众）则往往会因个体认识的短期性和局限性而持观望或被动参与态度。在企业和消费者发展循环经济动力不足的条件下，作为经济的主要调控者和管理者，政府更加有责任和义务承担起发展循环经济的重任。

国外循环经济发展的实践表明，凡是循环经济发展好的国家，都可以看到政府在发展循环经济过程中所付出的努力。其中，法律强制和激励机制是政府推动循环经济发展的重要途径。没有法律法规的强制，企业就不会主动地、自发地去发展循环经济；没有经济激励，即使政府强制去做，企业也会找出种种借口来拖延和规避。因此，各级政府应发挥主导作用，综合运用法律、行政、经济、宣传、教育、科技手段，加强引导、协调和监督管理，在全社会营造出发展循环经济的宏观氛围。

2. 政府行为的选择

政府推进工业循环经济发展应主要抓好三个方面的工作：一是加强执法监督，确保国家有关循环经济、清洁生产和环境保护的法律法规在企业和消费者层面得以实施。二是政府通过一系列政策措施、制度供给，对社会行为施加影响，即政府政策行为，主要有制定规划、政策扶持、信息服务、重大技术研发以及循环经济意识形态培养等。三是加强自身依法行政的能力，防止发展循环经济和保护环境方面的"政府失灵"现象的出现。要提高政府行政行为的透明度，自觉接受公众监督；把发展循环经济的责任细分到职能部门，并列为领导干部政绩考核的一项指标。

坚决杜绝政府产生过多自身利益。由于现实中的政府是由各级政府官员组成的集合，从某种程度上说具有"经济人"的特征，个别官员、政府部门在为社会公共利益服务的同时，并不能完全排除对自身利益的追求。这种现象往往以政府和相关部门的"越位""缺位"等形式表现在循环经济的实践中。例如，当环境保护和经济增长之间存在矛盾时，因GDP在政绩考核中所占比重较大，政府职能部门为保增长而对某些违法排污的企业"睁一只眼闭一只眼"。另外，作为整个社会的一个组成部分，政府也同样消耗资源，也要减少政府自身资源消耗。

三 工业循环经济驱动机制的概念模型

（一）工业循环经济驱动机制概念

1. 循环经济发展机制的概念

循环经济发展机制是我国学术界研究的重点内容之一。就关注的重点而言，循环经济发展机制研究的内容可分为动力机制、运行机制、激励机制、约束机制、保障机制等。在诸多的学术文献中，虽然学者们将发展机制作为研究对象，却往往并不对其给予明确的概念界定。只有少部分文献给出了明确的定义。例如，王朝全、杨霞（2008）[①] 认为，循环经济的动力机制指循环经济系统运行演进过程中的动力获取及其作用方式；换言之，是指循环经济各相关因素相互联系、相互作用进而形成推动系统发展前进动力的过程；并指出动力机制应包括动力的形成、动力的传递和动力的作用等环节。薛冰（2009）[②] 认为，区域循环经济发展机制是指在以"减量化、再利用、资源化"为原则的区域社会经济过程完善和重组的发展目标导向下，区域系统内各组成要素（子系统）的相互作用方式与动态过程，及其关联机理等。

2. 工业循环经济驱动机制的概念

参考前人的研究成果，本书认为，工业循环经济发展机制是工业循环经济行为主体（政府、企业、公众）相互之间在内外各种因素（市场机制、制度、文化、价值观、技术等）的影响下相互作用，从而促进工业循环经济系统良性演进并不断实现循环经济发展目标的过程和机理。按工业循环经济发展的实施过程分类，工业循环经济发展机制可以进一步细分为驱动机制、规划机制、反馈机制和调控机制等。其中，驱动机制是指工业循环经济发展的驱动力来源和作用机理；规划机制是指工业循环经济规划主体充分掌握规划对象各方面信息（物质流、资金流、能量流、价值流）进而制定系统优化调控方案的过程和运作方式。反馈机制是指工业循环经济系统本身具有的发现运行过程中存在的问题并反馈回规划制订者和调控者的作用机理。调控机制指调控者（政府）在接收信息反馈的基础上，通过制定针对性的政策措施或指令改变工业循环经济系统行为主体的经济行为从而实现对系统的优化和调控的过程和机理。其中，驱动机制在工业循环经济发展机制中居于核心地位，是其他机制发挥作用的前提和基础。

（二）工业循环经济驱动机制的概念模型构建

对于工业循环经济的三个行为主体，即政府、企业和公众，都受到两种性质相反的力的作用，一是推动循环经济发展的力，二是阻碍循环经济发展的力。工业循环经济发展速度和质量决定于这些错综复杂的合力。

① 王朝全、杨霞：《论循环经济的动力机制——德国经验及其对中国的启示》，《科学管理研究》2008 年第 3 期。

② 薛冰：《区域循环经济发展机制研究》，博士学位论文，兰州大学，2009 年，第 46 页。

　　在上文对企业、公众和政府行为的经济学分析中，我们可以得出结论：对于企业来说，追求利润最大化的动机是发展循环经济的阻力，而发展循环经济过程中的技术创新则是推动力；对于公众来说，作为消费者，追求效用最大化的动机是阻力，而绿色健康的价值观和消费行为则是循环经济发展的拉动力；对于政府来说，依法行政，坚决贯彻五位一体的社会主义事业建设的总体布局，高度重视生态文明建设的重要意义，是工业循环经济发展的推动力，而各种因素导致的"政府失灵"则是工业循环经济发展的阻力。还有，区域经济发展的规模经济、共生效应、可持续发展及循环经济新理论的突破和推广等同样可以为发展循环经济提供动力。另外，战争、灾害等不可预见的因素也会严重阻碍循环经济发展，但考虑到研究的时间和空间边界，本书忽略这些因素的影响。基于上述分析，本书构建出简化的工业循环经济驱动机制的概念模型（见图5-6），并以此作为本书其他部分有关石嘴山市工业循环经济发展机理和模式的定量分析的基础。

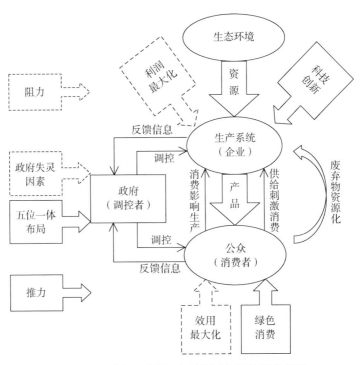

图5-6　城市工业循环经济驱动机制的概念模型

第二节　工业循环经济驱动因素的实证分析
——以工业节能为例

一　工业节能概述

政府、企业、公众是循环经济（因本书的主要研究对象是工业循环经济，为方便起见，后面提循环经济时，指工业循环经济）的三大行为主体[①]。对于工业经济来说，节能降耗和污染减排的两大责任主体则是企业和政府。

在市场经济条件下，生产者追求利润最大化，企业发展循环经济受生产成本、效益的约束。由于循环经济具有外部经济性，企业发展循环经济的边际私人收益与边际社会效益不一致，其并没有获得自己创造的全部收益，而是向社会无偿地转让了部分收益，这是一种资源配置的低效率现象，会导致企业发展循环经济的动力不足[②]。实践中，部分开展循环经济的工业企业出现的"循环不经济"现象（如贵糖和鲁北化工）正是这种规律的典型表现。近年来，我国雾霾天气增多，部分地区生态环境恶化的事实表明，发展循环经济任重道远。朱方明等认为，我国工业企业循环经济实践推进困难，主要是因为工业企业无法在循环经济开展过程中实现价值循环、成本没能得到补偿、投资不能获得回报[③]。但工业企业发展循环经济动力不足并不适应于所有的企业、行业。有大量研究和报道表明，某些工业企业实现了发展循环经济和经济增效的双赢[④]。综上所述，发展循环

---

① 薛冰：《区域循环经济发展机制研究》，博士学位论文，兰州大学，2009 年，第 23 页。

② 董骁：《循环经济动力不足的微观经济学分析》，《上海经济研究》2007 年第 1 期。黄海峰、刘京辉等编著：《德国循环经济研究》，科学出版社 2007 年版，第 207 页。

③ 朱方明、阳盼盼：《论工业企业循环经济的价值补偿与盈利模式》，全国高校社会主义经济理论与实践研讨会第 27 次年会，2013 年，第 11 页。

④ 《环境教育》编辑部：《循环经济催生循环效益——云南永德糖业集团有限公司节能减排纪实》，《环境教育》2013 年第 11 期。岑家兰、王雪芳、黎祖文、彭德科：《发展循环农业模式　实现经济与环境双赢》，《长江蔬菜》2015 年第 10 期。李永智、杨君、李洁：《循环经济"变废为宝"　产业效益"绿色倍增"》，《走向世界》2015 年第 45 期。宁启文：《菱花集团年循环经济效益达 2.56 亿》，《农民日报》2012 年 11 月 26 日第 1 版。唐歆媚：《实现经济效益与生态效益双赢》，《中国矿业报》2011 年 8 月 6 日第 A2 版。

经济和企业追求利润最大化目标之间并不存在固定的关系，对某些产业来说，两者可能会存在一定的冲突，而对另一些产业来说，两者则可能会存在相辅相成的关系。为促进循环经济健康发展，政府对这两类行业应该制定不同的产业政策。

依据外部性原理，对于具有外部不经济性的经济行为，通过征收庇古税，可以将企业的外部成本内部化，进而消除外部不经济性所带来的影响；同理，对于具有外部经济性的经济行为，政府可以制定补偿和激励性的财税政策，消除外部经济性所带来的企业发展循环经济动力不足的问题，而这也是政府在循环经济发展过程中应该承担的责任。作为宏观经济运行环境的提供者和维护者，从一定程度上说，政府通过经济管理和调控职能影响循环经济的发展趋向和发展水平。从工业的结构入手，分析不同类型工业行业的循环经济发展水平同企业经济效益之间的关系，探索工业循环经济发展的驱动机制，对制定有区别的产业政策，推进循环经济健康发展具有重要意义。本节将以中国工业和石嘴山市工业节能为例，探讨（企业发展循环经济）工业节能的驱动机制。

二　研究方法

（一）循环经济对产业经济效益的作用

3R 原则体现了循环经济的本质特征，而节能降耗和污染物减排则是发展循环经济的直接表现。节能降耗和污染物减排的主要手段包括调整产业结构、加快科技创新和提高管理水平[①]。为方便探索循环经济与企业经济效益之间的关系，本书把科技创新和改善管理都纳入广义的科技进步范畴。经济理论和实践表明，尽管循环经济与科技进步有着不可分割的关系（循环经济发展往往伴随着科技进步，科技进步的同时往往会促进循环经济发展），但两者又有微妙的区别，即循环经济与科技进步有时会不一致。一般而言，经济学中的科技进步包含两个不可分割的含义：

---

① 李毅中：《加快产业结构调整　推进工业节能减排》，《自动化博览》2009 年第 7 期。杨铁生：《实施产业调整和振兴规划　推进工业节能降耗减排》，《上海节能》2009 年第 6 期。

一是技术本身的变革、发展；二是技术变革对经济增长产生的作用。据此，本书假定：一是科技进步是有利于提高企业的经济效益的技术变革；二是现实经济中存在能够促进循环经济发展但不能提高（甚至降低）企业经济效益的技术变革。考虑到科技变革的这两种情况，本书将循环经济分为 A 类和 B 类。A 类是循环经济和科技进步紧密结合的类型；B 类是循环经济与不能提高企业经济效益但可以提高循环经济水平的技术变革相结合的类型。综上所述，工业节能主要有优化产业结构和发展循环经济两条途径。

对于工业节能而言，节能绩效主要包括结构性节能绩效和循环经济节能绩效。若某个产业行业的循环经济属于 A 类，则企业经济效益与循环经济节能绩效呈正相关关系，即相互促进；若属于 B 类，则两者呈现负相关关系，即相互冲突。

（二）变量选取和数据说明

依前文假设，工业节能绩效包括结构性节能和循环经济节能，分别用结构优化贡献率和循环经济贡献率两个指标表示，对于同一个产业行业而言，两个指标之和等于100。本书用行业利润总额（TP）作为表示工业行业经济效益的指标。在计算结构性节能时，研究还用到产业能耗效率指标，如式（5-1）所示：

$$EF_{i,t} = \frac{y_{i,t}}{e_{i,t}} \qquad (5-1)$$

其中，$EF_{i,t}$ 表示第 i 个工业行业第 t 年的能耗效率，$y_{i,t}$ 表示第 i 个工业行业第 t 年的工业总产值，$e_{i,t}$ 表示第 i 个工业行业第 t 年的综合能源消费量。

T 年 i 行业实际能耗减少量指该行业工业总产值在假定工业结构和能耗效率同上一年相比保持不变的情况下的综合能耗理论值同 t 年该行业的实际综合能耗量之差，如式（5-2）所示。

$$R_{i,t} = Y_t \cdot y_{i,t-1}/Y_{t-1}/EF_{i,t-1} - e_{i,t} \qquad (5-2)$$

结构调整节能则指仅仅因为结构变动而导致的综合能耗减少量，如式（5-3）所示。

$$CR_{i,t} = (Y_t \cdot y_{i,t-1}/Y_{t-1} - y_{i,t})/EF_{i,t-1} \qquad (5-3)$$

其中，$CR_{i,t}$ 表示第 i 个工业行业第 t 年的结构调整节能量，$y_{i,t}$ 表示第 i

个工业行业第 t 年的工业总产值，$y_{i,t-1}$ 表示第 i 个工业行业第 $t-1$ 年的工业总产值，Y_t 表示第 t 年的全部工业总产值，Y_{t-1} 表示第 $t-1$ 年的全部工业总产值，$EF_{i,t-1}$ 表示第 i 个工业行业在第 $t-1$ 年的能耗效率。循环经济节能贡献率 $XR_{i,t}$ 的值等于 $R_{i,t}$ 减去 $CR_{i,t}$。

本书所用数据引自各年份的《中国统计年鉴》。为消除物价因素的影响，工业总产值用分行业工业生产者出厂价格指数进行处理，利润总额用商品零售价格指数进行处理。中国循环经济发展较晚，很难获得 2005 年以前分行业的工业综合能耗数据，考虑到数据的可获得性因素，本书以 2005年为基期。

（三）结构调整节能的分析方法

对整个工业而言，假定各行业能耗效率不变，通过结构调整，提高行业能耗效率高于整个工业能耗效率的行业的产值比重有助于提高整个工业的节能水平；若降低行业能耗效率低于整个工业能耗效率的行业的产值比重同样有助于整个工业的节能水平的提高；反之，则会妨碍工业的节能水平的提高。仅仅因结构调整而导致的整个工业综合能源节省量可用式（5-4）计算。

$$EQ_t = \sum_{i=1}^{n} \frac{(y_{i,t} - Y_t \cdot y_{i,t-1}/Y_{t-1}) \cdot (EF_{i,t-1} - EF_{a,t-1})}{EF_{i,t-1} \cdot EF_{a,t-1}} \quad (5-4)$$

其中，EQ_t、$EF_{a,t-1}$ 分别表示第 t 年工业综合能源节省量和第 $t-1$ 年整个工业平均能耗效率，n 为工业行业的数量。

（四）循环经济节能的分析方法

利用 2006—2013 年中国工业 34 个行业的时间序列数据，分析行业节能量（JE）对行业利润总额（TP）的影响。假设被解释变量 $TP_{i,t}$ 与 1×1 维解释变量 $JE_{i,t}$ 满足线性关系，即式（5-5）。式（5-5）描述了 2 个经济指标在 34 个截面成员及 8 个时间点上的动态关系。

$$TP_{i,t} = \alpha_{i,t} + XR_{i,t}\beta_{i,t} + u_{i,t},$$
$$t = 1, 2, \cdots, 8, \quad i = 1, 2, \cdots, 34 \quad (5-5)$$

其中，$\alpha_{i,t}$ 为模型的常数项，$\beta_{i,t}$ 为解释变量的系数。随机误差项 $u_{i,t}$ 互相独立，且满足零均值、同方差的假定。

分析过程可以分三个步骤进行。

第一步，进行单位根检验。若数据平稳则可直接进行回归分析；若数据不平稳，则需进行协整检验，然后再进行回归分析。

第二步，确定面板数据分析模型。由于使用的数据包含行业、时期和变量三个方向上的信息，模型形式设定不正确，估计结果将与所要模拟的经济现实偏离很远。为避免模型设定出现偏差，提高参数估计的有效性，需要检验被解释变量的参数是否对所有截面（行业）都是一样的。本书使用协方差分析检验。

第三步，分析行业循环经济节能量（JE）对行业利润总额（TP）的影响。

三　结果分析

（一）结构调整对中国工业节能的作用分析

本书选择工业中的 34 个行业，分别计算出各工业行业的结构优化节能贡献率，如表 5 - 1 所示。

在所选择的 34 个工业行业中，2006—2013 年，有 19 个行业的结构变动率为正值，意味着该行业在工业总产值中的比重增加了；有 15 个行业的结构变动率为负值，意味着这些行业在工业总产值中的比重降低了。在结构变动率为正值的行业中，若年均节能量为正值，则说明该行业的能耗效率比整个工业的能耗效率高，反之，则低于整个工业的能耗效率；在结构变动率为负值的行业中，若年均节能量为正，则意味着该行业的能耗效率比整个工业的能耗效率低，其工业总产值占比的下降有利于工业节能；反之，则意味着该行业的能耗效率比整个工业的能耗效率高。

在结构变动率为正值的 19 个行业中，有 7 个行业的年均节能量为负，意味着这 7 个能耗效率低于平均值的行业，因为在整个工业中的比重得到了提高而增加了工业的综合能耗；同样，在结构变动率为负值的 15 个行业中，有 11 个行业的年均节能量为负值，意味着这 11 个能耗效率大于整个工业能耗效率的行业，因为在整个工业中比重的降低而增加了工业的综合能耗。2006—2013 年的 8 年中，结构节能量为正值的年份为 3 年，为负值的年份为 5 年，8 年的结构节能量平均为 - 1064 万吨；同样，结构节能率为正值的也是 3 年，为负值的为 5 年，8 年的结构节能率年均为 - 9.35%。

表 5 - 1　　2006—2013 年工业行业结构调整的节能效果

单位：万吨

行业名称	2006 年	2007 年	2008 年	2009 年	2010 年	2011 年	2012 年	2013 年	年均节能	结构变动率（%）
煤炭开采洗选	-4.64	8.56	-1214.14	-134.96	-262.13	-311.53	-229.28	-237.63	-298.22	0.20
农副食品加工	-174.28	346.17	681.61	620.54	-197.97	477.39	796.36	474.02	377.98	0.20
有色金属冶炼	-766.07	-143.88	170.19	253.32	-287.91	-232.03	-158.41	-190.08	-169.36	0.19
非金属矿物	-247.68	-728.69	-1400.44	-1744.29	-276.23	-732.25	175.83	-650.37	-700.51	0.15
交通运输设备	325.52	486.26	-235.90	1828.20	732.26	-970.05	-660.66	243.75	218.67	0.13
化学原料	104.96	-421.19	-219.31	-102.66	-341.01	-910.03	-163.75	-228.72	-285.22	0.11
专用设备制造业	132.94	161.16	421.91	322.94	54.32	21.55	-36.83	207.65	160.71	0.10
黑色金属矿	-44.07	-80.18	-136.86	-9.64	79.70	44.63	1.45	78.36	-8.33	0.08
文教、工美、体育	-56.24	-67.94	-49.79	-21.53	-66.07	-148.77	1487.52	258.83	167.00	0.08
金属制品业	89.37	141.14	165.68	-30.57	-71.08	-145.61	465.01	95.87	88.72	0.07
木材	32.82	93.64	92.43	116.17	12.29	12.54	57.07	106.65	65.45	0.06
电气机械	388.35	380.75	145.94	309.38	118.02	-264.25	-566.20	36.86	68.61	0.04
酒、饮料	4.24	27.65	-30.90	158.11	-82.54	157.05	92.09	54.81	47.57	0.03
食品制造业	-13.37	11.13	28.33	183.57	-87.16	63.79	59.55	37.80	35.46	0.03
医药制造业	-125.58	-18.73	-26.51	219.65	-70.85	154.09	160.07	29.68	40.23	0.02
燃气生产和供应	-48.38	-16.10	-42.43	-1.54	7.55	14.76	-11.17	19.82	-9.68	0.02
有色金属矿采选	17.04	20.46	-17.86	-12.31	21.69	35.02	6.01	15.06	10.64	0.02
非金属矿采选业	-42.68	-17.10	-40.60	-38.01	-11.86	0.08	0.49	-5.01	-19.34	0.02
家具制造业	49.72	7.72	15.10	38.85	15.18	-68.09	12.43	6.85	9.72	0.01

续表

行业名称	2006年	2007年	2008年	2009年	2010年	2011年	2012年	2013年	年均节能	结构变动率（%）
印刷	-51.13	-25.49	10.96	20.17	-60.50	-96.37	52.25	-28.08	-22.27	-0.01
纺织服装、服饰业	-54.48	-127.32	-32.03	83.42	-311.98	-360.66	555.62	-66.30	-39.22	-0.02
通用设备制造业	177.58	330.71	554.00	205.55	81.00	-341.64	-1446.08	-82.87	-65.22	-0.02
皮革、毛皮	-117.70	-73.87	-237.20	28.64	-94.15	-169.68	355.34	-69.90	-47.31	-0.02
橡胶和塑料制品	-8.36	-19.43	-88.28	87.92	-49.46	-147.44	-158.50	-65.05	-56.07	-0.04
化学纤维制造业	-10.51	2.42	-130.46	-21.38	1.88	27.79	-39.54	-17.40	-23.40	-0.04
烟草制品业	-206.01	-162.00	-99.97	27.18	-146.75	-72.83	14.12	-109.37	-94.45	-0.05
造纸和纸制品业	37.56	18.74	3.72	22.21	8.46	24.35	31.80	19.32	20.77	-0.05
仪器仪表制造业	23.76	-108.97	-173.02	-103.91	-24.78	-27.27	-446.76	-115.95	-122.11	-0.06
石油加工	-16.05	353.36	-68.54	560.13	-566.55	-326.11	229.57	200.18	45.75	-0.08
黑色金属冶炼	1864.66	-1358.42	-2430.55	4130.45	2203.50	-1074.41	-509.22	981.00	475.88	-0.13
石油天然气开采	-14.94	-179.49	11.90	-61.62	-41.61	-67.17	34.02	76.86	-30.26	-0.17
电力	203.19	266.35	653.08	-197.81	364.51	361.26	-98.24	416.16	246.06	-0.20
纺织业	-156.84	-152.14	-294.12	-14.63	-92.56	-201.09	-384.76	-160.88	-182.13	-0.22
计算机、通信	-538.26	-1571.19	-2248.53	-1008.10	-604.46	-735.55	-5.74	-1051.10	-970.36	-0.45
结构节能	754.47	-2615.90	-6262.61	5713.42	-47.26	-6008.52	-328.54	280.81	—	—
年度节能	16096.80	15580.80	8589.42	9769.57	12658.10	14138.70	5362.18	38611.70	—	—
结构节能率（%）	4.6900	-16.7900	-72.9190	58.4890	-0.3790	-42.5000	-6.1300	0.7355	—	—

注：结构节能指在假定各行业能耗效率不变的条件下仅因为调整工业的产值结构而导致节能的节能效果，按式（5-4）计算。年度节能指当年工业综合能耗减上一年工业综合能耗的差值。结构节能率指结构节能量占年度节能量的比重。表中工业各行业名称都是《中国统计年鉴》相应工业行业名称的简称。结构变动率指某行业2006—2013年在工业总产值产值中占比的年际变动的平均值。

综上所述，工业结构调整对工业节能的作用微乎其微，甚至是负向作用，工业节能的成绩基本都是通过技术进步和发展循环经济取得的。

（二）面板数据模型分析

1. 所有工业行业的面板数据分析

为避免时间序列数据非平稳而造成的伪回归现象，首先对 34 个行业的时间序列数据进行单位根检验，检验结果如表 5 - 2 所示，在 1% 的显著性水平上，log（TP）和 log（JE）数据没有单位根，可以直接进行回归分析。

表 5 - 2　　　　　　　　34 个工业行业面板数据单位根检验结果

行业数量	变量	检验方法			
		LLC	IPS	ADF	PP
34	log（TP）	0.0000*/0.0000**	0.0000*/0.0240**	0.0000*/0.0167**	0.0000*/0.0000**
	log（JE）	0.0000*/0.0000**	0.0219*/0.0000**	0.0002*/0.0000**	0.0000*/0.0000**

注：*表示对原始序列进行单位根检验的 P 值，**表示对原始序列进行一阶差分后的数据进行单位根检验的 P 值。

以 log（TP）为被解释变量，以 log（XR）为解释变量，进行协方差分析检验，$F_2 = 4.0268$，$F_1 = 0.5399$，在给定 5% 的显著性水平下，通过计算可得 $Fa_2（66, 204）= 1.3704$，$Fa_1（33, 204）= 1.4937$。由于 $F_2 > 1.3704$，而 $F_1 < 1.4937$，经过 Hausman 检验，最终确定模型应采用固定效应变截距模型。构建模型如式（5 - 6）所示。

$$\log（TP_{i,t}）= \alpha + \alpha_i^* + \log（XR_{i,t}）\times \beta + u_{i,t},$$
$$t = 1, 2, \cdots, 8, \ i = 1, 2, \cdots, 34 \qquad (5-6)$$

其中，α 为 34 个行业的平均利润水平，α_i^* 为 i 地区对平均利润水平的偏离，用来反映行业间利润水平的差异。使用普通最小二乘方法对模型进行估计，估计结果如式（5 - 7）所示。

$$\log（\hat{TP}_{i,t}）= \underset{\substack{t=136.1754 \\ P=0.0000}}{6.5700} + \log（XR_{i,t}）\times \underset{\substack{t=-2.1339 \\ P=0.0339}}{（-0.0193）} \qquad (5-7)$$

从估计结果可以看出，行业节能对利润总额产生负面影响，行业节能量每增加 1 个百分点，利润将会下降 0.0193 个百分点，$R^2 = 0.78$。考虑到行业的规模，节能对行业发展的影响不能忽视。以年利润总额为 1 亿元的企业来说，如果企业节能工作对利润总额的影响和整个行业一样，则年损失利润 200 万元，节能指标会对企业利润最大化目标产生一定的压力。

行业节能对利润总额具有负相关关系可以用循环经济的外部经济性进行解释；这种关系也意味着绝大多数工业行业都属于 B 类循环经济，即循环经济与不能提高企业经济效益但可以提高循环经济水平的技术变革相结合的类型。但在所有工业行业中应该存在循环经济与科技进步紧密结合的循环经济类型。辨识这种类别的循环经济对制定循环经济政策具有重要指示意义。

2. 工业行业分组的面板数据分析

为验证工业中是否存在 A 类循环经济行业，把 34 个工业行业按行业节能量与行业利润总额的相关系数值的正负分为两组，并分别进行面板数据分析。同对所有工业行业所做的面板数据分析一样，首先对两组时间序列数据进行单位根检验，检验结果如表 5 - 3 所示。对两组数据而言，在10% 的显著性水平上，log（TP）和 log（JE）数据没有单位根，可以直接进行回归分析。

表 5 - 3　　　　分组的工业行业面板数据单位根检验结果

行业数量	相关系数	变量	检验方法			
			LLC	IPS	ADF	PP
7	正	log（TP）	0.0000 * / 0.0000 **	0.0854 * / 0.1148 **	0.0618 * / 0.0740 **	0.0058 * / 0.0054 **
7	正	log（XR）	0.0000 * / 0.0000 **	0.0302 * / 0.0010 **	0.0150 * / 0.0004 **	0.0002 * / 0.0000 **
27	负	log（TP）	0.0000 * / 0.0000 **	0.0000 * / 0.0539 **	0.0000 * / 0.0445 **	0.0000 * / 0.0010 **
27	负	log（XR）	0.0000 * / 0.0000 **	0.0941 * / 0.0000 **	0.0014 * / 0.0000 **	0.0001 * / 0.0000 **

注：＊表示对原始序列进行单位根检验的 P 值，＊＊表示对原始序列进行一阶差分后的数据进行单位根检验的 P 值。

两组数据都以 log（TP）为被解释变量，以 log（XR）为解释变量，进行协方差分析检验。对 7 个行业的数据而言，F_2 = 17.1531，F_1 = 0.2396，在给定 5% 的显著性水平上，通过计算可得 Fa_2（12，42）= 1.9910，Fa_1（6，42）= 2.3240。由于 $F_2 > 1.9910$ 而 $F_1 < 2.3240$，经过 Hausman 检验，最终确定模型应采用固定效应变截距模型。对 27 个行业的数据而言，F_2 = 17.1531，F_1 = 0.2396，在给定 5% 的显著性水平上，通过计算可得 Fa_2（12，42）= 1.9910，Fa_1（6，42）= 2.3240。由于 $F_2 > 1.9910$ 而 $F_1 < 2.3240$，经过 Hausman 检验，最终确定模型应采用固定效应变截距模型。对 27 个行业的数据而言，F_2 = 17.1531，F_1 = 0.2396，在给定 5% 的显著性水平上，通过计算可得 Fa_2（12，42）= 1.9910，Fa_1（6，42）= 2.3240。由于 $F_2 > 1.9910$ 而 $F_1 < 2.3240$，经过 Hausman 检验，最终确定模型应采用固定效应变截距模型。对 27 个行业的数据而言，F_2 = 3.5050，F_1 = 0.3862，在给定 5% 的显著性水平上，通过计算可得 Fa_2（52，162）= 1.4230，Fa_1（26，162）= 1.5642。由于 $F_2 > 1.4230$ 而 $F_1 < 1.5642$，经过 Hausman 检验，模型也应采用固定效应变截距模型。对两组数据都构建模型如式（5 – 7）所示。使用普通最小二乘方法对模型进行估计，7 个行业的数据估计结果如式（5 – 8）所示，$R^2 = 0.87$。

$$\log\left(\hat{TP}_{i,t}\right) = \underset{\substack{t=145.3054 \\ P=0.0000}}{6.9962} + \log\left(XR_{i,t}\right) \underset{\substack{t=3.1793 \\ P=0.0026}}{\times 0.0229} \qquad (5-8)$$

对 27 个行业的数据而言，估计结果如式（5 – 9）所示，$R^2 = 0.77$。

$$\log\left(\hat{TP}_{i,t}\right) = \underset{\substack{t=105.0142 \\ P=0.0000}}{6.5307} + \log\left(XR_{i,t}\right) \times \underset{\substack{t=-3.8969 \\ P=0.0001}}{(-0.0477)} \qquad (5-9)$$

回归结果表明，模型可决系数、F 统计量都较理想，说明模型拟合程度较高。从统计学意义上说，这两个模型效果不错。由于两个模型都是以对数进行回归分析，回归系数是利润总额对行业节能量的弹性。

B 类循环经济行业的利润总额对循环经济节能量的弹性（绝对值）要比 A 类循环经济行业大，B 类行业对循环经济节能量的反应比 A 类行业要敏感得多，由式（5 – 8）和式（5 – 9）可以看出，前者弹性系数为 0.0229，后者为 – 0.0477，从绝对值看，前者仅为后者的 48%。

式（5 – 8）说明中国工业行业存在 A 类循环经济（见表 5 – 4）。由表 5 – 4 可知，这 7 个行业的工业总产值仅占整个工业的 27.82%，但综合能耗和循环经济节能占比则分别达到 39.71% 和 38.47%，说明 A 类循环经济行业具有高耗能的特点；同时说明，工业中存在相当比重的行业属于 A 类循环经济，行业的循环经济行为与利润最大化目标具有相互促进的作用。

表 5 - 4　　　　　　　A 类循环经济行业的几个主要指标　　　　　单位：%

行业名称	行业工业总产值占比	行业综合能耗工业占比	行业循环经济节能占比	利润总额与行业节能量相关系数
石油天然气开采业	1.77	1.80	1.16	0.6098
黑色金属冶炼	8.06	24.66	20.76	0.5442
计算机、通信	8.75	1.02	0.40	0.6612
有色金属矿采选	0.56	0.43	0.55	0.1685
有色金属冶炼	4.15	5.40	6.25	0.4149
煤炭开采洗选	3.02	4.60	7.28	0.0648
造纸和纸制品业	1.51	1.80	2.07	0.0143
合计	27.82	39.71	38.47	—

式（5-9）说明，除掉 A 类行业外，在剩余的 27 个行业中，利润总额对行业节能量更加敏感，回归系数由 -0.0193 大幅度降低到 -0.0477。

A 类循环经济行业的存在证明科技进步在发展循环经济中的关键作用，甚至可以说，循环经济本身即是科技进步，脱离开科技进步的循环经济由于同企业利润最大化目标相冲突而很难获得发展。大部分工业行业属于 B 类循环经济的事实验证了循环经济具有外部经济性，企业发展循环经济缺乏利益驱动机制。

四　石嘴山市工业节能机制分析

（一）结构变动节能分析

石嘴山市的分行业综合能耗数据仅限于 10 个行业。本书以这些行业为研究对象，分别计算出各行业的结构调整节能量和对整个工业节能的贡献率，如表 5 - 5 所示。

表 5－5　　2005—2013 年石嘴山市工业行业结构调整的节能效果

单位：吨

行业	2005年	2006年	2007年	2008年	2009年	2010年	2011年	2012年	2013年	年均节能（吨）	结构变动（%）
化学原料	-131858	-117444	-85961	-532093	-241706	117978	-203014	-118221	-12864	-147243	1.41
黑色冶炼	1303017	-141379	-721179	229946	265091	-264402	-436606	216971	-299341	16902	0.28
非金属	237493	-143483	40904	-159060	-21690	-128142	-22604	69589	50349	-8516	0.06
专用设备	-10184	1493	4488	1843	-9558	2981	6900	-11764	3559	-1138	0.06
石油加工	-251962	178156	-57343	-195514	-45623	116109	188828	3373	138442	8274	-0.08
造纸	8504	15316	51236	55309	-8924	-1579	-13771	11030	3516	13404	-0.11
金属制品	-4258	7565	8921	-2084	-4085	6895	5923	1510	1631	2446	-0.18
有色冶炼	45277	-29291	-54835	122423	25536	-40131	83260	12618	-30640	14913	-0.39
电力	-31890	306627	331203	212797	406502	-60688	-226493	233559	73122	138304	-0.41
煤炭采选	-184937	55552	472675	-21333	-379	40903	30039	-98465	99264	43702	-0.66
结构节能	947825	-74640	-219029	-425919	90231	-168405	-426515	162635	-22775	—	—
年度节能	713755	-346508	775668	3680004	607315	566091	-923667	1993735	588088	—	—
结构节能率（%）	132.79	21.54	-28.24	-11.57	14.86	-29.75	46.18	8.16	-3.87	—	—

注：结构节能指在假定各行业能耗效率不变的条件下仅因为调整工业的产值结构而导致的节能效果，按式（5－4）计算。年度节能指当年工业综合能耗减上一年工业综合能耗的差值。结构节能率指结构节能量占年度节能的比重。表中工业行业名称都是《中国统计年鉴》相应工业行业名称的简称。结构变动率指某行业 2006—2013 年在工业总产值中占比的年际变动的平均值。

在所研究的 10 个工业行业中，2005—2013 年，有 4 个行业结构变动率的平均值是正值，意味着该行业在工业总产值中的比重增加了；有 6 个行业的结构变动率平均值是负值，意味着这些行业在工业总产值中的比重降低了。在结构变动率为正值的行业中，若年均节能量为正值，则说明该行业的能耗效率比整个工业的能耗效率高，反之，则低于整个工业的能耗效率；在结构变动率为负值的行业中，若年均节能量为正，则意味着该行业的能耗效率比整个工业的能耗效率低，其工业总产值占比的下降有利于工业节能；反之，则意味着该行业的能耗效率比整个工业的能耗效率高。

在结构变动率为正值的 4 个行业中，有 3 个行业的年均节能量为负，意味着这 3 个能耗效率低于平均值的行业因为在整个工业中的比重得到了提高而增加了工业的综合能耗；同样，结构变动率为负值的 6 个行业年均节能量都是负值，意味着这 6 个能耗效率大于整个工业能耗效率的行业因为在整个工业中比重的降低而增加了工业的综合能耗。2005—2013 年的 9 年中，结构节能量为正值的年份为 3 年，为负值的年份为 6 年，9 年的结构节能量平均为 –15177 吨；结构节能率为正值的也是 5 年，为负值的为 4 年，9 年的结构节能率年均为 16.68%。

综上所述，工业结构调整对工业节能的作用不大，和全国工业节能一样，工业节能的成绩基本上也是通过技术进步和发展循环经济取得的。

（二）面板数据模型分析

1. 10 个行业的面板数据分析

为避免时间序列数据非平稳而造成的伪回归现象，首先对 10 个行业的时间序列数据进行单位根检验，检验结果如表 5 – 6 所示，log（TP）和 log（XR）的数据没有单位根，可以直接进行回归分析。

以 log（TP）为被解释变量，以 log（XR）为解释变量，进行协方差分析检验，$F_2 = 4.1027$，$F_1 = 0.3784$，在给定 5% 的显著水平上，通过计算可得 Fa_2（18，70）= 1.7531，Fa_1（9，70）= 2.0166。由于 $F_2 > 1.7531$ 而 $F_1 < 2.0166$，考虑到研究的目的性，最终确定模型应采用固定效应变截距模型。构建模型如式（5 – 10）所示。

表 5 - 6　　　　　　　　　10 个工业行业面板数据单位根检验结果

行业数量	变量	检验方法			
		LLC	IPS	ADF	PP
10	log（TP）	0.0000*/ 0.0000**	0.0163*/ 0.0000**	0.0111*/ 0.0000**	0.0936*/ 0.0002**
	log（XR）	0.0000*/ 0.0000**	0.0351*/ 0.0000**	0.0030*/ 0.0000**	0.0000*/ 0.0000**

注：＊表示对原始序列进行单位根检验的 P 值，＊＊表示对原始序列进行一阶差分后的数据进行单位根检验的 P 值。

$$\log (TP_{i,t}) = \alpha + \alpha_i^* + \log (XR_{i,t}) \times \beta + u_{i,t},$$
$$t = 1, 2, \cdots, 8, i = 1, 2, \cdots, 34 \qquad (5-10)$$

其中，α 为 34 个行业的平均利润水平，α_i^* 为 i 行业对平均利润水平的偏离，用来反映行业间利润水平的差异。使用普通最小二乘方法对模型进行估计，估计结果如式（5-11）所示。

$$\log (\hat{TP}_{i,t}) = \underset{\substack{t=70.1543 \\ P=0.0000}}{8.0685} + \log (XR_{i,t}) \underset{\substack{t=0.9823 \\ P=0.3289}}{\times 0.0106} \qquad (5-11)$$

从估计结果可以看出，行业节能对利润总额产生正向影响，但很微弱，行业节能量每增加 1 个百分点，利润将会提高 0.0106 个百分点。但模型系数 P 值太大，可决系数为 0.79。

2. 工业行业分组的面板数据分析

为验证石嘴山市工业中是否存在 A 类循环经济行业，把 10 个工业行业按行业节能量与行业利润总额的相关系数值的正负分为两组，其中相关系数值为正的有 8 个行业，为负的仅有两个行业，故只对 8 个行业的数据作回归分析。同对所有工业行业所做的面板数据分析一样，首先对两组时间序列数据进行单位根检验，检验结果如表 5-7 所示。

结果显示两个时间序列数据 log（TP）和 log（XR）都是不平稳序列，但两者都是一阶单整数据，在采用最小二乘法估计模型之前需先进行协整检验，检验结果如表 5-8 所示。

表 5 – 7 分组的工业行业面板数据单位根检验结果

行业数量	相关系数	变量	检验方法			
			LLC	IPS	ADF	PP
8	正	$\log (TP)$	0. 0000 * / 0. 0000 **	0. 0111 * / 0. 0000 **	0. 0067 * / 0. 000 **	0. 0796 * / 0. 0008 **
		$\log (XR)$	0. 0010 * / 0. 0000 **	0. 1837 * / 0. 0000 **	0. 0299 * / 0. 0000 **	0. 0002 * / 0. 0000 **

注：＊表示对原始序列进行单位根检验的 P 值，＊＊表示对原始序列进行一阶差分后的数据进行单位根检验的 P 值。

表 5 – 8 Johansen 协整检验结果

原假设	Fisher 联合迹统计量（P 值）	Fisher 联合 λ-max 统计量（P 值）
0 个协整向量	35. 83（0. 0031）	33. 81（0. 0058）
至少 1 个协整向量	17. 52（0. 3525）	17. 52（0. 3525）

检验结果说明 $\log (TP)$ 和 $\log (XR)$ 的面板数据通过了 5% 的显著性水平检验，它们之间存在长期稳定的均衡关系。

以 $\log (TP)$ 为被解释变量，以 $\log (XR)$ 为解释变量，进行协方差分析检验。$F_2 = 3.1772$，$F_1 = 0.2929$，在给定 5% 的显著性水平上，通过计算可得 $Fa_2 (14, 56) = 1.8726$，$Fa_1 (6, 42) = 2.1782$。由于 $F_2 > 1.8726$ 而 $F_1 < 2.1782$，结合本书的研究目的，最终确定采用固定效应变截距模型。

$$\log (\hat{TP}_{i,t}) \underset{\substack{t=40.9911 \\ P=0.0000}}{= 6.7682} + \log (XR_{i,t}) \underset{\substack{t=2.0995 \\ P=0.0398}}{\times 0.0346} \qquad (5-12)$$

回归结果表明，去掉两个行业后，利润总额对循环经济节能量的弹性大幅提高。由于行业循环经济节能量与利润总额呈负相关的行业仅有两个，不能满足面板数据分析的基本条件。通过 10 个行业和 8 个行业的面板数据回归模型的比较可知，石嘴山市工业中大多数行业的循环经济都属于 A 类。但可以判断，其工业行业中存在 B 类循环经济行业。由于循环经济发展较晚，不能得到更长时期的循环经济节能数据和行业利润总额数据，而较短的时间序列的平稳性检验现实意义不大，行业循环经济节能量与利

润总额之间的关系可以通过简单回归方程来描述，煤炭行业如式（5-13）
所示，化学原料行业如式（5-14）所示。

$$\log(\hat{TP}) = \underset{\substack{t=56.3461 \\ P=0.0000}}{14.0024} + \log(XR) \times \underset{\substack{t=-0.9196 \\ P=0.3884}}{(-0.0185)} \qquad (5-13)$$

$$\log(\hat{TP}) = \underset{\substack{t=43.7782 \\ P=0.0000}}{11.8189} + \log(XR) \times \underset{\substack{t=-0.9227 \\ P=0.3869}}{(-0.0197)} \qquad (5-14)$$

两个回归模型很不理想，可决系数很小，无法用来模拟现实和预测
未来。但这两个模型揭示了一个事实，这两个行业的循环经济应该属于
B 类。

尽管 B 类循环经济的行业只有两个，但其对整个工业的综合能耗和循
环经济水平有着举足轻重的影响。以上述 10 个行业作为整体（简称 10 行
业），分析煤炭采选业与化学原料产业（简称 2 行业）在其中的地位和变
化趋势，可以了解 2 行业对石嘴山市循环经济发展的重要影响。

由图 5-7 可知，2 行业的工业总产值在 10 行业中的比重有缓慢增长
的趋势，伴随着明显的波动；2010 年以前，2 行业综合能耗在 10 行业中的
比重在波动中缓慢提高，经历了 2010 年的大幅下降后，开始大幅度上升
（见图 5-8）。2013 年，2 行业综合能耗已经占到 10 业综合能耗的 52.03%。
2 行业的工业节能水平与 10 行业的节能水平有高度相关性（相关系数为

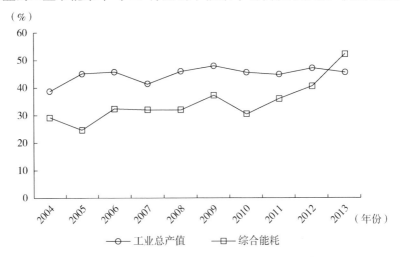

图 5-7　2004—2013 年 2 行业的工业总产值与综合能耗
在 10 行业中比重的变化趋势

0.71），2 行业的节能水平从一定程度上决定了 10 行业的节能水平。

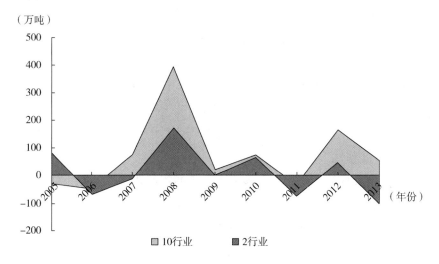

图 5 - 8　2005—2013 年石嘴山市 2 行业循环经济节能
与 10 行业循环经济节能的比较

五　结论

通过研究石嘴山市与整个中国工业行业节能量与行业利润总额的动态关系，我们可以得出如下几点结论。

（一）循环经济节能具有外部经济性

循环经济节能的外部经济性表现在行业节能量与行业利润总额具有负相关关系。从全国来看，大多数工业行业都表现出上述特点，本书将这些行业称为 B 类循环经济行业。在 34 个工业行业中，仅有 7 个行业属于 A 类循环经济行业，即行业节能量对行业利润总额具有促进作用。本书认为：由于循环经济与科技进步相伴而生，A 类循环经济行业是两者高度融合的产物，科技进步是弥补循环经济外部经济性给企业带来利益损失的关键因素。从石嘴山市来看，和全国趋势相反，工业行业中大多数为 A 类循环经济行业，只有 2 个行业是 B 类循环经济行业，但这 2 个行业是石嘴山的支柱产业，是高耗能产业，是循环经济节能的重要载体，对整个石嘴山工业的循环经济节能有举足轻重的影响。

（二）石嘴山市工业利润总额对循环经济节能的反应更加敏感

回归模型中 $\log(XR)$ 的系数表示利润总额对循环经济节能的弹性，也表示前者对后者变动反应的敏感程度。由式（5-8）和式（5-12）可知，前者的值为 0.0229，而后者为 0.0346。石嘴山市是 2007 年国家一批循环经济试点城市，企业发展循环经济能够享受到"获得国家补贴"等众多优惠政策，这应该是石嘴山市 A 类循环经济类型行业多以及利润总额对循环经济节能弹性大的重要影响因素。

（三）B 类循环经济行业应该成为政府的主要调控对象

对 A 类和 B 类循环经济行业，B 类应该是政府调控的主要目标。对于 A 类行业而言，由于循环经济节能对行业利润总额有促进作用，在追求利润最大化目标的驱动下，企业有发展循环经济的动力，也就是说，在市场经济条件下，A 类循环经济行业有利益驱动机制促进循环经济发展。而对于 B 类循环经济行业而言，情况则刚好相反，这类行业很难主动促进循环经济发展。若政府能够为循环经济发展提供财政补贴或税收优惠，弥补企业由于发展循环经济所产生的外部经济性给企业带来的利益损失，则企业发展循环经济的动力将会大大增强，从而实现循环经济发展资金使用效果的最大化。对于石嘴山市而言，2 行业，即煤炭开采和洗选业和化学原料及化学制品制造业，在石嘴山市循环经济中具有举足轻重的地位，是地方政府重点调控的对象。

（四）科技进步是促进循环经济发展的关键因素

循环经济与科技进步具有密切关系。发展循环经济不仅包括加强管理、改进生产工艺、废弃物回收利用，还包括组织创新、制度创新的内容，每项内容都会产生必要的成本，只有能够增加企业利润的循环经济行为才能够经受住实践的考验。这本质上是科技进步与循环经济融合程度的问题。科技进步是循环经济能否避免"市场失灵"和"政府失灵"的关键要素。

（五）消除循环经济外部经济性是提高循环经济发展水平的主要途径

无论是外部经济性还是外部不经济性，外部性只要存在就会降低资源的配置效率。对促进循环经济发展的手段而言，无论是依靠政府补贴还是通过科技进步，实质上都是消除循环经济的外部经济性，从而提高资源的配置效率。在政府循环经济发展资金有限的条件下，准确定位攸关循环经济发展速度和质量的核心行业甚至核心企业具有重要的现实意义。对石嘴山市而言，煤炭开采和洗选业和化学原料及化学制品制造业正是这类行业。

第三节　正外部性是否内部化的判断方法

一　引言

（一）研究背景和文献综述

为了扩大可再生能源的市场份额，世界上许多国家已经采取措施支持可再生能源产业的发展[①]。从世界范围来看，可再生能源的支持政策主要分为上网电价补贴（Feed-in Tariffs，FIT）和可再生能源配额制（Renewable Energy Portfolio Standard，RPS）两类[②]。

实施上网电价补贴政策的国家包括德国、丹麦和西班牙等，这些国家通过在特定时间段内为可再生能源设定固定价格（一般高于化石能源价格）支持相关产业的发展[③]。实施可再生能源配额制的国家有英国、美国、澳大利亚等。这些国家要求电力生产商必须获得一定比例的可再生电力。与此政策相配套，可交易绿证市场将被逐渐培育起来，并会起到调节可再生能源产业发展的关键作用。

目前，中国对可再生电力产业实施的是固定电价补贴政策。在这种政策背景下，可再生能源装机容量获得了快速增长。补贴给可再生电力的资

①　Benato, A., Macor, A., "Italian Biogas Plants: Trend, Subsidies, Cost, Biogas Composition and Engine Emissions", *Energies*, Vol. 12, No. 6, 2019, p. 979. Kern, F., Kivimaa, P., Martiskainen, M., "Policy Packaging or Policy Patching? The Development of Complex Energy Efficiency Policy Mixes", *Energy Research & Social Science*, Vol. 23, 2017, pp. 11 – 25.

②　Kwon, T. H., "Is the Renewable Portfolio Standard an Effective Energy Policy? Early Evidence from South Korea", *Utilities Policy*, Vol. 36, 2015, pp. 46 – 51. Kwon, T. H., "Rent and Rent-Seeking in Renewable Energy Support Policies: Feed-in Tariff vs. Renewable Portfolio Standard", *Renewable & Sustainable Energy Reviews*, Vol. 44, 2015, pp. 676 – 681.

③　García-Alvarez, M. T., Cabeza-García, L., Soares, I., "Analysis of the Promotion of Onshore Wind Energy in the EU: Feed-in Tariff or Renewable Portfolio Standard?", *Renewable Energy*, Vol. 111, 2017, pp. 256 – 264.

金主要来自可再生能源发展基金，不足部分则由政府财政负担。由于可再生电力发展很快，可再生电力的补贴资金缺口越来越大，已经给政府带来了巨大的财政负担①。有报道称，截至 2018 年，中国可再生能源发电补贴缺口已经超过 1200 亿元②。

依据中国政府的规划③，中国可再生能源政策将无可避免地从固定电价补贴政策转向配额制，这意味着可再生能源企业以前从政府获得的价格补贴，未来将主要来自可交易绿证市场。

既然高价格补贴给政府带来了沉重的财政负担，那么问题来了：价格补贴强度多大才是合理的？

当前学术界对固定电价补贴政策的研究主要集中在其政策的有效性评价方面，学者们通常从社会福利、技术变革和可再生能源装机容量增长等方面探讨该政策的有效性④；但很少关注固定电价补贴政策中有关价格补贴强度的合理性和精确性问题。

相比于传统化石能源，可再生能源有利于环境保护和资源节约，也就是说，可再生能源产业具有正外部性。依据环境经济学的外部性理论，正外部性在如下背景下产生：一个经济实体的经济活动对其他经济实体施加了有益影响，给其带来了收益，但该正外部性的接受者却不需要支付任何成本或付出任何代价⑤。

正外部性内部化以不同的方式将正外部性制造者所产生的外部利益转化为正外部性制造者的私人利益。正外部性内部化可以解决由于缺乏激励而导致的社会最优供给短缺，从而克服正外部性带来的效率损失，重新实

---

①　Zhang, Y. Z., Zhao, X. G., Ren, L. Z., et al., "The Development of the Renewable Energy Power Industry under Feed-in Tariff and Renewable Portfolio Standard：A Case Study of China's Wind Power Industry", *Journal of Cleaner Production*, Vol. 168, 2017, pp. 1262 – 1276.

②　《我国可再生能源发电补贴缺口逾 1200 亿元》，电力网（http://www.chinapower.com.cn/guonei/ 20180829/120535.html），2018 年。

③　国家能源局：《关于实行可再生能源电力配额制的通知》，http://www.nea.gov.cn/2018 – 11/15/c_ 137607356.htm。

④　Dong, S. C., "Feed-in Tariff vs. Renewable Portfolio Standard：An Empirical Test of Their Relative Effectiveness in Promoting Wind Capacity Development", *Energy Policy*, Vol. 42, No. 2, 2012, pp. 476 – 485.

⑤　王冰、杨虎涛：《论正外部性内在化的途径与绩效》，《东南学术研究》2002 年第 2 期。

现帕累托最优。

相比于传统能源，可再生能源产业具有正外部性。可再生能源可以增加社会福利，降低污染排放。根据现代经济学原理，具有正外部性的产业存在着资源配置不足的现象。正外部性内部化是解决该类问题的根本途径。政府对可再生电力产业实施支持政策的实质就是将其所产生的正外部性内部化。

可再生电力的正外部性是政府为鼓励其发展提供补贴的主要原因。生物质发电是一种典型的可再生能源，为方便起见，本书以生物质发电为例来说明研究思路。

一般来说，生物质发电可以被视作农业循环经济的一种模式[1]。因此，如何确定生物质发电价格补贴强度的问题，与如何精准调控农业循环经济发展的问题是等价的。循环经济是有正外部性的经济[2]。尽管学术界有关发展循环经济对企业经营业绩有何影响的观点存在分歧，但发展循环经济需要政府支持这一观点却得到了大部分学者的认可。越来越多的国家开始重视循环经济在实现可持续发展过程中的作用，投入大量的资金支持循环经济发展[3]。有远见的政府和商业组织越来越重视研究循环经济政策及其潜在影响，旨在为循环经济创造有利的发展条件[4]。

外部性内部化是促进具有外部性特征的产业可持续发展的有效方法。因此，外部性是否得到了补偿可以为判断地区经济在多大程度上实现了由传统经济向循环经济的转化提供参考标准。在外部性能够货币化度量的基础上，外部性内部化也能为定量化评价区域循环经济发展绩效提供标准。

---

[1]　孟春、高伟：《建立扶持激励机制　促进农业循环经济发展》，《农民日报》2013年5月7日第3版。

[2]　Ding, H. P., He, M. F., Deng, C., "Lifecycle Approach to Assessing Environmental Friendly Product Project with Internalizing Environmental Externality", *Journal of Cleaner Production*, Vol. 66, 2014, pp. 128 – 138.

[3]　EMF, "Towards the Circular Economy: Opportunities for the Consumer Goods Sector", 2013, https://www.ellenmacarthurfoundation.org/publications/towards-the-circular-economy-vol-2-opportunities-for-the-consumer-goods-sector.

[4]　Murray, A., Skene, K., Haynes, K., "The Circular Economy: An Interdisciplinary Exploration of the Concept and Application in a Global Context", *Journal of Business Ethics*, Vol. 140, No. 3, 2017, pp. 369 – 380.

　　环境外部性的评估是个十分棘手的难题，它无法在市场上实现交易，外部性的货币化度量涉及评价者的主观价值判断[①]。经过长期的积累，学术界已经研究出了行之有效的评估方法。环境污染损失核算是环境外部性评估的重要内容。20 世纪 60 年代以来，环境问题日渐复杂，经济发展的环境成本核算成为研究的热点之一，环境成本的计算推动了对大气、水、土壤污染损失的评价，确立了以市场价值法为核心的环境经济损失评估方法[②]。

　　环境损失评估技术和方法的应用带动了相关实证研究[③]。我国环境污染经济损失计量方面的研究起步较晚，但发展速度很快，无论是单项污染损失核算还是区域环境污染损失核算都取得了长足的进步[④]。

　　目前，在环境管理领域，已有学者从定量化度量外部性的角度研究产业政策的合理性及优化问题[⑤]。例如，Ding 等（2008）提出了一个逆向物流投资估值模型，计算出了在市场经济条件下，企业实施逆向物流项目投资能够实现盈亏平衡的条件，即政府需要提供的补贴数额，为政府通过实施支持政策调控企业投资环境保护项目或技术提供了理论指导和决策依据[⑥]。Ding 等（2014）以产品生命周期和净现值分析法构建外部性内部化度量模型，

① Picasso, E., Escobar, M. B., Harris, M. S., et al., "Measuring the Externalities of Urban Traffic Improvement Programs", *Habitat International*, Vol. 55, 2016, pp. 10 – 16.

② Dean, J. M., "Does Trade Liberalization Harm the Environment? A New Test", *Canadian Journal of Economics*, Vol. 35, No. 4, 2002, pp. 819 – 842.

③ Delucchi, M. A., Murphy, J. J., Mccubbin, D. R., "The Health and Visibility Cost of Air Pollution: A Comparison of Estimation Methods", *Journal of Environmental Management*, Vol. 64, No. 2, 2002, pp. 139 – 152. Quah, E., Boon, T. L., "The Economic Cost of Particulate Air Pollution on Health in Singapore", *Journal of Asian Economics*, Vol. 14, No. 1, 2003, pp. 73 – 90.

④ 郝吉明、李继、段雷、贺克斌、戴文楠：《SO_2 排放造成的森林损失计算：以湖南省为例》，《环境科学》2002 年第 6 期。杨丹辉、李红莉：《基于损害和成本的环境污染损失核算——以山东省为例》，《中国工业经济》2010 年第 7 期。

⑤ Nguyen, T. L. T., Laratte, B., Guillaume, B., et al., "Quantifying Environmental Externalities with a View to Internalizing Them in the Price of Products, Using Different Monetization Models", *Resources Conservation and Recycling*, Vol. 109, 2016, pp. 13 – 23. Zhao, X. L., Cai, Q., Ma, C. B., et al., "Economic Evaluation of Environmental Externalities in China's Coal-Fired Power Generation", *Energy Policy*, Vol. 102, 2017, pp. 307 – 317.

⑥ Ding, H., Liu, L., Ouyang, F., "Analysis of Social Cost Internalization and Investment Valuation of Reverse Logistics", In Proceedings of the 2008 IEEE International Conference on Service Operations and Logistics, and Informatics, Beijing, China, 12 – 15 October, 2008, pp. 2278 – 2283.

探讨促进新能源汽车发展的合理补贴空间①。相对而言，从绿色产品或企业的角度探讨外部成本内部化方法的研究成果不多，正处于起步阶段。

综上所述，当前研究主要存在以下三点不足：一是研究外部性的文献以关注环境外部不经济性为主，对循环经济环境外部经济性的研究不足；二是循环经济外部经济性主要包括污染减排和资源节约两个方面，当前研究外部经济性的文献将研究重点聚焦在环境领域，忽略了循环经济的资源节约效应；三是研究者对循环经济外部经济性的政策导向意义及其在评价循环经济政策实施效果方面的作用揭示甚少。

中国政府支持循环经济的发展，但支持力度和相应的政策缺乏一个科学合理的标准②。在生物质发电领域，中国政府出台了一系列文件给予支持，包括税收减免和价格补贴等。然而，政府的支持政策是否合理，却很少受到学者们的关注。

（二）农副产品的综合利用

综合利用农业副产品是发展农业循环经济的一个重要组成部分。对苹果主产区而言，苹果枝是一种重要的农副产品。据估计，每公顷苹果园每年修剪下来的苹果枝干重能达到2.4—6.6吨③。苹果主产区每年苹果枝总产量相当可观，潜在利用价值很大。然而，在实践中，苹果枝的资源化利用并没有引起人们的重视。目前，苹果树枝主要被当作做饭和取暖用的薪柴（就像麦秸和玉米秆等作物秸秆一样），这种利用方式不仅污染环境，也造成资源浪费。在一些苹果主产区，苹果枝被粉碎装袋作为培育食用菌的填料④。很少有苹果产区将苹果枝作为生物质燃料来进行发电。这些地区倾向于以沼气生产为中心，通过建设沼气池，进而组建"草—畜—沼—果"的循环经济产业链，一方面实现了农副产品的综合利用，另一方面获

---

① 杨建玺、李宏强：《静宁县农作物秸秆调查与思考》，《甘肃农业》2013年第13期。

② Dong, S. C., "Feed-in Tariff vs. Renewable Portfolio Standard: An Empirical Test of Their Relative Effectiveness in Promoting Wind Capacity Development", *Energy Policy*, Vol. 42, No. 2, 2012, pp. 476–485.

③ 李少阳：《陕西苹果修剪枝作为生物质再生能源利用研究》，硕士学位论文，西北农林科技大学，2009年，第12页。

④ 樊红霞：《静宁县"果、畜、沼"生态循环经济模式的研究与推广》，《现代园艺》2013年第18期。卢新松、王高鸿：《灵宝市大力发展苹果循环经济》，《农民日报》2007年12月20日第7版。

得了沼气这种洁净能源①。在农村地区，沼气是一种重要的清洁能源，通常以牲畜排泄物为原料。这就是沼气利用往往和牲畜养殖业相伴发展的原因。沼气的可持续利用离不开具有高热值的牲畜粪便（是沼气池的主要填料）。经营果园和牲畜养殖业都属于劳动密集型产业。可是在农村青壮年劳动力都到城市打工的社会大背景下，果园经营者很难胜任这两项工作。例如，甘肃省景宁县苹果树种植面积占耕地总面积的 68.7%，2016 年达到70667 公顷，是中国种植面积最大的地区②。静宁县农业分布格局是"北粮南果"③。在该县的南部，大多数耕地被用来种植苹果树，由于缺乏作物秸秆作为饲料，牲畜养殖业难以为继。当地的苹果种植区几乎没有大牲畜养殖。

2015 年，我们对静宁县果农做了一次问卷调查，收回 500 份有效问卷。结果显示，66.5% 的受访者表示他们家里没有养殖牛、猪、羊等大牲畜；32% 的受访者表示家里有沼气池，40% 的受访者认为阻碍提高沼气池使用率的主要因素是缺乏高热值的原料，如牛粪。调查结果与当地学者的研究结果基本一致。例如，王军红和闫伟刚的研究结果表明，随着农村青壮年劳动力进程务工人数的增加，该地经营农业的劳动力多是老年人、妇女和儿童，有技能的青壮年劳动力非常短缺。与此同时，随着电饭煲等工业产品在农村的推广，沼气在烹饪方面的优势不断减弱，很多人开始忽视沼气池的管理和维护，这导致沼气池的利用率逐年下降④。

综上所述，静宁县苹果产区有关农副产品综合利用的问题主要表现在两个方面。一方面，受人力不足等诸多因素的影响，小型畜禽养殖和管理不到位，沼气池利用率低。新建沼气池的积极性不高，"草—畜—沼—果"循环经济模式在苹果主产区效果不佳。另一方面，受传统习惯和发展理念

---

① 安凯春:《洛川县以果业为核心发展循环经济的经验》，2006 年中国农学会学术年会，北京，2006 年，第 2 页。吕同兴:《静宁县农村户用沼气转型发展的思考》，《农业科技与信息》2015 年第 23 期。

② 王小虎:《静宁苹果发展存在问题及措施》，《发展》2016 年第 10 期。

③ 马芳鹏、韩旭峰:《静宁县参与式整村推进扶贫开发模式探究》，《安徽农学通报》2013年第 24 期。

④ 王军红、闫伟刚:《关于静宁县转变农村能源发展方式的建议》，《农业科技与信息》2015年第 24 期。

的影响，大量的苹果树枝干被当作柴火直接烧制取暖做饭，浪费资源，污染环境。

本节以甘肃省静宁县为例，探讨利用苹果树枝作为燃料输入，在苹果主产区替代沼气发电的可行性。为在苹果主产区推广循环经济模式"苹果—发电—有机肥"提供理论指导，本书分析了用苹果枝进行生物质发电的经济和环境效益，并通过计算生物质发电的正外部性规模，以外部性内部化作为判断标准，来评价政府对生物质发电的支持政策的合理性。同时，本书还建立了一个动态系统模型，用来确定促进生物质发电可持续发展的合理的价格补贴强度，探索用外部性内部化作为评判标准，提高政府对具有正外部性产业实施的扶持政策的效率。

（三）静宁县的基本条件

静宁县地处北纬 35°01′—35°45′、东经 105°20′—105°05′，属黄土高原丘陵沟壑区，年均降水量 423.6 毫米，是甘肃省中部 18 个干旱县之一，生态环境脆弱。静宁县总人口 48.25 万人，耕地面积 98000 公顷，其中，山旱地占 92% 以上[1]。1986 年，静宁县被确定为国扶贫困县，贫困人口 22.4 万人，贫困面为 59.6%[2]。1986—2002 年，省、地扶贫办及中央财政共下拨扶贫资金 11809.88 万元，重点扶持梯田、道路、水利、集雨灌溉、人畜饮水、种植业、养殖业、林业、移民安置、农村能源、科技扶贫、村小学及社会公益事业的建设。静宁县将扶贫开发当作政府施政的重中之重，在充分吸收甘肃省"参与式整村推进扶贫"（即一种能够融合项目管理和"到村到户"的扶贫模式）模式成功经验的基础上，探索出了"片带一体开发"模式，有力地加快了脱贫致富的步伐。到 2018 年，贫困率已下降到 13.32%[3]。从 1986 年开始，静宁县"片带一体开发"扶贫主要依据产业化扶贫的理念，以发展果品产业为主，以粮食生产为辅，在全县逐步形成了"北粮南果"的生产格局。截至 2016 年，全县苹果园面积达到 707 平方千米（其中，挂果果园面积占近 50%），苹果产品总重量达到 60 万吨，总收益达到 25 亿元。苹果销售收入占静宁县农村人均纯收入

---

[1]　静宁县委宣传部：《一县一业治穷致富》，《中国县域经济报》2013 年 9 月 9 日第 8 版。

[2]　静宁县县志编纂委员会：《静宁县志（1986—2002）》，中华书局 2005 年版。

[3]　静宁县委办公室：《静宁概况》，2019 年，http：//www.gsjn.gov.cn/wap/zjjn/jngk/。

的 80%。

本节以甘肃省静宁县主要苹果品种为研究对象，采集了城川、威戎两镇的苹果树枝作为研究样本。所有样品先烘干粉碎，然后用微型氧弹量热仪测量样品的热值。每个样品的测量重复三次，采用干灰分法测定了样品灰分的含量。"去灰分热值"等于"样品干重/（1－灰分）"的热值，数学分析采用 t 检验。与农作物秸秆等高能量植物相比，苹果树枝在干重热值和去灰分热值方面具有明显的优势（见表 5 – 9）。

表 5 – 9   几种植物秸秆热值比较

指标	单位	苹果枝	麦秸	玉米秸	芦苇
干热值	兆焦/千克	17.78	16.89	16.56	17.22
灰分	%	2.47	4.21	6.07	7.89
去灰分热值	兆焦/千克	18.23	17.63	17.63	18.72

资料来源：苹果枝数据来源于实验室实验，其他几种植物秸秆的热值参数来源于相关文献：姜文清、周志宇、秦彧、邹丽娜、颜淑云、李晓忠、田发益：《西藏牧草和作物秸秆热值研究》，《草业科学》2010 年第 7 期；宁祖林、陈慧娟、王珠娜、张卓文、邱迎君：《几种高大禾草热值和灰分动态变化研究》，《草业学报》2010 年第 2 期。

静宁县苹果树枝去灰分热值达到 18.23 兆焦/千克，高于全球陆生植物平均水平（17.79 兆焦/千克）[1]。与小麦、玉米等作物秸秆相比，苹果树枝具有热值高、灰分低的特点。研究表明，灰分含量与干热值之间存在显著的相关性。在生物质发电厂发电效率固定的条件下，苹果树枝是最理想的原料之一。

2016 年静宁县苹果种植总面积超过 7 万公顷，经测算，该县每年苹果枝总产量在 16 万—47 万吨。随着苹果园树龄的增长，在大约 10 年内，该县每年的苹果树枝总产量将达到峰值，超过 40 万吨。同时，静宁县其他秸秆资源也非常丰富，2012 年秸秆产量达 55 万吨，其中玉米秸秆产量占 66.30%，小麦秸秆产量占 23.15%[2]。

在中国东部发达地区，生物质发电厂的生物质燃料成本约为 0.45 元/

① ［美］R. H. 怀梯克：《群落与生态系统》，姚璧君等译，科学出版社 1977 年版，第 89 页。

② 杨丹辉、李红莉：《基于损害和成本的环境污染损失核算》，《中国工业经济》2010 年第 7 期。

千瓦时，约占总成本的 70%①。2013 年，中国生物质发电装机容量达到 7790.02 兆瓦，其中华东、华中、华南地区规模占 77.65%②。

在我国经济发达地区，生物质资源相对稀缺，生物质发电厂竞相采购生物质燃料，提高了生物质原料的价格。目前，生物质燃料采购价格基本维持在每吨 200—350 元，但 2012 年静宁县每吨生物质燃料采购价格在 200—300 元，明显低于我国东部地区。此外，在静宁县农村，市场销售的生物质原料仅占总产量的 4% 左右③。

2015 年对静宁县果农进行的问卷调查结果显示，95% 以上的受访果农将果园修剪下来的苹果枝用来取暖做饭，另有少量果农直接把它们烧掉。综上所述，目前静宁县果园副产品还没有得到有效开发。

二　研究方法

（一）生物质发电的正外部性

外部性是一种向他人施加那人不情愿的成本或者效益的行为，或者说是一种其影响无法完全地体现在价格和市场交易之上的行为④。根据这一定义，循环经济的正外部性主要体现在正的环境效益和社会效益上，但不包括循环经济的经济效益，因为它可以反映在产品的市场价格上。我们用式（5−15）计算生物质发电所产生的正外部性。

$$E_t = E_{st} + E_{et} \qquad (5-15)$$

其中，E_t 是 t 年生物质发电所产生的正外部性，E_{st} 是 t 年的社会效益，E_e 是第 t 年的正环境效益。

1. 社会效益的计算

社会效益包括两个部分。一是就业岗位的增加，二是销售生物质使农

---

① 詹德才、韩冰：《生物质发电企业调研报告及发电成本研究》，中资协资源综合利用发电分会生物质发电技术咨询委员会，2011 年，https://wenku.baidu.com/view/aa5becc4aa00b52acfc7ca9d.html。

② 方笑菊：《去年生物质并网发电 356.02 亿千瓦时》，《中国能源报》2014 年 5 月 26 日第 2 版。

③ 杨建玺、李宏强：《静宁县农作物秸秆调查与思考》，《甘肃农业》2013 年第 13 期。

④ ［美］保罗·萨缪尔逊、威廉·诺德豪斯：《经济学》，萧琛主译，人民邮电出版社 2008 年版，第 320 页。

民人均纯收入增加。建设和运营生物质发电厂都可以增加就业岗位，带动一部分农民从农村转移到城镇工作。在中国，工业职工的平均收入要比农民的人均收入水平高。与农民的收入水平相比，建设生物质发电厂增加就业的事实基本上可以被认为提高了社会的收入水平。

在静宁县，果农经常用苹果枝取暖或做饭。我们假定，当果农将他们的苹果枝卖掉后，他们关于取暖和做饭的能源需求将会由电能来满足。这也就意味着果农需要购买相当于卖掉的苹果枝所能提供的能量。因此，果农从销售苹果枝所获取的收益应当减掉他们为取暖或做饭而购买电力的支出，我们将两者的差值作为生物质发电的正外部性（社会效益）的一个组成部分。我们用式（5 – 16）来计算生物质发电的社会效益。

$$E_{st} = E_{bst} + E_{eit} \qquad (5 – 16)$$

其中，E_{bst} 是 t 年出售生物质的收入增量，E_{eit} 是 t 年增加就业的收益，这两个指标值可以通过式（5 – 17）和式（5 – 18）计算：

$$E_{bst} = C \times P_1 - C \times L \times E/3.6 \times P_2 \qquad (5 – 17)$$

$$E_{eit} = N \left\{ W - [I \times R + i \times (1 - R)] \right\} \qquad (5 – 18)$$

其中，W 是生物质发电厂职工的平均工资；N 是生物质发电厂雇用的职工数量；R 是静宁县的城镇化率；I 是城镇职工平均工资；i 是农村人均纯收入；C 是果农售卖的生物质质量；P_1 是生物质售卖价格；L 是生物质低热值；E 是农村厨房的燃烧效率，P_2 是农村电价。

2. 环境正外部性的计算

与煤电相比，生物质电能是洁净的，其所排放的主要污染物和温室气体，如 SO_2、NO_X、CO 和 CO_2 都大幅度地降低。因此，生物质发电的正环境外部性可以被认为是负环境外部性的减少。生物质发电正环境外部性的计算可以转化成计算污染物和温室气体减排的市场价值，具体见式（5 – 19）。

$$E_{et} = \sum_{e=1}^{n} EM_e P_e \qquad (5 – 19)$$

其中，E_{et} 是 t 年的正环境外部性，EM_e 是相比于上网电力第 e 种污染物的减排量，P_e 是单位第 e 种污染物所造成的环境损失。在本书中，主要的污染物主要包括 SO_2、NO_X、CO、CO_2 四种。这些污染物参数的计算非常复杂，具体计算过程将在后面介绍。

（二）政府的财政补贴

中国的固定电价补贴政策与世界上许多国家相似，已经在生物质发电领域实施多年。目前，就生物质发电而言，国家电网的统一收购价为 0.75 元/千瓦时，而脱硫煤电的价格每千瓦时为 0.27—0.47 元。就甘肃省脱硫煤电价格而言，中国国家电网的收购价为 0.30 元/千瓦时，国家对生物质发电的价格补贴强度为 0.45 元/千瓦时。

同时，根据财政部和国家税务总局 2015 年发布的《资源综合利用产品和劳务增值税优惠目录》，生物质发电退税率为 100%。根据中华人民共和国国务院 2007 年发布的《中华人民共和国企业所得税法实施条例》，生物质发电属于资源综合利用性质，其所得税可减按 10% 计算；生物质发电企业经营期前三年免征企业所得税，第四年至第六年免征企业所得税的50%。根据上述扶持政策以及生物质发电与脱硫燃煤发电的价格差，可以计算出政府为生物质发电企业提供的财政补贴。

因此，除了价格补贴，依据国家的相关支持政策，生物质发电企业所能获得的补贴还包括所得税减免和增值税减免两部分。由于生物质发电的增值税退税率是 100%，增值税减免金额可以用式（5-20）计算。

$$V_t = T_o - T_i \qquad (5-20)$$

其中，V_t 是 t 年增值税减免额，T_o 是该年销项税，T_i 是该年进项税。所得税减免金额可用式（5-21）计算。

$$I_t = a_t P_t \times r \times b_t + 0.1 \times P_t \times r \qquad (5-21)$$

其中，I_t 是 t 年企业所得税减免金额，P_t 是企业 t 年的当年利润额，a_t 是企业当年利润系数，2019—2024 年它的值等于 90%，2024 年之后等于 0。r 是企业所得税税率，b_t 是企业所得税系数，2019—2021 年它的值等于 100%，2022—2024 年等于 50%，2024 年之后为 0。

综上所述，政府对生物质发电的财政补贴由价格补贴、所得税减免、增值税减免三部分组成。它可以用式（5-22）来计算。

$$FS_t = B_t P_S + V_t + I_t \qquad (5-22)$$

其中，FS_t 是 t 年政府的财政补贴，B_t 是 t 年生物质发电厂的发电量，P_t 是生物质发电的电价补贴，V_t、I_t 分别为第 t 年的增值税减免金额和企业所得税减免金额。

（三）外部性内部化的判断标准

经济外部性理论表明，具有正外部性的产业发展动力不足。为了促进具有正外部性特点的产业的发展，政府需要为其提供一些支持政策，以消除其正外部性，从而实现促进这些产业发展的目的。政府这种行为的实质是外部性的内部化。从理论上讲，政府给予企业的补贴应该等同于其经济活动所产生的正外部性。综上所述，政府的财政补贴是否与生物质发电的正外部性相匹配可以通过式（5-23）来判断。

$$Q = \sum_{t=2019}^{2039} (E_{st} + E_{et} - FS_t) \qquad (5-23)$$

其中，Q 是外部性内部化指数，E_{et} 是生物质发电厂第 t 年的正环境外部性，E_{st} 是生物质发电厂第 t 年的社会效益，FS_t 是政府第 t 年的财政补贴。可以这样认为，当 2039 年 Q 值为 0 时，生物质发电的正外部性已经内部化。外部性内部化程度取决于 Q 与 0 接近的程度。

（四）六种情景模式

就拟建的生物质发电厂而言，其运营环境具有不确定性，包括生物质燃料市场价格、政府扶持政策等都有可能存在变数。此外，我们尚无法确定拟建的生物质发电厂能否被纳入清洁发展机制（CDM）[①] 项目。作为在联合国清洁发展机制执行委员会注册的清洁发展机制项目，该项目产生的二氧化碳减排可在区域碳交易市场销售。因此，我们基于几个情景模式来模拟可能的实际情况（见表5-10），并分析生物质发电项目在每种情景模式下的可行性条件。

表5-10　　　　　　　　　生物质发电厂运营的几种情景模式

指标	情景模式					
	I	II	III	IV	V	VI
生物质燃料价格（元/吨）	可变	可变	可变	可变	可变	可变
生物质能电价（元/千瓦时）	0.75	0.75	0.3	0.3	0.3	0.3

① CDM 是根据《京都议定书》在国外实现部分减排承诺的三种灵活机制之一。

续表

指标	情景模式					
	Ⅰ	Ⅱ	Ⅲ	Ⅳ	Ⅴ	Ⅵ
CDM	否	是	否	是	是	否
支持政策	是	是	是	是	否	否

每个情景都描述了生物质发电厂的具体运营环境。通过对生物质发电厂能够正常运营且不造成亏损的条件的比较，本书探讨了基于生物质发电正外部性内部化理念的政府支持政策的合理性问题。

（五）生物质发电技术方案及其参数

1. 生物质发电技术

目前在市场上可以获得利用生物质作为燃料进行发电的多种技术。这些技术一般可以分为生物质直接燃烧、厌氧消化和生物质气化技术三种类型。其中，直接燃烧生物质发电是最成熟、最常见的生物质发电形式。在全球范围内，90%以上用来发电的生物质都是通过燃烧途径实现的。我们不认为厌氧消化是一种可行的生物质发电技术，因为我们用来发电的主要生物质是苹果枝，而苹果枝一般不用来生产沼气。尽管气化技术已经商业化，但有关研发投入和市场推广方面还有许多工作要做，截至2010年只有大约373兆瓦的气化装机容量投入使用，另有两个项目共计29兆瓦的装机容量计划到2016年投入使用①。生物质直接燃烧也是中国生物质发电厂广泛采用的一种技术。为了讨论利用苹果树枝作为燃料投入的生物质发电的经济可行性，本书将对一个拟建的30兆瓦生物质发电厂进行技术经济分析。

2. 数据收集

（1）30兆瓦生物质发电厂的工艺设备及设计参数

目前，生物质发电的主要技术包括水冷振动炉排燃烧技术和流化床燃烧技术。前者是由丹麦著名的工业锅炉生产企业BWE公司开发，采用振

---

① IRENA, "Biomass for Power Generation, Renewable Energy Technologies: Cost Analysis Series1", IRENA Secretariat, Abu Dhabi, UAE, https://www.irena.org/DocumentDownloads/Publications/RE_Technologies_Cost_Analysis-BIOMASS.pdf.

动炉排燃烧方法，燃料均匀分散，炉渣在炉排末端排出①。该技术能够有效地解决低效、腐蚀性尾气和熟料结块问题。因此，我们假设以苹果枝为燃料输入的生物质发电项目将采用水冷式振动炉排燃烧技术。

为降低水冷式振动炉排锅炉的进口成本，中国企业积极与丹麦锅炉制造企业 BWE 合作，寻求设备国产化。目前，济南锅炉集团有限公司、杭州锅炉集团有限公司等多家企业已能自行生产水冷振动炉排锅炉，并向国内生物质发电厂供应产品②。

生物质直接燃烧发电技术的工作原理可以描述为：生物质作为燃料直接送入锅炉，锅炉产生高温高压蒸汽推动汽轮机驱动发电机发电。表 5 - 11 列出了锅炉和涡轮机的技术参数。

表 5 - 11　　　　　　30 兆瓦生物质电厂锅炉和涡轮机技术参数

项目	参数	单位
额定连续蒸发量	130	t/h
额定功率	30	MW
蒸汽需要量	3.8	t/MWh
满功率需要蒸汽量	114	t/h
蒸汽压力	93	bar
蒸汽温度	540	℃
在 93 bar 和 540℃下生产 1 吨蒸汽所需的热量	2.34	GJ/t
锅炉效率	92	%
运营时间	7000	h/y

（2）拟建 30 兆瓦生物质发电厂的投资结构及财务成本

拟建项目注册资本约为 6500 万元，占总投资的 20%。其余 80% 的投资将从银行贷款，年利率为 5.94%。长期贷款额为 21072 万元，偿还期限为 13 年，宽限期为 2 年，还款方式为等额本息。项目运营期限为 20 年，

---

① 何张陈、袁竹林：《农作物秸秆发电的各种技术路线分析与研究》，《能源研究与利用》2008 年第 2 期。

② 刘莹：《生物质发电锅炉燃烧控制方案设计与应用》，硕士学位论文，华北电力大学，2012 年，第 5 页。

即 2019—2039 年。

3. 评估生物质燃料需求量的数学模型

在这项研究中，可用的生物质燃料包括苹果树枝、小麦秸秆和玉米秸秆。前者被指定为主要的生物质燃料，而另外两种是辅助燃料，仅在苹果树枝不能充分供应时使用。

实践经验表明，生物质干热值不能用于评估在发电过程中锅炉燃烧条件下的生物质需求量。程旭云等（2013）发现低热值（LHV）与生物质的成分结构有密切的关系，即与其所含水分、灰分、挥发性物质和固定碳的质量分数等密切相关，它们之间的数量关系可用式（5-24）来描述[①]。

$$LHV = 6.22 - 5.38M + 11.68V - 8.42A + 10.89C \qquad (5-24)$$

其中，M、V、A 和 C 分别是生物质中水分、挥发性物质、灰分和固定碳的百分比（上述数据须在生物质工业分析条件下获取），低热值的单位是千焦/克。

拟建项目对生物质燃料的年需求量也受到燃料结构的影响。同时，生物质燃料的需求量也随生物质中水分含量的多寡以及发电设备的系统效率而变化。我们假设生物质燃料在进炉前需要进行处理，其含水量与估算 LHV 的条件一致。本书用式（5-25）估算拟建项目的生物质需求量（M_f）[②]。

$$M_f = \frac{E \times 3.6}{LHV \times \eta} \qquad (5-25)$$

其中，M_f、E、LHV、η 分别代表生物质需求量、设备满负荷运行时的能量需求量、生物质低热值和燃烧效率。

4. 净现值（NPV）

本书用净现值法（NPV）判断项目是否在经济上可行。净现金流量是净现值分析的基础，依据项目现金流量的结构计算，具体如图 5-9 所示。

---

① 程旭云、牛智有、晏红梅、刘梅英：《基于工业分析指标的生物质秸秆热值模型构建》，《农业工程学报》2013 年第 11 期。

② Verma, V. K., Bram, S., Delattin, F., et al., "Agro-Pellets for Domestic Heating Boilers: Standard Laboratory and Real Life Performance", *Applied Energy*, Vol. 90, No. 1, 2012, pp. 17-23.

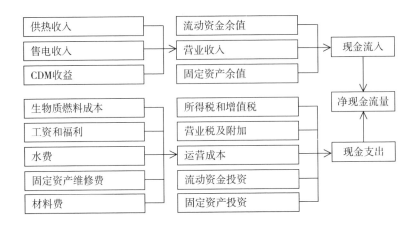

图 5 - 9 拟建项目现金流量结构①

为满足边际平均收益率（MARR），在项目生命周期内，将每年的净收益按固定的折现率折现到项目的起始年，并从当前净收益的总和中扣除投资。净现值可用式（5 - 26）计算②。

$$NPV = -S + \frac{CF_1}{(1+r)^1} + \frac{CF_2}{(1+r)^2} + \cdots + \frac{CF_T}{(1+r)^T}$$

$$= NPV = -S + \sum_{j=1}^{T} \frac{CF_j}{(1+r)^j} \tag{5-26}$$

其中，S 为初始总投资，CF 是现金流量，r 是折现率，T 是拟建项目的运营期。

5. 内部收益率（IRR）及回收期（PBP）

内部收益率（IRR）是使净现值（NPV）在项目生命周期内为零的贴现率，可以由式（5 - 27）计算。

$$NPV = -S + \sum_{j=1}^{T} \frac{CF_j}{(1+IRR)^j} = 0 \tag{5-27}$$

---

① 谢英亮、彭东生、徐华巍：《系统动力学在建设项目财务评价中的应用》，冶金工业出版社 2010 年版，第 40 页。

② Malek, A., Hasanuzzaman, M., Rahim, N. A., et al., "Techno-Economic Analysis and Environmental Impact Assessment of a 10 MW Biomass-Based Power Plant in Malaysia", *Journal of Cleaner Production*, Vol. 141, 2017, pp. 502 - 513.

回收期（PBP）是指项目税后收益（EAIT）累积到与总投资（TI）相等所需的年数。项目回收期可以用式（5－28）计算[1]。

$$PBP = \frac{TI}{EAIT} \tag{5-28}$$

6. 生物质发电的污染物减排量

与燃煤电厂相比，生物质发电被认为是一种更清洁的能源，它可以减少 CO_2 和 SO_2 等温室气体和污染物的排放。这个结论基于如下的逻辑：生物质在生物降解过程中总是会释放温室气体和污染物，即使它不作为生物质燃料通过燃烧来发电。生物质发电所带来的污染物减排量可用式（5－29）计算[2]。

$$ER_d = E \times (PC \times EF_C + PP \times EF_P + PN \times EF_g) \tag{5-29}$$

其中，ER_d 是和上网电力相比生物质发电在理论上所能带来的污染物减排量，其值实际上应该等于传统电力生产的污染物排放量；E 是生物质电厂年发电量，PC 是煤炭在中国能源消费结构中所占份额，PP 和 PN 分别表示石油和天然气在中国能源消费结构中所占份额，EF_c、EF_p、EF_g 分别是煤炭、石油和天然气的污染物排放因子（见表5－12）。

表5－12　　　　　　　几种能源的排放因子[3]　　　　单位：吨/兆瓦时

类别	排放因子			
	CO_2	SO_2	NO_X	CO
煤炭	1.1800	0.0190	0.0052	0.0002
石油	0.8500	0.0164	0.0025	0.0002
天然气	0.5300	0.0005	0.0009	0.0005
可再生能源	0	0	0	0

[1]　Nishitani, K., Kaneko, S., Fujii, H., Kaneko, S., "Effects of the Reduction of Pollution Emissions on the Economic Performance of Firms: An Empirical Analysis Focusing on Demand and Productivity", *Journal of Cleaner Production*, Vol. 19, No. 17—18, 2011, pp. 1956－1964.

[2]　Dean, J. M., "Does Trade Liberalization Harm the Environment? A New Test", *Canadian Journal of Economics-Revue Canadienne D Economique*, Vol. 35, No. 4, 2002, pp. 819－842.

[3]　Malek, A., Hasanuzzaman, M., Rahim, N. A., et al., "Techno-Economic Analysis and Environmental Impact Assessment of a 10 MW Biomass-Based Power Plant in Malaysia", *Journal of Cleaner Production*, Vol. 141, 2017, pp. 502－513.

近年来，我国一次能源消费结构变化迅速。2015 年中国一次能源消费构成如表 5 – 13 所示。

表 5 – 13　　　　　　　　　**2015 年中国能源消费结构**　　　　　单位：%

国家	煤	石油	天然气	可再生电力
中国	64	18.1	5.9	12

7. 生物质运输过程中产生的污染物排放

生物质运输过程中的污染物排放量可由式（5 – 30）计算。

$$ET = \frac{M \times D \times T \times EF}{TT} \qquad (5-30)$$

其中，ET 是生物质运输所产生的污染物总排放量，M 是生物质运输质量，D 是生物质所需运输距离，T 是农村道路的曲折因子，EF 是柴油车的污染物排放因子，TT 是柴油车载荷量。

假设从农户到储运站的运输车辆为轻型柴油车，从储运站到生物质发电厂的运输车辆为重型柴油车，其排放因子如表 5 – 14 所示。

表 5 – 14　　　　　　　　　　**中国柴油车排放因子**

污染物	单位	排放标准	EF_t	
			轻型柴油车 （车辆自重 < 3.5 吨）	重型柴油车 （车辆自重 > 12 吨）
CO_2	吨/千米	EU Ⅲ	0.356×10^{-3}	0.932×10^{-3}
NO_X	吨/千米	EU Ⅲ	1.400×10^{-6}	8.400×10^{-6}
CO	吨/千米	EU Ⅲ	0.700×10^{-6}	2.600×10^{-6}
SO_2	吨/千米	EU Ⅲ	0.100×10^{-6}	0.300×10^{-6}

资料来源：中国不同排放标准机动车排放因子的确定[1]。

8. 生物质发电厂的污染物有效减排量

实际上，生物质发电过程中也会产生污染物排放，这部分排放量应从

---

[1]　蔡皓、谢绍东：《中国不同排放标准机动车排放因子的确定》，《北京大学学报》（自然科学版）2010 年第 3 期。

ER_d 中扣除。因此，可以利用式（5－31）对生物质发电厂（EM_e）的有效减排进行评价。

$$EM_e = ER_d - E \times E_b - ET \qquad (5-31)$$

其中，EM_e 是生物质发电的污染物有效减排量，ER_d 是和上网电力相比生物质发电在理论上所能带来的污染物减排量，E 是生物质电厂年发电量，E_b 是污染物排放因子，ET 是生物质运输所产生的污染物排放量。

生物质发电的 CO_2 排放强度为 0.045 千克／千瓦时[①]；生物质发电的其他污染物排放因子，包括 CO、SO_2、NO_x，分别为 0.0080332 千克／千瓦时、0.0000228 千克／千瓦时、0.0008626 千克／千瓦时[②]，而 ET 可用式（5－30）计算。

（六）系统动力学方法和 BEP-SD 模型

本书用系统动力学方法构建生物质发电的分析模型。系统动力学方法创建于 20 世纪 50 年代。该方法已广泛应用于经济、社会、生态等诸多复杂系统的研究，具有可量化和可控性的特点[③]。它可以揭示系统的动态变化、反馈、延迟等过程。因此，该方法在分析、优化和管理具有开发周期长、反馈效果复杂的系统方面具有明显的优势[④]。

系统动力学模型一般由三种类型的变量组成：水平变量、速率变量和辅助变量。水平变量是一个累积变量，类似于一个蓄水池，它表示系统的状态，一般放在一个矩形中。速率变量使水平变量发生变化，表示水平变量变化的速率。辅助变量是描述决策过程中水平变量和速率变量之间的信

---

① WNA, "Comparison of Lifecycle GHG Emissions for Various Electricity Generation Sources", World Nuclear Association Report, London, UK. http://www.worldnuclear.org/World-Nuclear-Association/Publications/Reports/Lifecycle-GHGemissions-of-Electricity-Generation.

② 叶潇：《基于实测的非道路移动源、生物质锅炉污染物排放特征研究》，硕士学位论文，华南理工大学，2018 年，第 58 页。

③ Forrester, J. W., "Industrial Dynamics: A Major Breakthrough for Decision Makers", *Harvard Business Review*, Vol. 36, No. 4, 1958, pp. 37 – 66. Chang, Y. C., Hong, F. W., Lee, M. T., "A System Dynamic Based DSS for Sustainable Coral Reef Management in Kenting Coastal Zone, Taiwan", *Ecological Modelling*, Vol. 211, 2008, pp. 153 – 168. Wang, Y. Q., Zhang, X. S., "A Dynamic Modeling Approach to Simulating Socioeconomic Effects on Landscape Changes", *Ecological Modelling*, Vol. 140, No. 1 – 2, 2001, pp. 141 – 162.

④ Tao, Z. P., "Scenarios of China's Oil Consumption Per Capita (OCPC) Using a Hybrid Factor Decomposition-System Dynamics (SD) simulation", *Energy*, Vol. 35, No. 1, 2010, pp. 168 – 180.

息传递和转换过程的中间变量。此外，在建立系统动力学模型时也经常使用常数。箭头方向表示变量之间的因果关系。

为了鉴别拟建生物质发电工厂是否具有经济上的可行性，以及国家对生物质发电的支持政策是否合理，本书建立了 Bioenergy-Effect-Policy（BEP-SD）系统动力学模型，即围绕用苹果枝作为燃料的生物质发电过程，构造模拟在静宁县农业循环经济系统中的各种物质流、能量流和信息流，分析其经济效益、社会效益和环境效益及其长期发展趋势，并对系统缺陷进行检测，提出改进建议，最终达到提高系统性能的目的。根据上述逻辑框架，我们设计了 BEP-SD 模型的因果循环图，如图 5 - 10所示。

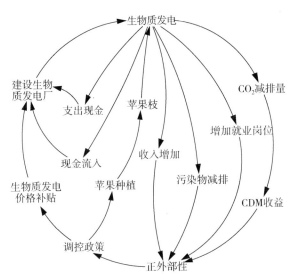

图 5 - 10　系统动力学模型（BEP-SD）的因果循环示意

为了便于说明，我们将 BEP-SD 模型分解为四个子系统：（1）生物质消耗量分析模块；（2）正外部性分析模块；（3）财政补贴分析模块；（4）净现值分析模块。生物质消耗量分析模块主要包括一个水平变量、一个速率变量和 27 个辅助变量。该子系统模拟了生物质发电厂消耗的苹果枝的变化过程，分析了生物质发电的燃料成本及其对农民年纯收入增长的影响（见图 5 - 11）。

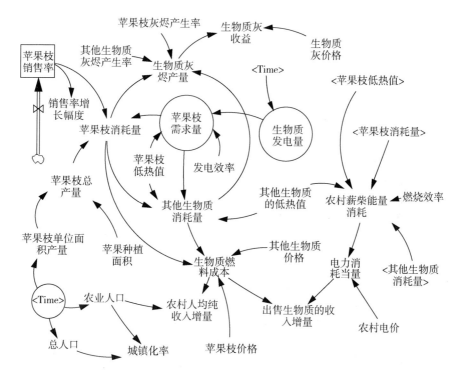

图 5 - 11 生物质消耗量分析模块

正外部性分析模块包括 1 个水平变量、1 个速率变量和 37 个辅助变量。生物质发电厂的运行产生了一些积极的影响，如经济增长、就业增加和污染减少。该子系统主要用来分析，与煤电相比，生物质发电所产生的正环境外部性规模，主要包括 CO_2 减排、SO_2 减排以及 NO_x 和 CO 减排的环境价值（见图 5 - 12）。

财政补贴分析模块包括 3 个水平变量、4 个速率变量和 45 个辅助变量。该子系统模拟了财政补贴的产生过程，描述了财政补贴与正环境外部性之间的差值。本模块用于分析政府对生物质发电产业的支持政策是否合理（见图 5 - 13）。

净现值分析模块包括 2 个水平变量、2 个速率变量和 8 个辅助变量。该子系统旨在计算拟建项目生命周期中的净现值，并据此判断使用苹果枝作为生物质燃料建设 30 兆瓦生物质发电厂的经济可行性（见图 5 - 14）。

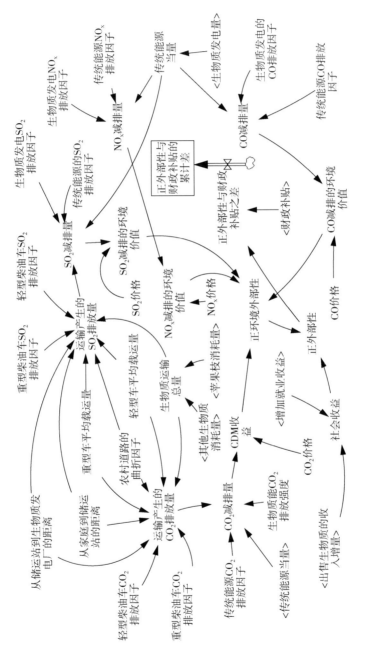

图 5-12　正外部性分析模块

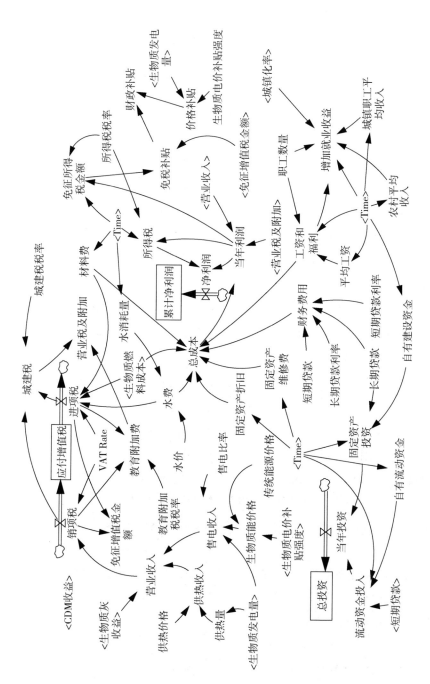

图 5-13 财政补贴分析模块

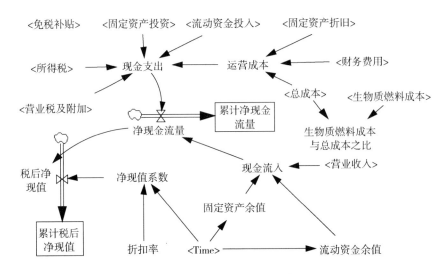

图 5 - 14 净现值分析模块

BEP-SD 模型可以分析不同子系统之间的相互作用机制以及模型参数之间的反馈关系，从而定量和动态地演示和模拟生物质发电厂的发展过程。

针对生物质燃料的价格波动以及生物质发电技术的可能变化，本书采用情景分析法来讨论拟建项目的经济可行性。该拟建项目具有正外部性，外部性内部化是政府支持生物质发电发展的理论基础。

目前，我国生物质发电统一上网电价为 0.75 元/千瓦时，比脱硫基准上网电价高约 0.45 元/千瓦时；这高出的部分可以近似看作对生物质发电正外部性的一种补偿。本节通过比较生物质发电产生的正外部性与政府财政补贴之间的差值，探索生物质发电支持政策的合理空间，并提出政策建议。

（七）模型方程和 Vensim 参数设定

（001）FINAL TIME 2039

（002）INITIAL TIME 2018

（003）SAVEPER STEP TIME

（004）TIME STEP 1

（005）生物质发电量 = IF THEN ELSE（Time = 2018，0，210000）

（单位：兆瓦时）

（006）苹果枝需求量＝生物质发电量×3.6×1000/苹果枝低热值/发电效率/1000（单位：吨）

（007）发电效率＝0.175

（008）苹果枝消耗量＝IF THEN ELSE（苹果枝销售率×苹果枝总产量＞＝苹果枝需求量，苹果枝需求量，苹果枝销售率×苹果枝总产量）（单位：吨）

（009）苹果枝低热值＝16.34（单位：兆焦/千克）

（010）其他生物质消耗量＝IF THEN ELSE（苹果枝消耗量＜苹果枝需求量，（苹果枝需求量－苹果枝消耗量）×苹果枝低热值/其他生物质的低热值，0）

（011）其他生物质的低热值＝15.33（单位：兆焦/千克）

（012）生物质燃料成本＝苹果枝价格×苹果枝消耗量/10000＋其他生物质消耗量×其他生物质价格/10000（单位：万元）

（013）苹果枝价格＝298（单位：元/吨）

（014）其他生物质价格＝298（单位：元/吨）

（015）出售生物质的收入增量＝生物质燃料成本－电力消耗当量/10000（单位：万元）

（016）农村薪柴能量消耗＝（苹果枝消耗量×1000×苹果枝低热值＋其他生物质消耗量×1000×其他生物质的低热值）×燃烧效率/3.6（单位：千瓦时）

（017）电力消耗当量＝农村薪柴能量消耗×农村电价（单位：元）

（018）农村电价＝0.51（单位：元/千瓦时）

（019）燃烧效率＝0.1

（020）农村人均纯收入增量＝生物质燃料成本×10000/农业人口（单位：元/人）

（021）城镇化率＝（总人口－农业人口）/总人口

（022）农业人口＝IF THEN ELSE（Time＝2018，387802，－2.41667e＋007×EXP（－0.0184247×（Time－2010））－（－2.41667e＋007×EXP（－0.0184247×（DELAY1（Time，1）－2010))))（单位：人）

（023）总人口＝IF THEN ELSE（Time＝2018，487821，－3.65806e＋009×EXP（－0.000133×（Time－2010））＋3.65854e＋009－（－3.65806e＋009×EXP（－0.000133×（DELAY1（Time，1）－2010））＋3.65854e＋009））（单位：人）

（024）苹果种植面积＝70667（单位：公顷）

（025）苹果枝单位面积产量＝（［（2018，3）－（2040，8）］，（2018，3.75），（2020.62，4.25），（2025，4.8），（2030，5.25），（2035，6），（2040，6.6））（单位：吨/公顷）

（026）苹果枝总产量＝苹果枝单位面积产量×苹果种植面积（单位：吨）

（027）苹果枝销售率＝INTEG（销售率增长幅度，0）

（028）销售率增长幅度＝IF THEN ELSE（苹果枝销售率＜＝0.7，0.02，0）

（029）生物质灰烬产量＝苹果枝消耗量×苹果枝灰烬产生率＋其他生物质消耗量×其他生物质灰烬产生率（单位：吨）

（030）其他生物质灰烬产生率＝0.0514（单位：吨/吨）

（031）苹果枝灰烬产生率＝0.0247（单位：吨/吨）

（032）生物质灰收益＝生物质灰价格×生物质灰烬产量（单位：元）

（033）生物质灰价格＝260（单位：元/吨）

（034）运输产生的CO_2排放量＝生物质运输总量/轻型车平均载运量×从农户到储运站的距离×农村道路的曲折因子×轻型柴油车CO_2排放因子＋生物质运输总量/重型车平均载运量×从储运站到生物质发电厂的距离×重型柴油车CO_2排放因子（单位：吨）

（035）重型柴油车CO_2排放因子＝0.000932（单位：吨/千米）

（036）轻型柴油车CO_2排放因子＝0.000356（单位：吨/千米）

（037）生物质运输总量＝苹果枝消耗量＋其他生物质消耗量（单位：吨）

（038）轻型车平均载运量＝3.5（单位：吨）

（039）重型车平均载运量＝12（单位：吨）

（040）农村道路的曲折因子＝1.414

（041）从农户到储运站的距离 = 13（单位：千米）

（042）从储运站到生物质发电厂的距离 = 18（单位：千米）

（043）CO_2 减排量 = 传统能源当量 × 传统能源 CO_2 排放因子 − 运输产生的 CO_2 排放量 − 传统能源当量 × 生物质能 CO_2 排放强度（单位：吨）

（044）传统能源 CO_2 排放因子 = 1.09417（单位：吨/兆瓦时）

（045）生物质能 CO_2 排放强度 = 0.045（单位：吨/兆瓦时）

（046）CO_2 价格 = 100（单位：元/吨）

（047）CDM 收益 = CO_2 减排量 × CO_2 价格（单位：万元）

（048）传统能源当量 = 生物质发电量（单位：兆瓦时）

（049）社会收益 = 增加就业收益 + 出售生物质的收入增量（单位：万元）

（050）重型柴油车 SO_2 排放因子 = 3e − 007（单位：吨/千米）

（051）轻型柴油车 SO_2 排放因子 = 1e − 007（单位：吨/千米）

（052）生物质发电 SO_2 排放因子 = 2.28e − 005（单位：吨/兆瓦时）

（053）传统能源的 SO_2 排放因子 = 0.0151579（单位：吨/兆瓦时）

（054）SO_2 减排量 = 传统能源当量 ×（传统能源的 SO_2 排放因子 − 生物质发电 SO_2 排放因子）− 运输产生的 SO_2 排放量（单位：吨）

（055）运输产生的 SO_2 排放量 = 生物质运输总量/轻型车平均载运量 × 从农户到储运站的距离 × 农村道路的曲折因子 × 轻型柴油车 SO_2 排放因子 + 生物质运输总量/重型车平均载运量 × 从储运站到生物质发电厂的距离 × 重型柴油车 SO_2 排放因子（单位：吨）

（056）SO_2 价格 = 14641（单位：元/吨）

（057）SO_2 减排的环境价值 = SO_2 价格 × SO_2 减排量/10000（单位：万元）

（058）生物质发电 NO_x 排放因子 = 0.0008626（单位：吨/兆瓦时）

（059）传统能源 NO_x 排放因子 = 0.0038332（单位：吨/兆瓦时）

（060）NO_x 减排量 = 传统能源当量 ×（传统能源 NO_x 排放因子 − 生物质发电 NO_x 排放因子）（单位：吨）

（061）NO_x 减排的环境价值 = NO_x 减排量 × NO_x 价格/10000（单位：万元）

（062）NO_x 价格 =18302（单位：元/吨）

（063）生物质发电的 CO 排放因子 =0.0080332（单位：吨/兆瓦时）

（064）传统能源 CO 排放因子 =0.0001937（单位：吨/兆瓦时）

（065）CO 减排量 = 传统能源当量×（传统能源 CO 排放因子 – 生物质发电的 CO 排放因子）（单位：吨）

（066）CO 价格 =2288（单位：元/吨）

（067）CO 减排的环境价值 = CO 减排量× CO 价格/10000（单位：万元）

（068）正外部性 = 正环境外部性 + 社会收益（单位：万元）

（069）正环境外部性 = CO 减排的环境价值 + NO_x 减排的环境价值 + SO_2 减排的环境价值 + CDM 收益（单位：万元）

（070）正外部性与财政补贴之差 = 正外部性 – 财政补贴（单位：万元）

（071）正外部性与财政补贴的累计差 = INTEG（正外部性与财政补贴之差，0）（单位：万元）

（072）应付增值税 = INTEG（销项税 – 进项税，0）（单位：万元）

（073）销项税 = 营业收入×VAT Rate（单位：万元）

（074）进项税 =（生物质燃料成本 + 材料费 + 水费）×VAT Rate（单位：万元）

（075）VAT Rate =0.17

（076）免征增值税金额 = 销项税 – 进项税（单位：万元）

（077）教育附加费 =（销项税 – 进项税）×教育附加税税率（单位：万元）

（078）教育附加税税率 =0.03

（079）营业收入 = 售电收入 + 供热收入 + 生物质灰收益/10000（单位：万元）

（080）供热收入 = 供热量×供热价格（单位：万元）

（081）城建税 =（销项税 – 进项税）×城建税税率（单位：万元）

（082）城建税税率 =0.05

（083）营业税及附加 = 教育附加费 + 城建税（单位：万元）

（084）供热价格 =26（单位：元/吉焦）

（085）供热量＝IF THEN ELSE（生物质发电量＝0，0，48.3）（单位：10^4 吉焦）

（086）生物质电价补贴强度＝0.41（单位：元/千瓦时）

（087）生物质能价格＝传统能源价格＋生物质电价补贴强度（单位：元/千瓦时）

（088）传统能源价格＝0.30（单位：元/千瓦时）

（089）售电收入＝生物质能价格×生物质发电量×售电比率/10（单位：万元）

（090）售电比率＝0.9

（091）水价＝3.5（单位：元/吨）

（092）水费＝水消耗量×水价（单位：万元）

（093）总成本＝固定资产折旧＋财务费用＋生物质燃料成本＋固定资产维修费＋材料费＋水费＋工资和福利（单位：万元）

（094）固定资产折旧＝IF THEN ELSE（Time＝2018，0，1265）（单位：万元）

（095）水消耗量＝IF THEN ELSE（Time＝2018，0，127.9）（单位：万吨）

（096）材料费＝IF THEN ELSE（Time＝2018，0，24）（单位：万元）

（097）免征所得税金额＝IF THEN ELSE（Time＜＝2021，IF THEN ELSE（当年利润＜＝0，0，当年利润×所得税税率），IF THEN ELSE（Time＜＝2024，当年利润×所得税税率－当年利润×0.9×所得税税率×0.5，当年利润×0.1×所得税税率））（单位：万元）

（098）所得税税率＝0.25

（099）所得税＝IF THEN ELSE（Time＜＝2021，0，IF THEN ELSE（Time＜＝2024，当年利润×0.9×所得税税率×0.5，当年利润×0.9×所得税税率））（单位：万元）

（100）净利润＝当年利润－所得税（单位：万元）

（101）累计净利润＝INTEG（净利润，0）（单位：万元）

（102）当年利润＝营业收入－营业税及附加－总成本（单位：万元）

（103）价格补贴＝生物质发电量×生物质电价补贴强度/10（单位：

万元）

（104）免税补贴＝免征所得税金额＋免征增值税金额（单位：万元）

（105）财政补贴＝免税补贴＋价格补贴（单位：万元）

（106）增加就业收益＝IF THEN ELSE（Time＝2018，0，工资和福利－职工数量×（农村平均收入×（1－城镇化率）＋城镇职工平均收入×城镇化率）/10000）（单位：万元）

（107）城镇职工平均收入＝IF THEN ELSE（Time＝2018，25400，25400×（1＋0.05）＾（Time－2018））（单位：元）

（108）职工数量＝74（单位：人）

（109）农村平均收入＝IF THEN ELSE（Time＝2018，7676，7676×（1＋0.05）＾（Time－2018））（单位：元）

（110）工资和福利＝IF THEN ELSE（Time＝2018，0，平均工资×职工数量）（单位：万元）

（111）平均工资＝IF THEN ELSE（Time＝2018，5，5×（1＋0.05）＾（Time－2018））（单位：万元）

（112）自有建设资金＝IF THEN ELSE（Time＝2018，9032，0）（单位：万元）

（113）固定资产投资＝IF THEN ELSE（Time＝2018，自有建设资金＋长期贷款，0）（单位：万元）

（114）长期贷款＝21072（单位：万元）

（115）短期贷款＝1960（单位：万元）

（116）长期贷款利率＝0.0594

（117）短期贷款利率＝0.0556

（118）财务费用＝长期贷款×长期贷款利率＋短期贷款×短期贷款利率（单位：万元）

（119）固定资产维修费＝IF THEN ELSE（Time＝2018，0，527）（单位：万元）

（120）自有流动资金＝IF THEN ELSE（Time＝2018，840，0）（单位：万元）

（121）流动资金投入＝IF THEN ELSE（Time＝2018，自有流动资金＋

短期贷款，0）（单位：万元）

（122）当年投资＝流动资金投入＋固定资产投资（单位：万元）

（123）总投资＝INTEG（当年投资，0）（单位：万元）

（124）现金支出＝营业税及附加＋运营成本＋流动资金投入＋固定资产投资＋所得税（单位：万元）

（125）净现金流量＝现金流入－现金支出（单位：万元）

（126）累计净现金流量＝INTEG（净现金流量，0）（单位：万元）

（127）生物质燃料成本与总成本之比＝生物质燃料成本/总成本

（128）现金流入＝营业收入＋流动资金余值＋固定资产余值（单位：万元）

（129）流动资金余值＝IF THEN ELSE（Time＝2039，2800，0）（单位：万元）

（130）固定资产余值＝IF THEN ELSE（Time＝2039，1505，0）（单位：万元）

（131）折扣率＝0.14

（132）净现值系数＝1/（1＋折扣率）＾（Time－2018）

（133）税后净现值＝净现金流量×净现值系数（单位：万元）

（134）累计税后净现值＝INTEG（税后净现值，0）（单位：万元）

三　结果分析和讨论

（一）生物质燃料需求量分析

伴随着时间的推移以及果农农副产品商品率的提高，我们假定静宁县苹果枝总产量的70%可以在农村市场上购买到。在未来几年内，这一数字将接近11万吨。随着苹果树年龄的增长，每年修剪下来的苹果树枝条将会逐年增加，未来最高可达28万吨，加上静宁县每年约38万吨的农作物秸秆，这些生物质资源完全可以确保拟建的生物质发电厂对生物质燃料的需求。

基于拟建生物质发电厂将满载荷运营的假设，我们模拟了苹果枝消耗量的变化趋势（见图5-15）。拟建生物质发电厂对苹果枝和其他生物质的需求量在静宁县的供应能力范围之内。为更清晰地展示拟建项目的经济可行性与生物质市场价格之间的关系，我们将每种情景模式下的相应生物质价格同时标注在图例中。例如，情景 I 326 的含义是，图中的所有数据都是基于情景模式 I 的运营环境假设计算出来的，其中生物质价格为 326元/吨。

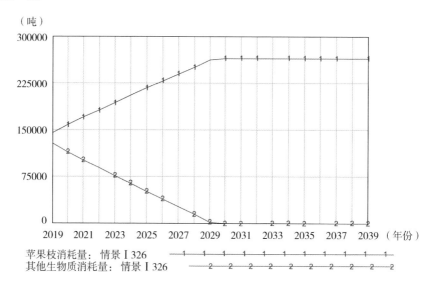

图 5 - 15 生物质燃料消耗量变化趋势

因为苹果枝的低热值要高于玉米秸、小麦秸秆等其他生物质，随着苹果枝消耗量占比的增加，拟建项目的燃料成本会逐渐下降。当然，这一结论得以成立的前提条件是，苹果枝和其他生物质的价格不会随着生物质发电厂的建设和运营而上涨。作为生物质燃料而言，其他农作物秸秆可以作为苹果枝的替代品，由于这部分需求量仅占静宁县农作物秸秆总规模的4%，预计生物质发电厂的建设和运营不会造成农作物秸秆市场价格的波动。因此，这个结论基本是可靠的。

（二）30 兆瓦生物质发电厂项目的经济可行性分析

根据净现值方法，如果净现值在其运营期的最后一年大于零，则该项目在经济上是可行的。因此，当内部收益率、生物质电力的价格、生物质发电厂的发电效率、政府的政策都固定不变时（见表 5 - 10），通过分析

2039 年使 NPV 大于零的生物质市场的最高价格，我们可以判断拟建项目在经济上是否可行。如果生物质燃料的价格大于表 5－15 中列出的价格，则净现值将小于零，并且可以得出结论拟建项目在经济上不可行。

表 5－15　　　　　　　　拟建项目经济可行性的限制条件

指标	情景					
	I	II	III	IV	V	VI
生物质价格（元/吨）	326	362	9	45	－49	－85
PBP（年）	7.4	7.4	7.3	7.3	7.5	7.5
IRR（%）	14	14	14	14	14	14
2039 年累计税后净现值（万元）	35.39	24.66	114.77	104.05	0.58	3.56

在六种情景模式中，情景 I 和情景 II 是切实可行的。2012 年静宁县农作物秸秆（如小麦和玉米秸秆）的价格在 200 元到 300 元[1]，低于情景 I 和情景 II 的最高价格限制。回收期小于 8 年，在可接受范围内，说明拟建生物质发电项目在经济上是可行的（见表 5－16）。

表 5－16　　　　　　　　产生可观经济效益的情景模式

指标	情景 I			情景 II		
生物质价格（元/吨）	200	250	300	250	300	350
PBP（年）	4.8	5.6	6.6	4.4	5.8	7.0
IRR（%）	14	14	14	14	14	14
累计税后净现值（万元）	19512	11784	4055	17338	9609	1880

就生物质发电厂的成本而言，生物质燃料约占总成本的 60%[2]。因此，在一定程度上，生物质燃料的价格决定了生物质发电厂的命运。从情景 III 和情景 VI，生物质燃料的价格远远低于市场能够接受的价格水平（见表 5－15），尤其是情景 V 和情景 VI，其电力价格只有 0.30 元/千瓦时，并没

---

① 杨建玺、李宏强：《静宁县农作物秸秆调查与思考》，《甘肃农业》2013 年第 13 期。

② 詹德才、韩冰：《生物质发电企业调研报告及发电成本研究》，https://wenku.baidu.com/view/aa5becc4aa00b52acfc7ca9d.html。

有相关的支持政策来帮助生物质发电领域的投资者降低运营成本。我们的结论是，如果政府没有对生物质发电的支持政策，生物质发电项目在经济上是不可行的。

（三）生物质发电项目盈利能力敏感性分析

1. 生物质价格波动的影响

由于生物质燃料成本约占生物质发电项目总成本的60%（见图5-16），生物质价格的波动对生物质发电项目的盈利能力产生重要影响。

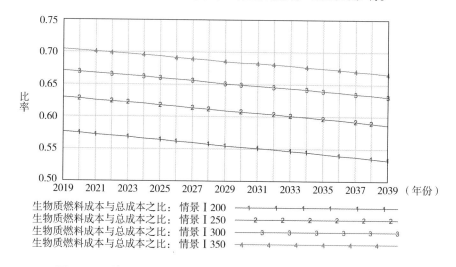

生物质燃料成本与总成本之比：情景Ⅰ200
生物质燃料成本与总成本之比：情景Ⅰ250
生物质燃料成本与总成本之比：情景Ⅰ300
生物质燃料成本与总成本之比：情景Ⅰ350

图5-16 情景Ⅰ模式下生物质燃料成本在总成本中占比的变化趋势

依据净现值法的判断标准，当项目期末累计税后净现值大于零时，项目具有投资价值。显然，在项目运营期间，税后净现值累计越早超过零，项目盈利能力越强。图5-17中，在情景Ⅰ模式下，拟建生物质发电项目的盈利能力随着生物质燃料价格的上升而下降。当生物质燃料价格为200元/吨时，累计税后净现值超过零需要不到7年的时间；当生物质价格为250元/吨时，需要不到9年的时间，当价格是300元/吨时则需要13年的时间，当价格为350元/吨时，累计税后净现值在项目终期不会大于零，意味着拟建项目没有经济可行性（见图5-17）。

2. 政府价格补贴强度的影响

在政府支持可再生电力发展的政策工具中，价格补贴占据了非常重要

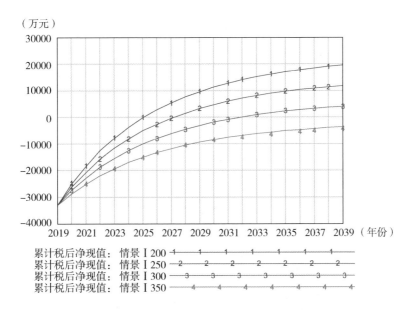

图 5－17　生物质发电项目对生物质燃料价格波动的敏感性分析

的地位，对于可再生电力企业的影响远远大于企业所得税减免和增值税减免的影响，如图 5－18 所示。

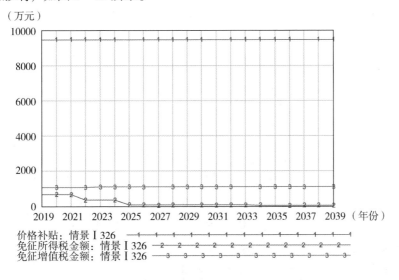

图 5－18　情景Ⅰ模式下政府财政补贴构成

政府对可再生电力的价格补贴强度对生物质发电项目的盈利能力有重要影响。在图 5 - 19 中，情景 I 250 - 1 意味着生物质的价格是 250 元/吨，政府的价格补贴强度是 0.45 元/千瓦时，对于情景 I 250 - 2、情景 I 250 - 3、情景 I 250 - 4 三种情景模式，生物质的价格都是 250 元/吨，但政府价格补贴强度分别是 0.4 元/千瓦时、0.35 元/千瓦时、0.3 元/千瓦时。

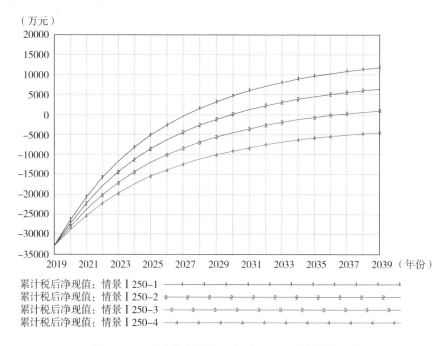

图 5 - 19　政府价格补贴强度对项目盈利能力的影响

从图 5 - 19 中可以明显看出，随着政府价格补贴力度的降低，生物质发电项目的盈利能力迅速下降。如果价格补贴强度为 0.45 元/千瓦时，税后累计净现值大约在第 9 年时大于零；如果价格补贴力度为 0.4 元/千瓦时，税后累计净现值大于零的时间将不超过 12 年的时间。如果补贴力度为 0.35 元/千瓦时，则所需时间长于 17 年，如果是 0.3 元/千瓦时，生物质发电项目则失去了投资价值。

（四）现行生物质发电支持政策分析

1. 生物质发电正外部性内部化程度评估标准

如前所述，Q 的指标值［见式（5 - 23）］可以帮助我们判断生物质发电的正外部性是否已经被政府的支持政策内部化。为方便起见，在系统动力学模型中 Q 将被另一个变量"正外部性与财政补贴的累计差"所替代，其定义为 2019—2039 年正外部性减去财政补贴之差值的累计和。

如果正外部性完全内部化，则项目经营期末"正外部性与财政补贴的累计差"应接近于零。然而，其值在情景Ⅰ326 和情景Ⅱ362 在 2039 年分别是 -87696 万元和 -68519 万元，远远低于零。因此，我们可以得出结论，政府政策提供的补贴远远超过了生物质发电项目产生的正外部性。

"正外部性与财政补贴之差"的演化趋势远小于零（见图 5 - 20），表明财政补贴远远超过生物质发电产生的正外部性。我们可以推断，没有政府的支持，生物质发电项目在经济上是不可行的，因为生物质发电项目的正外部性没有得到补偿。

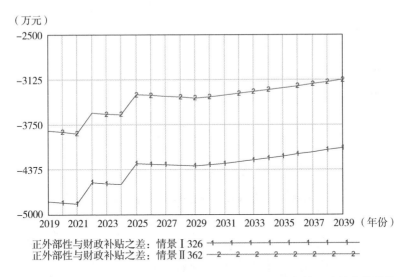

图 5 - 20　情景Ⅰ和情景Ⅱ模式下政府财政补贴与正外部性之差的变化趋势

图 5 - 20 中的曲线也呈现出类似的发展趋势，2019—2024 年，该指标数值较小，2025 年后逐渐增大。由于生物质发电正外部性的市场价值相对稳定，"正外部性与财政补贴之差"的指标值主要取决于财政补贴的规模。因此，从图 5 - 20 的曲线变化趋势可以看出，政府政策的支持力度在前 6

年较大，之后支持力度减弱。因此在两种情景下，随着时间的推移，该指标的值会越来越大。

2. 正外部性与财政补贴结构分析

生物质发电的正外部性主要包括六个方面。根据它们的数值由大到小降序排列，这六个组成部分分别是：出售生物质的收入增量、SO_2减排的环境价值、CDM收益、NO_x减排的环境价值、增加就业收益、CO减排的环境价值（见图5-21）。

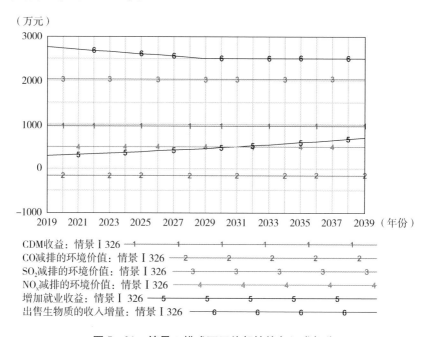

图5-21　情景 I 模式下正外部性的各组成部分

其中，增加就业收益和出售生物质的收入增量都属于生物质发电的社会效益，约占生物质发电正外部性的23%。

在图5-21中，CO减排的环境价值为负，这意味着生物质发电CO的排放水平高于上网电力的平均水平。

与所得税和增值税免征额相比，价格补贴在政府的财政补贴中占有很大比例，这可以解释为什么从情景Ⅳ到情景Ⅵ，拟建生物质发电项目就没有经济可行性（见图5-18）。

3. 合理的政府价格补贴强度和污染物减排价格

由前面的分析可知，生物质发电具有正外部性效应。根据外部性理论，外部性内部化是优化资源配置的有效工具。因此，合理的政府补贴强度应确保生物质发电项目的净现值恰好等于零。合理的价格补贴强度，应该在项目生命周期最后使税后累计净现值为零，这个合理的价格补贴强度在生物质价格已定时很容易计算出来。

我们计算了当生物质价格为每吨232元、265元和300元时的合理价格补贴强度。这三种情况下的价格补贴强度平均值为0.36元/千瓦时，比当前的价格补贴强度大约低0.09元。但是，在这些情况下，税后累计净现值仍然小于零，如表5-17所示。

表5-17　　　　　　　　合理的政府价格补贴强度

模型参数	生物质价格（元/吨）		
	232	265	300
价格补贴强度（元/千瓦时）	0.3161	0.3630	0.4128
累计税后净现值（万元）	8.75	6.42	10.21
正外部性与财政补贴的累计差（万元）	-81486	-83612	-85895

从这种情况我们能得出什么结论？正外部性包括两部分：一部分是社会效益，另一部分是正环境外部性。计算社会效益的指标参数来源于市场调查，是可靠的。生物质发电的减排量也是可靠的。因此，唯一能引起我们怀疑的是污染物减排的环境价值。一个合理的推论是，这些指标的参数值小于它们的实际值。为了得到这些指标的实际值，我们以相同的幅度提高这些价格参数的值。这些参数可由式（5-23）计算，其中 E_{et} 可用 E'_{et} 替换。

$$E'_{et} = E_{et} (1+a) = \sum_{e=1}^{n} EM_e P_e (1+a) \qquad (5-32)$$

当生物质价格分别为232元、265元和300元时，能够使"正外部性与财政补贴的累计差"接近于零的污染物减排价格列于表5-18。

表 5-18　　　　　　　生物质发电项目具有经济可行性的临界参数

指标	生物质价格（元/吨）		
	232	265	300
CO_2 价格（元/吨）	97	99	101
CO 价格（元/吨）	2220	2252	2288
NO_x 价格（元/吨）	17788	18045	18302
SO_2 价格（元/吨）	14269	14436	14622
补贴强度（元/千瓦时）	0.3161	0.3630	0.4128
累计税后净现值（万元）	8.75	6.42	10.21
2039 年正外部性与财政补贴的累计差（万元）	-12	17	-4

表 5-18 中的污染物减排价格远远大于从情景 I 到情景 Ⅵ中相应指标的值。后者还不到前者的一半。

关于污染物减排的市场价格存在着巨大的争议。在相关研究中，这些指标的取值范围很广。本节计算得到的这些参数可为可持续发展领域的相关研究提供有益的参考。

（五）可再生电力政策给政府带来的财政负担的合理解释

政府给可再生电力的补贴主要来源于对传统电力征收的可再生能源附加费。可再生能源附加费可视为一种庇古税。据报道，2016 年中国生物质发电达到 647 亿千瓦时[1]。根据我们的研究结果，目前的价格补贴强度约高出合理的补贴强度 0.09 元。这表明，政府为生物质发电多付出了约 58 亿元的补贴，占政府在可再生电力领域 1200 亿财政负担缺口的 4.8% 左右。这个比例是生物质发电占可再生电力总装机容量的两倍左右。考虑到生物质发电成本和正外部性的区域差异性，可以推断，我们计算的可再生电力的正外部性规模是基本准确的。就生物质发电而言，可再生电力政策给政府带来的财政负担，部分原因在于对传统电力征收的可再生能源附加费税率较低。

---

[1]　王俊：《生物质发电装机达 1214 万千瓦》，《中国电力报》2017 年 7 月 15 日第 2 版。

（六）本节研究的局限性

1. 研究的不确定性

总的来说，生物质发电设备的发电效率会随着技术创新而提高，其价格也会下降。这些因素将降低生物质发电项目的总成本，从而提高项目的可行性。这也将影响到政府对发展可再生电力的支持政策。与此同时，随着社会经济的发展，城乡劳动力价格差距趋于缩小，传统电力的负环境外部性也会因技术进步而下降；这些因素将导致生物质发电正外部性的降低，进而影响政府对可再生电力发展的补贴力度，从而降低生物质发电项目投资的可行性。

2. 环境正外部性的货币化度量问题

生物质发电正环境外部性货币化评价是一个复杂的过程。正环境外部性的价值取决于许多参数。其中，最重要的参数是单位污染物排放环境损失的市场价值，即污染物的市场价格。这个参数的值因地区而异。生物质发电正外部性的社会效益计算也是如此。相比之下，政府财政补贴的计算过程相对简单，对计算结果的不同观点也不多。生物质发电正外部性内部化程度主要取决于正外部性计算结果的准确性，正外部性规模货币化评价是学术界争论的热点之一。

四　结论

基于上述研究分析，我们得出以下结论。

首先，根据所建立的系统动力学模型，生物质发电的正外部性受到多种因素的影响，如生物质市场价格、污染物减排的市场价格、劳动力工资等。这些因素具有明显的地区差异。基于外部性内部化的生物质发电补贴也应反映这些差异，以适应当地情况。如果生物质发电补贴政策是"一刀切"的，必然会导致生物质发电企业在外部性规模相对较小的地区过度发展。

其次，从目前生物质发电的政策环境来看，以苹果枝为主要生物质燃料建设生物质电厂在经济上是可行的，假设的生物质电厂利润空间较大。生物质燃料价格占生物质发电总成本的60%左右，对生物质发电项目能否盈利有着重要影响。由于生物质燃料价格较低，生物质发电项目在我国西部生物质燃料丰富地区具有广阔的市场前景。

再次，没有政府的扶持政策，生物质发电项目很难盈利。将生物质发电的正外部性规模与政府补贴规模进行比较，我们认为政府补贴规模超过了生物质发电所能产生的正外部性。就生物质发电而言，目前的价格补贴力度每千瓦时比合理水平高出了 0.09 元左右。此外，我们的研究结果表明，中国研究论文中经常用于计算污染物减排价格的参数相对较小，仅为实际值的一半左右。

最后，中国政府应保持对生物质发电的政策支持。中国的扶持政策应该进行调整，使企业从政府获得的补贴尽可能接近生物质发电能够产生的外部性。可再生电力政策是否会给政府带来财政负担，并不是判断该政策合理性的正确标准。科学的标准是该政策能否将可再生电力的正外部性内部化。准确的货币化计量生物质发电产生的正外部性仍是一个关键问题。

第四节　石嘴山市工业循环经济宏观驱动机制分析

煤炭资源型城市发展循环经济是城市政府贯彻国家经济发展新理念和应对自身资源环境挑战的必然战略选择。一方面，党的十八大提出"五位一体"的社会主义建设事业总体布局，高度重视生态文明建设的意义，将其与经济建设、政治建设、文化建设和社会建设并列为中国特色社会主义的建设内容，地方政府必须贯彻执行。另一方面，受资源型城市自身发展规律以及国家经济发展大环境的影响，煤炭资源型城市在过去数十年的高速增长中积累了众多问题，面临资源短缺、环境污染、产业转型等问题的严峻挑战。作为一种新的发展理念，尽管循环经济发展理念引入我国的时间较晚，但因其与科学发展观高度契合，受到国家和地方政府的高度重视。

在第一节，通过分析循环经济发展主体的经济行为指出，在市场经济条件下，企业发展循环经济的行为仍以企业利润最大化为目标。因循环经济具有外部经济性，即企业的私人收益小于社会收益，相对于在其他领域的投资活动，循环经济行为必然因投资效益低而受到抑制。作为循环经济的调控者，地方政府为实现循环经济发展目标，必须促进循环经济发展。

这样，政府的目标和企业的经济行为选择之间就存在一定的背离。此时，政府只有通过给予开展循环经济活动的企业一定数额的资金补助或政策优惠，弥补其降低的那部分投资收益，循环经济活动才能受到企业家的支持而得到充足的发展。结合石嘴山市惠农工业循环经济发展的实际，石嘴山市发展循环经济的宏观驱动机制叙述如下。

一　政府在循环经济发展过程中发挥了主导作用

（一）石嘴山市工业循环经济发展过程

石嘴山市工业循环经济主要围绕节能降耗、综合利用、清洁生产和环保产业四个方面展开。政府出台了多个文件以促进循环经济发展，包括《石嘴山市关于深入实施"三大工程"，发展环保产业，推进循环经济发展的实施意见》《循环经济发展基金使用办法》《石嘴山市节能减排实施方案》等。工业循环经济体系逐步完善。

石嘴山市工业循环经济已取得显著成效。2004年建立推进循环经济工作组织机构，选择确定了51家循环经济试点企业和石嘴山市工业园区等3个循环经济试点园区。2006年被确定为宁夏循环经济试点城市，确立了3个试点工业园区，24个试点企业和207个清洁生产项目。2007年，石嘴山市被国家确定为第二批全国循环经济示范试点城市。2008年《宁夏回族自治区石嘴山市国家循环经济试点实施方案（2008—2012）》通过国家评审，确定了循环经济示范企业16个，示范园区2个，试点企业19个。2012年，石嘴山市经济技术开发区被确定为第一批国家循环化改造示范试点园区，核定循环化改造项目36个，概算总投资66.14亿元。2014年，平罗工业园区被确定为第三批国家循环化改造示范试点园区，核定循环化改造项目38个，概算总投资33亿元。

（二）发展循环经济是石嘴山市政府的重要工作内容

1. 出台系列文件，指导和约束政府与企业行为，形成循环经济发展长效机制

为了加快循环经济的发展，石嘴山市成立了循环经济工作领导小组，各县区也成立了相应的组织机构。出台了《石嘴山市关于深入实施"三大

工程"，发展环保产业，推进循环经济发展的实施意见》《2005 年循环经济工作方案》《循环经济领导小组成员单位职责》和《循环经济发展基金使用办法》等文件，明确了循环经济工作目标任务和各成员单位的职责，全方位推进循环经济发展。把国家产业政策和全市工业经济发展的实际结合起来，研究制定了全市加快循环经济发展的政策措施，从财税、土地、电力等各个方面加大对循环经济发展的政策支持，形成了有利于促进循环经济发展的政策环境。

2. 推行清洁生产，发展生态化工业体系

选择了冶金、建材、化工等重点行业推进清洁生产试点，对污染物排放超标企业，实施强制性清洁生产审核，在铁合金、电石行业鼓励采用全封闭矿热炉，对具备条件矿热炉气进行综合利用，回收利用烟气中 CO、余热进行发电或用做锅炉燃料；积极尝试回收利用烟气中的 CO_2。炼焦行业全面实行烟气综合回收利用，重点推广干法熄焦和煤气发电等综合利用技术。实施了 200 多个清洁生产项目。

此外，结合石嘴山市产业发展现状，研究确定了全市资源节约、节能降耗、综合利用、清洁生产等方面的循环经济生态链接项目，重点发展了煤炭—电石—PVC—废渣、废气、废液联产新产品的生态产业链，煤炭—焦化—焦油和废气联产新产品的生态产业链，以及农副产品深加工、废弃物循环等生态产业链。

3. 拓展废弃物利用方式，提高资源综合利用水平

石嘴山市建市以来，累计堆存了煤矸石和粉煤灰总量 5000 多万吨，而且每年还以 300 万吨左右的速度增长。为此，新建了奇石山生态园等绿化景观，建成了以煤矸石、粉煤灰、电石废渣和其他工业废渣为主要原材料的建材企业 3 家，促进了废弃物的再生利用。同时，以重点行业、重点企业污染治理为突破口，加快推广和引进以"三废"治理为特征的资源综合利用项目。围绕余压、余气、余热等二次资源综合利用，重点推广实施了 7 个资源综合利用发电项目，4 个资源综合利用项目，8 个化产回收利用项目，以及以循环水处理、节电降耗为特征的综合技改项目。

4. 研究推广节能减排新技术和新产品

针对煤矸石、粉煤灰、硅微粉等工业二次资源开发和综合利用中的技

术问题，石嘴山市与清华大学合作开展"发展工业循环经济技术研究"，并取得了积极的成效。组织推广应用了一批先进成熟的节能新技术、新工艺、新设备，重点推广了矿热炉低频电源冶炼、电石炉气回收利用、水泥生产线中低温余热发电和中水回用等单项节能减排技术。

5. 加快资源型城市转型，培育接续产业

在大力发展煤炭循环经济的同时，石嘴山市高度重视接续产业的发展。非煤产业与煤炭产业之比，由 2005 年的 69.3∶30.7 调整到 2007 年的 78.7∶21.3，再到 2013 年的 56.7∶43.3。有色金属、精细化工、电子元器件、煤基炭材和多晶硅、L−乳酸等新兴产业日益发展壮大。

二　政府调控与企业追求利润最大化动机的耦合力是主要动力

（一）政府为企业发展循环经济提供资金补助和优惠政策

石嘴山市通过提供资金补助和帮助企业融资引导企业发展循环经济。《国家循环经济试点实施方案》明确写到"循环经济主要项目，根据国家对循环经济试点城市的相关政策以及企业实际，政府应在循环经济项目上给予一定的配套资金支持"。政府设立了石嘴山市循环经济发展基金，用于支持循环经济项目的引进，对企业新上循环经济项目给予特殊优惠。从2006 年起，市财政每年安排 6000 多万元，用于扶持示范企业、园区和重大循环经济发展项目。自 2008 年试点工作开展以来，全市储备了 320 个循环经济重点项目，共为 106 个工业项目争取国家各类资金支持 8.06 亿元。

除积极争取国家财政的专项投入外，注重开发银行等金融机构的长期贷款投入。利用西部大开发、资源型城市转型和循环经济的优惠政策，选好项目推介和项目前期准备工作，积极争取国家开发银行的项目资金支持。同时，要加强同当地金融部门的沟通和联系，完善中小企业信用担保体系，为企业项目解决资金困难。积极运用银团贷款、项目融资等多种业务方式，支持新兴产业集群的项目建设；鼓励各类符合条件的企业以发行股票、债券等直接融资方式筹集资金，加快培育上市后备资源，充分利用上市公司的融资功能，促进产业集聚。

（二）利润最大化是企业发展循环经济的内部动因

政府的资金补助和优惠政策只是企业发展循环经济的外部因素，企业能否实现利润最大化目标才是企业发展循环经济的决定因素。

2012年，石嘴山市经济技术开发区被确定为第一批国家循环化改造示范试点园区，核定循环化改造项目36个，概算总投资66.14亿元。截至2015年年底，方案中的36个支撑项目，共实施25个，实施率为69.44%，完成投资21.24亿元，占总投资的32.11%。其中，拟申请国家财政支持的项目26个，估算总投资23.81亿元，已实施18个，中央财政专项补助资金已到位15010万元。

1. 案例之一——某化工有限公司利用焦炉煤气联产30万吨片碱节能项目

项目是利用公司已建成60万吨/年低温干馏煤气（年产煤气2.5亿立方米），回收净化后作为片碱（学名固体氢氧化钠）生产的加热热源，属于余热再回收利用工程。节余的低温干馏煤气对空排放，不但造成环境污染，资源也造成极大的浪费。公司投资7253万元，建设片碱生产车间、片碱储存库房以及煤气净化回收装置、片碱多效蒸发热能回收装置。

横向比较，以煤气发生炉为加热热源的企业，缺乏应对市场变化的承受力，采用煤气发生炉块煤为燃料，吨碱耗煤约650千克，而采用煤气为燃料，吨碱耗煤仅约380千克。并且，使用净化后的煤气为燃料时的蒸发时间本身就比采用块煤的蒸发时间缩短约40%，大大提高了固碱生产效率。项目实施后，企业把原先外排的燃气利用起来，作为生产片碱的热源，燃料是不计入成本的，吨碱生产成本足足降低200元，循环化改造为企业带来了很大的收益，使企业处于较好的竞争地位。

该项目截至2015年累计投资5102万元，分别于2012年和2013年获得政府循环补助资金160万元和440万元，共600万元，占项目总投资的11.76%。

2. 案例之二——某电厂发电机组烟气脱硝改造项目

该公司是宁夏石嘴山市经济技术开发区的重点能耗企业和大气污染物排放源。2011年，公司能源消费量比重占全开发区的30.74%；公司与其他三家能源化工企业的二氧化硫、氮氧化物排放量则分别占到规模以上工业企业排放总量的77.1%和93.5%。

本工程对该公司4×330兆瓦机组全部烟气量进行脱硝净化处理。工程建设用地为厂区内原有土地，占地面积约 3128 平方米。脱硝系统静态投资为 17880 万元。项目实施后，将进一步降低火电厂污染物排放量，具有明显的社会、经济和环境效益。

因该公司已经享受国家脱硝电价补贴，国家财政补贴只能享受一次。该项目未能获得 2013 年石嘴山市经济技术开发区园区循环化改造"三废"综合利用补链项目扶持资金。企业在综合成本收益分析后，认为：根据《国家发展改革委关于调整发电企业上网电价有关事项的通知》（发改价格〔2013〕1942 号）文件，考虑该项目脱硝电价补贴 10 元/兆瓦时，从盈亏平衡分析，本脱硝工程是处于微亏损状态。公司希望政府在电价补偿的同时可以在脱硝项目上能够执行优惠扶持政策，给予项目资金扶持。

尽管该项目已经投产，但考虑到企业运行该项目处于亏损状态，如果不能得到政府扶持资金或进一步优惠政策，该项目存在停止运行的危险，并可能对其他潜在上马脱硫项目的企业造成负面影响。

本项目在享受国家脱硝电价补贴的条件下，仍不能达到盈亏平衡点，而处于微亏损状态，从侧面印证了循环经济具有外部经济性的特性。

另外，部分已经投产的循环化改造项目还存在运行一段时间而停产的情况。

三　结论

贯彻"五位一体"的国家社会主义建设事业总体布局的国家战略，也为了缓解日益紧张的资源环境压力，政府大力推动工业循环经济发展；因工业循环经济具有外部经济性，企业发展循环经济动力不足，政府必须通过提供补助资金降低企业发展循环经济的成本，或提供优惠政策增加企业的收益，工业循环经济才能顺利开展。

企业是工业循环经济的实施载体，政府的调控和企业追求利润最大化动机的耦合力是当前工业循环经济发展的主要驱动力。当企业进行循环化改造而取得较好的经济效益时，企业有足够的动力参与生产工艺的循环化改造；当企业循环化改造项目处于亏损状态时，企业会寻求政府的支持，期盼政府给予扶持性优惠政策。如果企业循环化改造收益不能弥补其投入成本，企业发展循环经济的意愿则急剧下降，如图 5 - 22 所示。

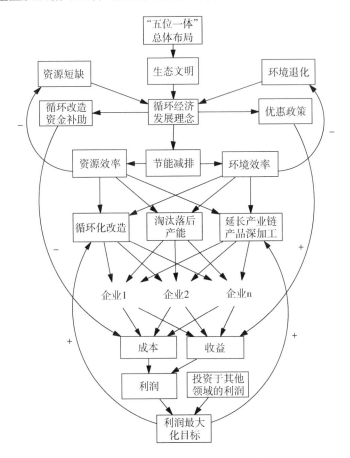

图 5 - 22　企业与政府在循环经济发展中的关系示意

第五节　本章小结

本章第一节首先指出政府、企业和公众是工业循环经济发展的行为主
体；进而从经济学视角分析了三个行为主体在发展工业循环经济中的行为
选择模式；着重强调了工业循环经济具有外部经济性这个重要特点，并提
出在工业循环经济具有外部经济性的条件下，企业发展循环经济存在动力
不足的观点；本节还辨析了科技进步对企业发展循环经济的重要意义；如

果循环经济不能与科技进步紧密结合在一起，为促进循环经济的发展，社会应该给予企业一定的补贴，其数额应该等于社会收益大于私人收益的部分，或者社会必须提供公共技术，使发展循环经济有利可图。

第二节以工业节能为例，剖析中国工业和石嘴山市工业发展循环经济的驱动因素。本节得出循环经济具有外部经济性，大多数行业的节能量与利润总额呈负相关关系的结论，印证了第一节关于循环经济具有外部经济性的论断；指出 A 类和 B 类工业行业循环经济发展水平和发展动力存在明显差异；科技进步在循环经济发展过程中发挥着决定性的作用；提供循环经济补助资金和发展循环经济公共技术是提高工业节能效果的两大重要政策工具。本节还发现了一个特点，无论是中国工业还是石嘴山市工业，结构调整对工业节能的作用非常微弱，也就是说，工业节能主要是靠科技进步和发展循环经济取得的，通过产业结构调整而实现的工业节能规模很小，从侧面说明了中国和石嘴山市在 2006 年到 2013 年这段时间内，产业结构调整的效果很不明显。而这段时间恰是国际金融危机爆发，中国为保增长，大规模刺激经济的政策实施期，这或许能部分解释结构调整节能效果为何不明显。

第三节结合石嘴山市工业循环经济发展的具体实践，分析其工业循环经济的驱动机制，剖析政府和企业在工业循环经济发展过程中的作用和典型行为模式：政府为企业提供补助资金和优惠政策，推动工业循环经济发展，企业在政府的引导下，发展循环经济，实现自身利润最大化目标，并进一步通过具体案例印证循环经济具有外部经济性的观点。

因为公众在工业循环经济发展过程中发挥作用的周期比较长，本章只从理论上分析了其对工业循环经济发展的影响，并没有做实证分析。

第六章 石嘴山市工业循环经济微观发展机理

第四章从工业循环经济两大行为主体——政府和企业的行为选择规律入手，分析了工业循环经济发展的驱动机制。本章将从工业循环经济运行的微观角度，从物质流、能量流的作用过程，以及工业生产系统内部各组成部分之间的动态关系入手，探讨工业循环经济的发展机理。

第一节 物质流与能量流分析

一 工业循环经济空间布局

（一）石嘴山市工业集聚区空间分布

石嘴山市工业经济主要集中在现有四大工业开发区（园区），其中，石嘴山市经济技术开发区、石嘴山市高新技术产业开发区是国家级开发区，石嘴山市生态经济区和宁夏精细化工基地是自治区级工业园区。石嘴山市高新技术产业开发区位于大武口区，经济技术开发区位于惠农区，生态经济区位于平罗县，宁夏精细化工基地位于平罗县黄河以东（陶乐）地区。2013 年四大园区入园企业 531 家，其中规模以上企业 186 家，占全市规模企业 238 户的 78.15%，完成工业总产值 613.29 亿元，占全市工业总产值的 82%，实现税金 25.24 亿元，在地方财政收入贡献率达到 59.45%。有英力特股份、东方钽业和恒力钢丝绳股份 3 家上市公司，93 户企业列入全市重点骨干企业（亿元以上），21 户企业入选宁夏百强企业（全市 23户），22 户企业入选石嘴山市 30 强企业。国家级技术研发中心 2 个，自治区级企业技术中心 10 个，高新技术企业 7 家。四大工业园区是石嘴山市工业循环经济发展的主要载体，对国民经济支撑效应非常明显。

（二）工业循环经济以工业园区为中心相对独立地发展

距离是企业之间开展循环经济协作的关键制约因素。石嘴山市工业循环经济主要是围绕四大工业园区而展开的，园区之间的协作要弱得多，主要也是受距离因素的影响。惠农区距离大武口区 53 千米，距离平罗县 56 千米，距精细化工基地 28 千米；大武口区距离平罗县 21 千米；平罗距离精细化工基地 60 千米。因此，工业循环经济主要是在每个工业集聚地相对独立地开展。石嘴山市工业转型升级和结构调整也主要围绕四大工业集聚地相对独立地展开。例如，2008 年《宁夏回族自治区石嘴山市国家循环经济试点实施方案（2008—2012）》确定了 2 个示范园区，2012 年石嘴山市经济技术开发区被确定为第一批国家循环化改造示范试点园区，2014 年平罗工业园区被确定为第三批国家循环化改造示范试点园区。上述事实从侧面证明工业循环经济是在这几个工业园区相对独立地发展，因距离遥远和成本收益问题，园区之间的循环经济协作微乎其微。

（三）惠农区是本研究微观分析的重点

基于上述原因，探讨石嘴山市工业循环经济的发展机理时，将研究重点聚焦于典型的工业集聚区就能达到目的。综合考虑工业经济规模和在石嘴山市工业循环经济发展中的地位和作用，本书选择石嘴山市惠农区工业体系作为探讨工业循环经济发展机理的重点研究区域。

（四）没有选择国家级经济技术开发区作为分析重点的原因

本书没有将石嘴山市经济技术开发区作为研究重点的原因有下面两点：一是石嘴山市经济技术开发区成立于 2011 年，位于惠农区辖区范围内，前身为成立于 1992 年的宁夏石嘴山市河滨经济开发区，后几经调整，辖区范围变动较大，已由最初的 15 平方千米扩展到现在的 85.56 平方千米，数据资料不连续，时间序列数据可比性差；二是在重点工业企业以及循环经济试点项目上，经济技术开发区和惠农区基本重叠。选择惠农区作为研究重点，进行系统动力学建模，数据连续性好，年份之间的可比性高，而且由于两者在重点工业企业上高度重合，经济技术开发区的一些数据资料可以作为重要参考。

二 惠农区产业链分析

经过 10 多年的发展，惠农区已形成了以能源化工、冶金、煤化工、新材料和机械装备制造业等为主的主导产业，各产业内部已经形成了一些基于产品供需的产业共生关系，产品之间内部循环、企业之间互补循环、产业之间链接循环的循环经济格局初步形成，主要包括如下几条循环经济链：煤炭—电力—冶金—金属制品—机械加工产业链，石灰石—石灰—电石—石灰氮—氰胺—利废建材产业链，煤—煤焦化—焦炭、煤焦油—萘、酚、蒽、沥青产业链等。

（一）煤炭—电力—冶金—机械产业链

2013 年，惠农区辖区内共有规模以上工业企业 85 家，规模以上工业的主要产品产量为：原煤 355.88 万吨、洗煤 249.09 万吨、铁合金 50.27 万吨、钢丝绳 6.02 万吨、镁 4.04 万吨、钢材 28.51 万吨、发电量 147.57 亿千瓦时/小时、有色金属 5.78 万吨。在该地形成了比较完整的煤炭—电力—冶金—金属制品—机械加工产业链（见图 6-1）。

电力行业主要包括国电宁夏石嘴山市发电有限责任公司、国电石嘴山发电厂、国电石嘴山市第一发电有限公司 3 家企业整合的国电公司。其他以资源综合利用为主的自备电厂，分别是宁夏西部公司热电厂、宁夏石嘴山众利达电力有限公司、宁夏金力实业集团公司矸石电厂及窑尾余热电站、宁夏博宇焦铁集团焦（高）炉煤气发电站等。总装机容量 260 万千瓦。机械装备制造主要以钢铁及其制品、钢铁炉料等产品为主。现有电投钢铁公司、恒力钢丝绳股份公司、博宇集团公司、英利特河滨冶金有限公司等 22 家生产企业，形成了年产钢及钢材 60 万吨，钢丝绳 13 万吨，生铁 50 万吨、球团 60 万吨、硅钙 0.2 万吨的生产能力。

2013 年，惠农区拥有矿热炉 91 台，形成了 95 万吨左右铁合金生产能力，骨干企业包括：河滨英力特冶金有限公司、天净电能鑫兴铁合金分公司、惠义冶金工贸公司、宁鑫达工贸有限公司、金力实业集团有限公司等企业。

（二）石灰石—石灰—电石—石灰氮—氰胺—利废建材产业链

2013 年，惠农区具备 80 万吨的电石生产规模，包括英利特化工有限

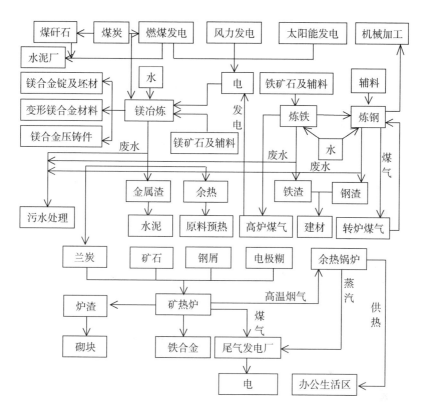

图 6-1 煤炭—电力—冶金—金属制品—机械加工产业链示意

公司、民族创佳公司等 12 家生产企业；石灰氮生产规模达到 9.5 万吨/年，包括宁夏英利特化工股份有限公司、宁夏煜林化工有限公司等 3 家生产企业；双氰胺生产规模达到 1.5 万吨/年，包括宁夏英利特化工有限公司、宁夏嘉峰化工有限公司、宁夏煜林化工有限公司 3 家生产企业，循环经济产业链初具规模（见图 6-2）。

（三）煤—煤焦化—焦炭、煤焦油—萘、酚、蒽、沥青产业链

煤化工行业以焦炭加工及化产综合利用系列化产品为主，重点生产企业有博宇集团公司、恒古煤化有限公司、常能达焦化公司、旺鑫煤焦化公司、力源集团公司、众元煤焦化公司、兴盛活性炭公司、嘉特炭黑、西泰煤化工、五洋工贸等 14 家。循环经济产业链如图 6-3 所示。

焦炭。现有宁夏博宇集团公司、石嘴山市恒古煤化有限公司、石嘴山常能达焦化公司、宁夏旺鑫煤焦化公司、石嘴山市力源集团公司、宁

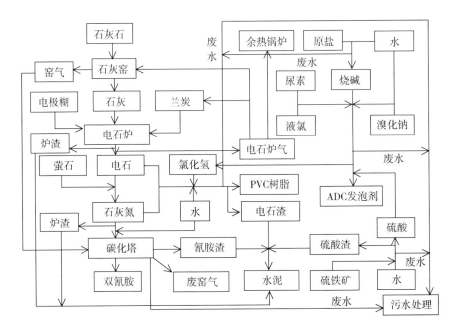

图 6-2 石灰石—石灰—电石—石灰氮—氰胺—利废建材产业链示意

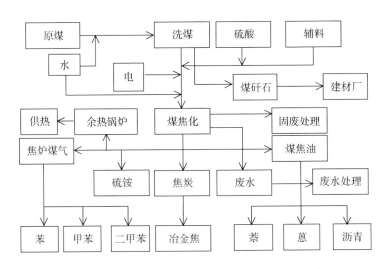

图 6-3 煤—煤焦化—焦炭、煤焦油—萘、酚、蒽、沥青产业链示意

夏众元煤焦化公司、兴盛活性炭公司等 9 家生产企业，年生产能力为 280 万吨。

焦油化工。目前有嘉特炭黑公司、西泰煤化工公司，其中嘉特炭黑公司是利用焦油加工炭黑，目前生产能力为 2 万吨。西泰煤化工公司利用焦油生产工业萘、蒽等化工产品，目前年加工能力为 20 万吨。

三　物质流分析

本书使用企业生产报表数据以及访问企业生产管理者所得数据和石嘴山市统计局提供的数据分析产业链主要产品生产过程中主要生产环节的物质流量，并探讨循环经济系统运行效率和存在的问题。

（一）煤炭—电力—冶金—金属制品—机械加工产业链物质流分析

依据石嘴山市惠农区煤炭洗选、电力生产、金属冶炼和机械加工等产业之间产品的投入产出关系和物质流动顺序，对该产业链进行工业系统物质流分析。

本产业链主要包括洗煤业、电力和冶金三个产业，其中，电力产业有燃煤发电、太阳能发电和风能发电，冶金包括有色金属冶炼（镁冶炼）和黑色金属冶炼（炼铁、炼钢和铁合金）（见图 6-4）。

从输入物质看，电力产业占有重要地位。2013 年，开发区燃煤电厂发电耗煤 621.83 万吨，耗水 3070.59 万吨，脱硫剂 16.76 万吨，燃煤耗氧 904.51 万吨，占煤炭—电力—冶金—金属制品—机械加工产业链物质投入的 81.37%。2013 年，惠农区火电厂发电煤耗为 301 克/千瓦时，低于全国 302 克/千瓦时，水耗达 17.69 立方米/万千瓦时，达到国家节水标准（《国家电力公司火电厂节约用水管理办法（试行）》）。电力企业排放的粉煤灰、脱硫石膏和炉渣达到 217.97 万吨，占本区一般工业固体废弃物产生量的 41%，依据国家环保总局发布的《燃煤电厂清洁生产标准》（2010年），粉煤灰和炉渣的综合利用率应达到 100%，而目前惠农区的利用率仅达到 80% 左右，还有较大的利用空间（见图 6-4）。

2013 年，镁冶炼产业生产镁及镁合金 7.78 万吨，投入物质总量 241.27 万吨，占本区工业物质投入总量的 4.76%，主要投入物质包括煤 30.58 万吨、水 95.38 万吨、镁矿石 69.35 万吨、硅铁 6.94 万吨。该产业主要依托的惠冶镁业集团以烟煤生产煤气作为主要能源，煤气生产的副产

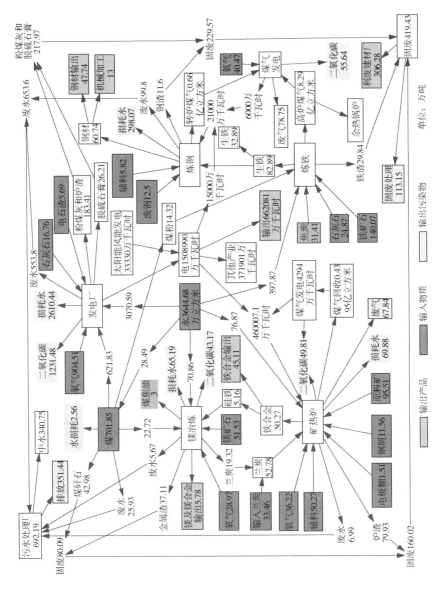

图 6—4　石嘴山市经济技术开发区煤炭—电力—冶金—金属制品—机械加工产业链物质流示意

品包括蓝炭 26 万吨和煤焦油 3 万吨。产业链条延伸不足是该产业的主要问题，引进镁合金深加工项目是提升循环经济水平的重要方向。

2013 年，铁合金产量达到 50.27 万吨，投入物质 288.5 万吨，占惠农区的 5.69%，主要投入物质包括：兰炭 52.78 万吨、辅料 50.27 万吨、电极糊 1.51 万吨、钢屑 11.56 万吨、原料矿 95.51 万吨、水 76.87 万吨、氧气 36.22 万吨。自 2007 年以来，石嘴山市出台政策，淘汰落后产能，鼓励对现有生产工艺进行循环化改造，一些厂家引进密闭矿热炉，用回收煤气进行发电，取得了较好的效益。2013 年，惠农区采用密闭炉的产能占总产能的比重较低，不到 20%，矿热炉的大型化、密闭化改造后，利用回收煤气发电将会产生巨大的节能环保效益。

钢铁产业于 2013 年实现产量 60 万吨，投入能源和原材料等物质量为 612.54 万吨，占本区工业生产物质投入的 12.08%，主要投入物质包括：石灰石 24.87 万吨、焦炭 31.41 万吨、铁矿石 140.07 万吨、废钢 12.5 万吨、辅料 5.82 万吨、水 397.87 万吨（见图 6 - 4）。2013 年，利用高炉煤气和转炉煤气回收发电达 6000 万千瓦时。钢铁产业下游产品主要是钢丝绳。目前惠农区有 13 万吨钢丝绳生产能力，而机械加工等钢铁深加工企业缺乏，通过招商引资或上马新项目延长产业链将是惠农区提升循环经济发展水平的重要途径。

（二）石灰石—石灰—电石—石灰氮—氰胺—利废建材产业链物质流分析

2013 年，本产业链主要产品包括电石 66.12 万吨、石灰氮 16.48 万吨、双氰胺 5.02 万吨、PVC 树脂 22.45 万吨、硫酸 20 万吨、ADC 发泡剂 3 万吨、烧碱 28.34 万吨。投入燃料及原材料等物质占惠农区的 17.23%，其中，石灰石 105.35 万吨、煤 2.64 万吨、电极糊 2.21 万吨、兰炭 47.94 万吨、萤石 0.28 万吨、氮气 3.75 万吨、水 836.88 万吨、辅料 4.4 万吨、硫铁矿 17.88 万吨、原盐 71.46 万吨、液氯 6 万吨、溴化钠 0.3 万吨、尿素 8.4 万吨（见图 6 - 5）。整条产业链上下游产业之间衔接不畅，主要表现为上游产品并不能充分被下游产业消化吸收。例如，电石产量为 66.12 万吨，下游产业只能消纳 46.44 万吨，尚有 29.76% 的过剩产能得不到深加工；硫酸过剩产能是 58.5%，烧碱过剩产能是 68.24%。这些产能过剩的产业都是初级原材料产业，具有高耗能、高污染、低效益的特点。对于这条产业链，未来的发展方向是加快产业结构调整，通过增环加链，提高工业高加工度化。

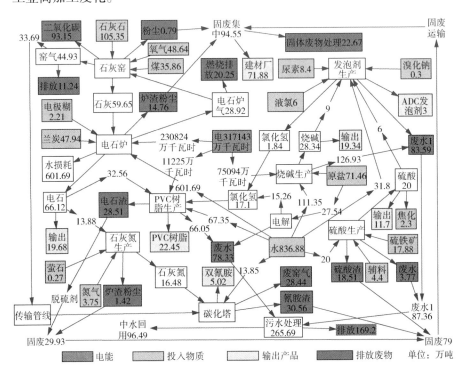

图6-5　石灰石—石灰—电石—石灰氮—氰胺—利废建材产业链物质流示意

本产业链有三个环节可以通过循环经济改造进而获得较好的经济效益、社会效益和生态效益。一是石灰窑窑气的综合利用；二是电石炉气的余热发电或作为燃料使用；三是氯碱化工 PVC 母液的回收利用。在生产石灰的过程中，每吨石灰能产生副产品石灰窑气0.75吨。这条产业链共产生石灰窑气44.93万吨，而下游双氰胺生产环节的碳化塔仅需要6万吨左右的用量，大量的窑气只能排放。窑气的重要成分是二氧化碳，大约占25%—42%，经过浓缩提纯可以用来生产干冰和碳酸氢氨，具有较大的市场开拓前景。电石炉可以分为密闭型、半密闭型和开放型。半密闭型电石炉气可燃气体含量少，可以通过余热发电进行开发利用；密闭型电石炉气可燃成分含量高，可以通过回收煤气来发电。目前，该产业链密闭型电

石炉所占比重较低，大约占产能的 30%，有较大的循环化改造空间。PVC
树脂主要产自英力特公司，该公司是国内首家引进采用欧洲乙烯公司 108
立方米聚合釜的公司，电解装置采用的是完全自然循环式电解槽，是国内
首家采用德国伍德公司离子膜电解槽的企业，循环水经过污水处理系统、
双膜过滤技术处理后，不仅可以使 90% 循环水能够重新利用，还可以回收
PVC 产品，年节约运营成本 110 万元，电石渣用于电厂的烟气脱硫，每年
带来 2300 万元的效益。

**（三）煤—煤焦化—焦炭、煤焦油—萘、酚、蒽、沥青产业链物质流
分析**

本产业链主要产品包括焦炭 91.49 万吨、萘蒽沥青等 19.4 万吨，副产
品包括硫铵 1.21 万吨。投入物质有 339.59 万吨，占惠农区投入物质的
9.57%，其中，原煤 132.09 万吨、水 190.32 万吨、辅料 0.24 万吨、焦油
15.73 万吨、硫酸 1.21 万吨。本条产业链上下游产业之间也存在衔接不畅
的问题，例如，焦炭产量 91.49 万吨，其中钢铁产业消耗 31.41 万吨，输
出焦炭 60.08 万吨；煤焦油加工能力 20 万吨，本产业链只能提供 21.35%，
尚有 63.65% 的煤焦油需要从区外输入（见图 6-6）。本产业链较短，焦
油加工产品多为沥青、粗苯、酚类产品，缺乏甲苯、二甲苯、精萘、苯
酚、纯苯等深加工产品。未来该产业链应大力发展甲苯、二甲苯、酚类等
焦油深加工产品，延伸拓展产业链条，为下游精细化工产业提供原料并奠
定发展基础。

2013 年，本产业链焦炭产量达 91.49 万吨，焦炉煤气达 7.13 亿立方
米，大约 3.39 亿作为燃烧煤气，还有大量剩余焦炉煤气燃烧排放，造成资
源浪费并带来严重污染。目前，惠农区焦炉煤气利用形式较为单一，应该
依据企业焦炉煤气的产生量以及市场焦炉煤气下游产品的市场价格变动形
式采取焦炉煤气利用多样化手段，将焦炉煤气制甲醇、合成氨、合成天然
气等利用方式考虑在内，实现焦炉煤气利用的效益最大化。

通过上述分析可知，石嘴山惠农区循环经济发展较好的三条产业链已
经初具规模，而且实现组链成网、联动发展，各种副产品都得到了一定程
度的综合利用，废弃物资源化利用也发展迅速。整体来看，还存在的问题
包括：产业链上下游产业之间的链接不畅，上游产业的产品不能够充分被

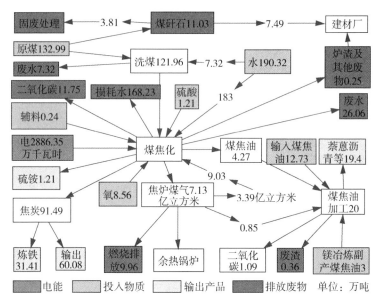

图 6-6　煤—煤焦化—焦炭、煤焦油—萘、酚、蒽、沥青产业链物质流示意

下游产业消化吸收，输出的产品多为初级产品，工业产品的高加工度化程度不高；废弃物资源化利用程度不高，一般工业固体废弃物的资源化利用率仅为 70% 左右，相比东部发达煤炭资源型城市 90% 以上的利用率而言还有较大的差距，仍需加大废弃物资源化利用的力度，促进循环经济发展；废弃物和副产品资源化利用的多样性较差，离市场效益最大化的利用模式还有较大差距；产业链较短，科技含量高、经济效益显著的下游深加工产业发展不足，增环补链、调整产业结构势在必行。

四　能量流分析

能量流依托物质流而存在，能量流分析为物质流分析的补充，通过分析能量在产业链各环节的消耗过程，明确产业链不同生产环节能量损失的多少及能量利用效率的高低，有利于通过采取节能措施进而补齐短板，提高能源利用效率，降低成本。

（一）煤炭—电力—冶金—金属制品—机械加工产业链能量流分析

该产业链共消耗能量 30472 万亿焦耳（1 万亿焦耳 = 1×10^{12} 焦耳），为电能和燃煤供能，炼铁耗能 10661 万亿焦耳，占产业链总耗能的 34.99%，炼钢耗能 1524 万亿焦耳，占 5%，铁合金冶炼耗能 16569 万亿焦耳，占 54.37%，镁冶炼耗能 2486 万亿焦耳，占 8.16%。从耗能占比看，铁合金冶炼和炼铁耗能占比最大，两者占比达到 89.36%（见图 6-7），节能降耗应主要从这两个环节入手。对于铁合金冶炼而言，炉渣带走显热 12879 万亿焦耳，占炉内能量的 50.32%，但这部分热量存在于熔融状态下的物料中，利用难度较大，目前，大部分铁合金公司采用冲渣水直接将渣和热量移走，进入热水中的这部分热量具有一定的利用价值，值得厂家思考和探索实践。现在，进入实践阶段的余热利用方式是余热发电。石嘴山市惠义冶金工贸有限公司利用现有的铁合金矿热炉产生的尾气配套建设 16 兆瓦烟气余热回收发电系统，取得年节能 2.7 万吨标准煤的良好经济效益，具有一定的推广价值。炼铁高炉利用部分高炉煤气作为热风炉的燃料向高炉提供热风，其中热能利用效率仅为 38.08%，有 61.92% 的能量散失掉。通过采用助燃空气余热、高炉喷吹煤粉预热干燥、焦炭烘干预热改造等热风炉余热分级回收利用技术，降低焦炭燃料水分并长期保持稳定，为高炉生产的顺利运行和低硅冶炼创造有利条件。

目前，石嘴山市惠农区共有 91 台矿热炉，矿热炉数量多而分散是提高矿热炉余热利用效率的制约因素，对众多铁合金矿热炉进行"上大压下"和"大型化、密闭化"改造，是提高本产业链循环经济水平的重要方向。

（二）石灰石—石灰—电石—石灰氮—氰胺—利废建材产业链能量流分析

该产业链共消耗能量 16978 万亿焦耳，为电能和燃煤和电石炉气供能，电石冶炼耗能 10261 万亿焦耳，占产业链总耗能的 60.44%，烧石灰耗能 3608 万亿焦耳，占 21.25%，烧碱耗能 2542 万亿焦耳，占 14.97%，PVC 树脂耗能 567 万亿焦耳，占 3.34%。从耗能占比看，电石冶炼和烧石灰耗能占比最大，两者占比达到 81.69%（见图 6-8），节能降耗应主要从这两个环节入手。对于电石冶炼而言，电石炉气带走显热 854 万亿焦耳，占炉内能量的 8.32%，可以用余热锅炉进行回收供热；对于密闭式电石炉而言，电石炉气可燃成分含量高，回收的电石炉气化学能达到 3722 万亿焦耳，可以解决石灰窑所需热能的 80%，电石炉大型化、密闭化改造具有可

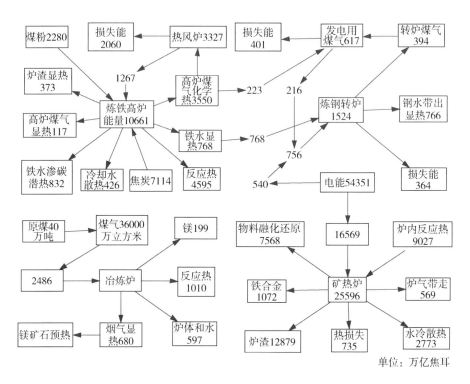

单位：万亿焦耳

图6-7　石嘴山市经济技术开发区煤炭—电力—冶金—金属制品—机械加工产业链能量流示意

观的经济收益。对于石灰窑而言，数量巨大的石灰窑气带走显热1082万亿焦耳，占炉内热量的29.99%，这部分热量目前还没有得到有效利用，通过余热锅炉回收热能是较好的一种利用方式。PVC树脂生产环节复杂，能量消耗能级低而分散，不易回收利用。

（三）煤—煤焦化—焦炭、煤焦油—萘、酚、蒽、沥青产业链能量流分析

该产业链共消耗能量7870万亿焦耳，为焦炉煤气燃烧供能和电能，其中，煤焦化耗能7249万亿焦耳，占产业链总耗能的92.11%，煤焦油加工耗能621万亿焦耳，占7.89%（见图6-9）。对于煤焦化而言，焦炭显热和焦炉煤气显热分别达到2766万亿焦耳和2155万亿焦耳，分别占煤焦化总耗能的35.15%和27.38%，目前，焦炉煤气显热可以用余热锅炉进行回收，用于厂区供热；焦炭显热比重大，通过干熄焦方法可以有效回收红焦

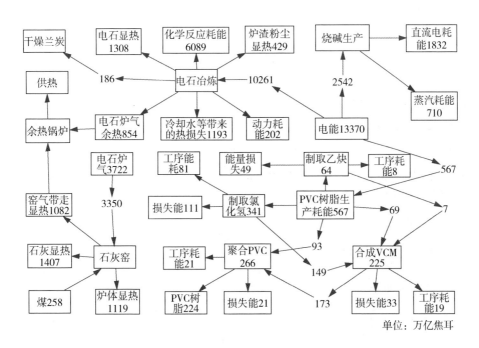

图6-8　石灰石—石灰—电石—石灰氮—氰胺—利废建材产业链能量流示意

显热用于发电。据了解，干法熄灭焦炭技术是目前国内外炼焦行业重点推广应用的节能降耗新技术，目前，惠农区企业还没有干熄焦生产线。采用干熄焦技术不仅能够用焦炭显热发电降低企业运营成本，每吨干熄焦还可减排二氧化碳100公斤，每年可以减少二氧化碳排放量20万吨，具有可观的经济效益、环境效益，是值得推广的循环经济生产技术。

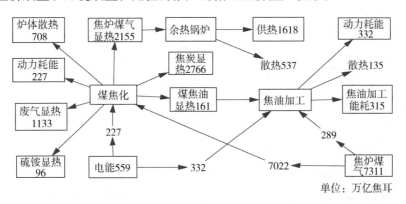

图6-9　煤—煤焦化—焦炭、煤焦油—萘、酚、蒽、沥青产业链能量流分析

第二节　系统演化趋势分析

惠农区是石嘴山市的工业重心，是享有优惠政策的地区经济增长极，地方政府对工业发展具有极强的调控能力。通过分析惠农区工业循环网络的物质流和能量流，能够整体把握循环经济系统当前运行的结构、特征和效率，理解地方政府发展循环经济的政策逻辑框架，并诊断出循环经济系统存在的物质、能量损耗缺陷，为优化调控循环经济系统奠定坚实的科学基础。

惠农区规模以上工业有 17 种主要产品，以这些产品为中心分析产业体系的物质流和能量流是工作量极大的难以完成的任务，也没有必要建立如此复杂的数学模型。煤炭资源的开发利用是煤炭资源型城市发展的基础，也是循环经济调控的重要对象。由于本书的主要目的是探讨煤炭资源型城市循环经济发展的机理和模式，抓住煤炭资源型城市发展循环经济的关键因子——煤炭资源的开发利用，探讨其在市场和政府两种力量下发展循环经济的轨迹，进而总结其发展机理和调控模式，应该是本书的工作重心。事实上，惠农区政府正是这么做的，惠农区工业体系主要是建立在煤炭资源开发利用基础之上的，惠农区发展循环经济的工作重点也主要放在煤炭资源相关的工业产品上：焦炭、电石、铁合金、燃煤发电。2013 年，四种产品的工业总产值占惠农区规上工业（规模以上工业，下同）的 50.85%。这四种工业产品都属于高耗能或高度依赖煤炭资源的产品，为提高综合能耗效率和污染物排放效率，惠农区大力淘汰落后产能和对生产线进行循环化改造等。同时，为摆脱产业体系过度依赖煤炭、硅石等资源发展的现状，惠农区通过招商引资、延长产业链等措施优先发展特钢、镁深加工、氯碱深加工和利废建材等产业。

惠农区工业循环经济系统是高度依赖政策调控的系统，为探讨循环经济系统运行的稳定性、经济效应、社会效应和生态效应，判断系统运行存在的隐患和优化调控方向，必须准确把握系统的结构和特点，将动态与静态分析相结合，从系统的演变、发展角度出发，对系统未来的发展、演化趋势做出科学的预测和判断。

本书在产业结构分析和物质流分析、能量流分析的基础上，运用系统动力学方法，建立循环经济系统动态分析模型"IEP-SD 模型"（Industry-Effects-Policy-System-Dynamics Model），对惠农区工业循环经济系统进行系统动力学分析，以判断系统的发展演化趋势，预测系统未来发展情景，判断系统存在的隐患，制定优化系统的调控措施，实现系统的结构优化、效率提升、效益增大，从而达到系统运行的健康稳定和可持续发展的目标。

一　建模思路

惠农区循环经济系统主要由产业子系统、政策子系统和效应子系统组成。其中，产业子系统主要包括电石、铁合金、焦炭、火电、镁深加工、氯碱深加工、特钢和利废建材。惠农区能源消费以煤炭和电力为主，能源结构单一，电石、铁合金、焦炭、火电等高耗能行业在工业中占比偏高是惠农区单位工业增加值综合能耗高、环境污染重的主要原因。这四个行业在惠农区工业循环经济系统中具有重要地位，通过综合利用电石炉气、焦炉尾气、铁合金余热等工业业副产品，形成炼铁—高炉煤气—发电、焦炉尾气—余热利用和联产片碱、铁合金—矿热炉余热—余热发电、电石冶炼—电石炉气—燃料等工业副产品综合利用方式，提高资源利用效率；鼓励发展的特钢、镁深加工、氯碱深加工和利废建材四个行业则能够提高惠农区综合能耗效率、降低二氧化硫等污染物的排放。产业子系统以产业内部物质和能量综合利用为主，以产业间的物质循环和能量流动为辅助，工业系统运行过程中，产业子系统产生了经济增长、资源消耗、污染物排放等正负经济效应、社会效应和生态效应，这些效应构成了效应子系统。

效应子系统是工业循环经济系统对当地的生态、经济与社会子系统输出的生态、经济、社会效应，效应子系统对区域整体的发展将产生长远影响，同时区域的效应响应过程，也将通过效应子系统直接反作用于产业子系统，如污染加剧造成生态恶化，最终限制产业发展等，包括综合能耗效率、二氧化硫排放效率、就业岗位增加量、工业增加值等。

政策子系统是为实现经济发展和循环经济发展目标而采取的政策体系。惠农区工业循环经济系统的政策子系统包括淘汰落后产能（电石、焦炭、铁合金）、对主要污染企业（电石、焦炭、铁合金、炼铁）进行循环化改造、优先发展四个原材料深加工和废弃物资源化利用的产业。本部分旨在通过分析惠农区工业循环经济系统微观运行过程以及政府调控循环经济发展的政策措施及其实施效果，总结循环经济发展机理和调控模式。

二 研究方法与数据说明

（一）系统动力学方法

系统动力学（System Dynamics，SD）是系统科学理论与计算机仿真紧密结合、研究系统反馈结构与行为的一门科学，是系统科学与管理科学的一个重要分支。系统动力学于 1956 年由麻省理工学院的 Jay W. Forrester 教授创立。经过几十年的发展，系统动力学被广泛应用于经济管理、公司战略、社会发展、环境保护等众多复杂系统研究中。系统动力学模型具有可量化、可调控等众多特点，能够很好地揭示系统的动态性、反馈性、延迟性等特征，在研究复杂系统的模拟、优化、管理问题上具有明显优势，符合本书的实际情况和建模需求。

（二）数据说明

本书建模所用数据来源主要包括：实地调研所获得的企业访谈数据，惠农区各产业典型企业 2009—2013 年详细统计年表、生产报表，石嘴山市 2006—2014 年统计年鉴，石嘴山市发改委、统计局、经济技术开发区管委会等部门提供的 2007—2014 年《循环经济发展报告》《宁夏石嘴山经济技术开发区循环化改造示范试点实施方案》《石嘴山市产业转型升级和结构调整工作方案》等资料。模型中的参数为依据石嘴山市社会经济数据计算而得，由于石嘴山市经济技术开发区属于惠农区，是惠农区工业主要集中区，本书部分参数采用经济技术开发区相关产业统计指标，煤炭、焦炭、电力等能源折算系数采用《中国能源统计年鉴》数据，部分数据结合惠农区经济数据加以校正。

（三）模型数据的预测方法

本书主要采用灰色预测方法预测规模以上工业增加值和主要工业产品产量。灰色系统理论（Grey System Theory）是邓聚龙先生于1982年提出的一种预测方法。目前，该方法在经济管理等众多领域得到广泛应用。工业循环经济具有明显的动态特征和不确定性，符合灰色系统的特点，可视为一个独立的灰色系统，因此，应用灰色系统理论进行动态预测是可行的。工业循环经济是一个多层次、多要素、多变量的复杂的灰色系统，受到社会、市场、技术、资源、环境等诸多因素的影响。因统计制度不完善和循环经济起步较晚等原因，工业循环经济数据资料时间跨度短，无法使用回归分析方法预测未来发展态势，已有数据既含有已知的有用信息，又含有未知或非确知的灰色数据，比较适合运用灰色预测方法对未来发展态势进行预测[①]。本书主要应用灰色系统理论，采用GM（1，1）模型对工业循环经济数据序列进行灰色预测，为分析工业循环经济系统仿真模型的动态演变提供定量的科学依据。

1. 预测模型

GM（1，1）模型的特点是不需要大样本数据，允许灰色数据存在，并且预测精度较高，灰色预测模型精度一般通过残差检验，计算误差和相对误差进行评价和修正，其预测原理如下：

记 $\sum_{i=1}^{n-1} b_i X_{(i+1)}^{(1)} = u$ 相应的微分方程[②]：

$$\frac{dX^{(1)}}{dt} + aX^{(1)} = u \qquad (6-1)$$

在式（6-1）中，$\hat{a} = \begin{bmatrix} a \\ u \end{bmatrix} = [B^T B]^{-1} B^T Y_N$，其中：

$$Y_N = (X_{(2)}^{(0)}, X_{(3)}^{(0)}, \cdots, X_{(n)}^{(0)})^T,$$

① 尹少华、姜微、张慧军：《基于灰色系统理论的湖南林业产业结构预测研究》，《林业经济问题》2008年第4期。

② 左继宏、胡树华：《基于灰色GM（1，1）模型预测GDP及人均GDP》，《统计与决策》2005年第9期。

$$B = \begin{bmatrix} -\dfrac{1}{2}X_{(2)}^{(1)} + X_{(1)}^{(1)} & 1 \\[2mm] -\dfrac{1}{2}X_{(3)}^{(1)} + X_{(2)}^{(1)} & 1 \\[1mm] \vdots & \vdots \\[1mm] -\dfrac{1}{2}X_{(n)}^{(1)} + X_{(n-1)}^{(1)} & 1 \end{bmatrix}$$

求出 $\hat{a}$ 后，解得：

$$\hat{X}_{(t+1)}^{(0)} = \hat{X}_{(t+1)}^{(1)} - \hat{X}_{(t)}^{(1)} \tag{6-2}$$

2. 精度检验

第一，计算原始数列 $X^{(0)}$ 的均方差 S_0。

$$\bar{X}^{(0)} = \frac{1}{n} \sum_{t=1}^{n} X_{(t)}^{(0)}$$

$$S_0 = \sqrt{\frac{\sum_{t=1}^{n} \left(X_{(t)}^{(0)} - \bar{X}^{(0)} \right)^2}{n-1}}$$

第二，计算残差 ε 的均方差 S_1。

$$\bar{\varepsilon}^{(0)} = \frac{1}{n} \sum_{t=1}^{n} \bar{\varepsilon}_{(t)}^{(0)}$$

$$S_1 = \sqrt{\frac{\sum_{t=1}^{n} \left(\varepsilon_{(t)}^{(0)} - \bar{\varepsilon}^{(0)} \right)^2}{n-1}}$$

第三，计算方差比及小误差概率。

$$C = S_1 / S_0$$

$$P = P \left\{ \left| \varepsilon_{(t)}^{(0)} - \bar{\varepsilon}^{(0)} \right| < 0.6728 S_0 \right\}$$

第四，对照 GM（1，1）模型精度等级标准（见表 6-1），对预测模型精度进行判断[①]。

---

① 尹少华、姜微、张慧军：《基于灰色系统理论的湖南林业产业结构预测研究》，《林业经济问题》2008 年第 4 期。

表 6 - 1　　　　　　　　　　灰色预测精度检验等级标准

精度等级	P	C
好	>0.95	<0.35
合格	>0.80	<0.5
勉强	>0.70	<0.65
不合格	≤0.70	≥0.65

如果 P 值和 C 值不在允许范围之内，需要通过分析残差序列对式（6 - 2）进行修正，残差序列建模法可以对灰色预测模型进行修正[①]。本书采用 DPS 数学软件中的灰色预测模块对数据进行处理。

（四）模型假定

首先，生态文明建设是国家战略，是石嘴山市政府和惠农区政府的执政理念，发展循环经济是石嘴山市既定战略，会长期坚定不移地执行下去。

其次，石嘴山市和惠农区政府掌握淘汰落后产能、对相关产业进行循环化改造及鼓励产业优先发展的相关政策的执行效果，并会依据政策执行效果而进行政策调整。

再次，石嘴山市和惠农区范围内的企业熟悉地方政府的产业政策，并依据自身利益最大化目标和产业政策的导向而选择合理的企业行为。

最后，石嘴山市和惠农区社会经济发展的宏观经济背景即中国的长期经济发展环境不会有颠覆性的变化。

三　"IEP-SD 模型" 构建过程

（一）因果循环逻辑框架

"IEP-SD" 模型（Industry-Effect-Policy System Dynamic Model）是基于石嘴山市惠农区工业循环经济系统中各子系统（产业、效应、政策）间的相互作用关系，结合产业链结构，运用系统动力学方法，利用 Vensim PLE 软件建立起来的系统动力学分析模型，用于模拟循环经济系统的综合效应

[①]　徐建华：《现代地理学中的数学方法》，高等教育出版社 2002 年版，第 200 页。

和发展趋势，制定系统优化政策。

以 2009—2013 年惠农区循环经济发展实际数据作为设定参数的历史依据，以 2014—2030 年为模拟区间，根据惠农区循环经济产业链中主要物质、能量流动过程，建立 IEP-SD 模型的因果循环逻辑框图。其中，实线箭头表示政策调控路径；虚线箭头表示政策反馈路径（见图 6 – 10）。

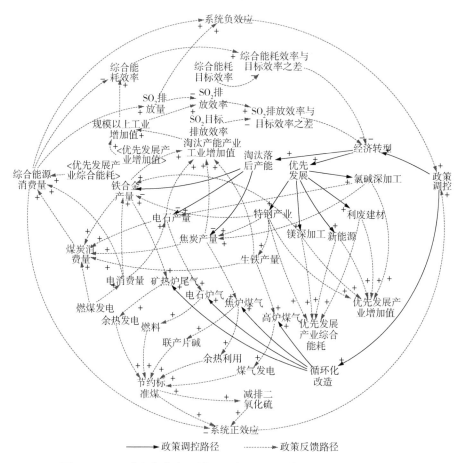

图 6 – 10　石嘴山市惠农区循环经济 IEP-SD 模型因果循环逻辑框架

（二）存量流量图

根据惠农区循环经济系统的因果循环逻辑框架，建立 IEP-SD 模型的存量流量图，将产业、效应、政策三个子系统贯穿起来，分析各子系统间循环作用机制和各参量间的反馈作用关系，从而量化、动态地展现和模拟整个系统的发展变化情况。为方便论述，此处将模型按逻辑关系分成尾气综合利用模块、优先发展产业模块和调控效应模块。后面关于产品供需的分析模块都是在基本模型的基础上增加变量而得到的，其增加的变量另作说明。

1. 尾气综合利用模块

在前文能量流和物质流分析中得出结论，高炉煤气、电石炉气、焦炉尾气、铁合金尾气的综合利用是发展循环经济的重要内容，惠农区政府高度重视，投巨资推动这项工作的进展，补助资金占区45%以上。此处，本书模拟了高炉煤气、电石炉气、焦炉尾气、铁合金尾气的利用流程，并计算尾气综合利用的产出效果（节能量）。本部分由四个子模块组成：高炉煤气利用子模块、电石炉气利用子模块、焦炉尾气利用子模块和矿热炉尾气利用子模块。

高炉煤气利用子模块。本模块包括特钢炼铁产量、特钢投资规模2个水平变量，特钢产量增量、特钢投资增量2个速率变量，以及18个辅助变量。高炉煤气有两个来源：一是惠农区原有的高炉炼铁产能，二是已经建成投产的特钢产业。原有的高炉煤气已经得到综合利用，新增的高炉煤气综合利用量主要来源于因特钢产量增加而产生的高炉煤气。模拟流程如图6－11所示。

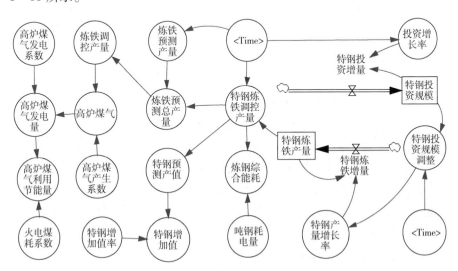

图6－11　高炉煤气利用存量流量示意

　　电石炉气利用子模块。本模块包括电石单位电耗、电石炉气利用率2个水平变量，单位电石能耗减少量、电石炉气利用（率）增长2个速率变量，以及16个辅助变量。本部分模拟了淘汰落后产能和电石炉循环化改造两项产业政策的作用过程。地方政府出台政策淘汰落后产能和推广电石炉大型化和密闭化改造，一方面，降低单位产品能耗强度，另一方面，将污染物进行资源化利用也能够产生节能效果。模拟流程如图6-12所示。

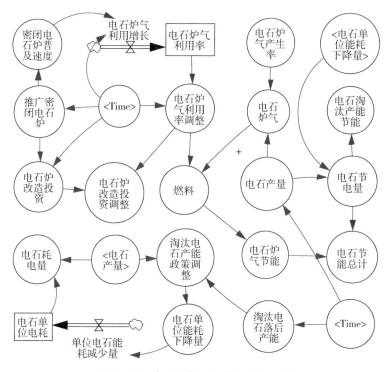

图6-12　电石炉气利用存量流量示意

　　矿热炉尾气利用子模块。本模块包括铁合金单位电耗、矿热炉气利用率2个水平变量，单位铁合金能耗减少量、矿热炉气利用率增长量2个速率变量，以及19个辅助变量。本部分模拟了淘汰铁合金落后产能和矿热炉循环化改造两项产业政策的作用过程。惠农区政府力推淘汰铁合金落后产能和矿热炉大型化和密闭化改造工作。铁合金尾气利用主要是余热发电。同时，铁合金耗电量高，不同企业的单位产品电耗差距巨大，淘汰落后产能，能够较大幅度降低单位产品能耗强度。矿热炉尾气利用模拟流程如图 6 – 13 所示。

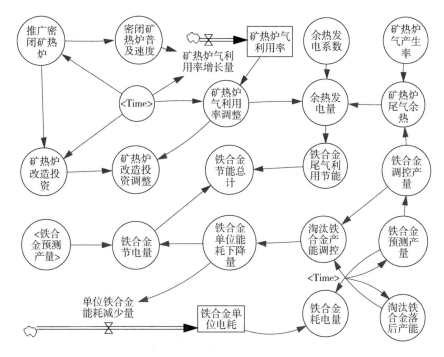

图 6 – 13　矿热炉尾气利用存量流量示意

焦炉尾气利用子模块。本模块包括焦炉气利用率、单位焦炭综合能耗 2 个水平变量，焦炉尾气利用率增长量、单位焦炭综合能耗下降量 2 个速率变量，以及 18 个辅助变量。本部分模拟了淘汰焦炭落后产能和炼焦炉循环化改造两项产业政策的作用过程。炼焦炉尾气利用主要是余热利用和焦炉煤气回收联产片碱。炼焦炉尾气利用和淘汰落后产能模拟流程如图 6 – 14 所示。

前文假设，地方政府了解各项政策措施的实施效果，综合能耗效率和污染物排放效率低于政府调控目标时，为完成循环经济发展目标，政府会提高淘汰落后产能的规模以及加强对生产设备的循环化改造。同时，淘汰落后产能也不是无限制进行的，依据石嘴山市和惠农区相关发展循环经济的文件，淘汰落后产能的一个重要目标即将产能利用率提高到 80% 以上。依据目前惠农区现有的焦炭、电石、铁合金产能，设置了淘汰落后产能的

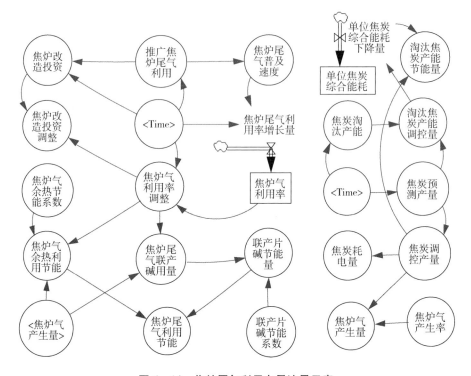

图 6 - 14 焦炉尾气利用存量流量示意

政策开关，即当产量达到产能的 80% 时，淘汰落后产能工作停止。由于循环化改造具有外部经济性，企业动力不足，地方政府给循环化改造企业提供资金补助是这项工作顺利开展的政策背景，因此，本书设置了循环化改造停止的政策开关，即当尾气利用率达到 90% 左右时，该项工作停止。

2. 优先发展产业模块

依据《石嘴山市产业转型升级和结构调整工作方案》《宁夏石嘴山经济技术开发区循环化改造示范试点实施方案》等资料，2012—2020 年，惠农区将在特钢、镁深加工、氯碱深加工、利废建材等产业领域投资达 576 亿元，其中：特钢 257 亿元、镁深加工 27 亿元、氯碱深加工 207 亿元、新能源发电 37 亿元、利废建材 48 亿元。这些投资项目都是由惠农区企业上报的，有投资项目名称、内容、投资额、产值和利税的预测值。依据这些资料，本书模拟了未来十几年这些产业发展的前景及其对惠农区循环经济发展的影响。

以镁深加工为例（见图 6-15 左上角），本模块包括镁深加工投资规模、镁深加工模拟产值 2 个水平变量，镁深加工投资增量、镁深加工产值增量 2 个速率变量，以及 6 个辅助变量。本部分模拟了镁深加工产业的发展轨迹，计算了其综合能耗和增加值。镁深加工是技术含量较高的部门，能耗效率高，该行业在工业中所占比重的变动能够对惠农区工业的综合能耗效率和二氧化硫排放效率产生较大的影响。与镁深加工产业相似，其他四个优先发展的产业的调控机理如图 6-15 所示。

3. 调控效应模块

循环经济系统调控的目标包括经济效应、社会效应和生态效应。作为煤炭资源型城市，煤炭资源的开发利用是城市发展的基础和命脉。煤炭资源型城市发展循环经济的主要工作重点也是围绕着煤炭资源的综合利用和煤基污染物（因煤炭综合利用产生的污染物，如二氧化硫等）的减排而展开的。本书为研究资源型城市循环经济发展的机理和调控模式，本模块即围绕循环经济调控的关键目标：节能和减排而设计。将单位工业增加值的综合能耗和二氧化硫排放效率作为关键调控指标，以考察节能和减排的效果。指标定义与第三章第二节相同。通过模拟惠农区产业发展的综合能耗增长轨迹和二氧化硫减排轨迹，确定政策调控的生态效应，通过模拟循环化改造和优先发展产业投资规模的增长轨迹，计算因此而带来的就业岗位增加量，确定政策调控的社会效应，通过模拟惠农区工业增加值的增长轨迹，确定政策调控的经济效应。本模块包括综合能耗子模块、工业增加值和生态效率子模块、调控效果和社会效应子模块。

综合能耗子模块。本模块包括 28 个辅助变量，围绕模拟惠农区规模以上工业增加值的发展轨迹展开。为避免重复计算而降低模拟效果，本书对规模以上工业增加值、限制发展产业增加值和优先发展产业增加值进行独立预测。尤其需要着重说明的是，在前文分析尾气综合利用部分，将炼铁列入限制发展产业模块，而此处模拟综合能耗和增加值轨迹时却将其排除在外，本书认为这样处理并无矛盾之处。首先，前面分析的是尾气综合利用的情况，只限于分析淘汰落后产能和循环改造的政策效果；其次，这种处理没有牵涉到增加值和综合能耗的重复计算问题。综合能耗模拟过程如图 6-16 所示。

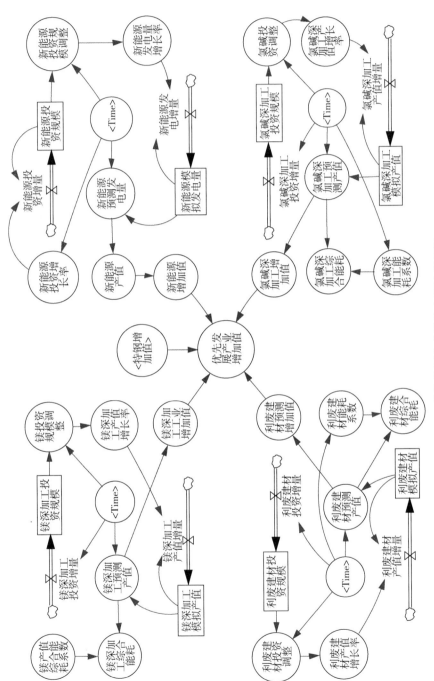

图 6-15　优先发展产业模块存量流量示意

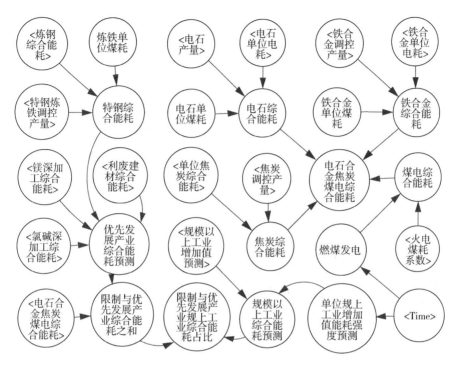

图 6 – 16　综合能耗子模块

工业增加值和生态效率子模块。本模块包括 32 个辅助变量，按照规模以上工业、限制发展产业、优先发展产业模拟工业增加值的增长轨迹。工业增加值模拟过程如图 6 – 17 所示。

调控效果和社会效应子模块。本模块包括 50 个辅助变量，模拟循环化改造和淘汰落后产能的节能效果，以及循环化改造所带动的投资规模和优先发展产业的投资规模，并依据投资规模预测投资所能增加的就业岗位数。模拟过程如图 6 – 18 所示。

4. 模型方程和 Vensim 参数设定

（001）FINAL TIME 2030

（002）INITIAL TIME 2009

（003）SAVEPER STEP TIME

（004）TIME STEP 1

（005）高炉煤气发电系数 = 723.764（单位：万千瓦时/万立方米）

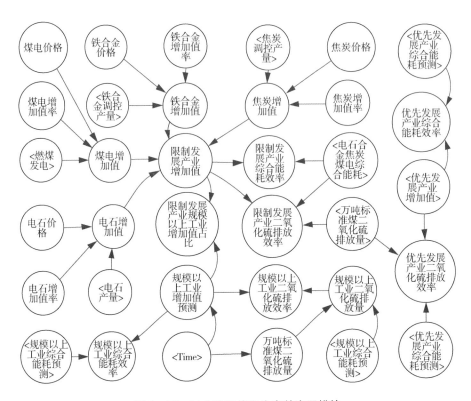

图 6 – 17　工业增加值和生态效率子模块

（006）炼铁调控产量 = IF THEN ELSE（炼铁预测总产量 < = 420，炼铁预测总产量，420）（单位：万吨）

（007）炼铁预测产量 = IF THEN ELSE（Time < 2010，8.5265，48.9325 ×（EXP（0.263509 × Time – 529.39）– EXP（0.263509 × DELAY1（Time，1）– 529.39）））（单位：万吨）

（008）投资增长率 = with Lookup（Time，（［（2009，0）–（2030，10）］，（2009，0），（2012，0），（2013，0.45），（2017，0.2），（2020，0.1），（2025，0），（2030，0）））（单位：百分比）

（009）特钢投资增量 = 特钢投资规模 × 投资增长率（单位：万吨）

（010）特钢投资规模 = INTEG（特钢投资增量，30）（单位：亿元）

（011）特钢炼铁调控产量 = IF THEN ELSE（Time < 2014，0，特钢炼铁产量）（单位：万吨）

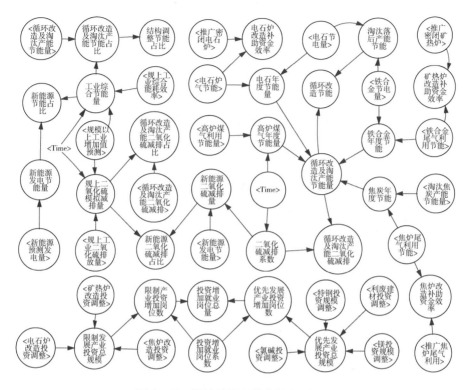

图 6 - 18 调控效果和社会效应子模块

（012）炼铁预测总产量＝炼铁预测产量＋特钢炼铁调控产量（单位：万吨）

（013）高炉煤气＝炼铁调控产量×高炉煤气产生系数（单位：万立方米）

（014）高炉煤气发电量＝高炉煤气×高炉煤气发电系数（单位：万千瓦时）

（015）高炉煤气利用节能量＝高炉煤气发电量×火电煤耗系数/1e＋008（单位：万吨标准煤）

（016）高炉煤气产生系数＝1000.12（单位：立方米/吨铁）

（017）特钢预测产值＝with Lookup（特钢炼铁调控产量，（［（0，0）－（1000，2000）］，（0，0），（30，50），（100，210），（200，420），（262.588，543.772），（408，700），（592.941，811.388），（814.118，882.562），（1002.35，

918. 149）））

（018）炼钢综合能耗＝特钢炼铁调控产量×吨钢耗电量×0.000301（单位：万吨标准煤）

（019）特钢炼铁产量＝INTEG（特钢炼铁增量，30）（单位：万吨）

（020）特钢炼铁增量＝特钢炼铁产量×特钢产量增长率（单位：万吨）

（021）特钢投资规模调整＝IF THEN ELSE（Time＜2013，0，特钢投资规模）（单位：亿元）

（022）火电煤耗系数＝3.01（单位：万吨/亿千瓦时）

（023）特钢增加值率＝0.2043（单位：比率）

（024）特钢增加值＝特钢预测产值×特钢增加值率（单位：亿元）

（025）吨钢耗电量＝345.736（单位：千瓦时）

（026）特钢产量增长率＝with Lookup（特钢投资规模调整，（［（0，0）－（600，20）］，（0，0），（30，0.4），（100，0.25），（130，0.1），（150，0.05），（500，0）））（单位：比率）

（027）推广密闭矿热炉＝with Lookup（Time，（［（2009，0）－（3000，3000）］，（2009，0），（2012，0），（2013，400），（2020，400），（2021，0），（2030，0）））（单位：万元）

（028）密闭矿热炉普及速度＝with Lookup（推广密闭矿热炉，（［（0，0）－（2240，20）］，（0，0），（560，0.1572），（2240，0.6289）））（单位：比率）

（029）矿热炉气利用率增长量＝IF THEN ELSE（Time＜2013，0，DELAY1（密闭矿热炉普及速度，1））（单位：比率）

（030）矿热炉气利用率＝INTEG（IF THEN ELSE（矿热炉气利用率＞0.9，0，矿热炉气利用率增长量），0.1263）（单位：比率）

（031）余热发电系数＝0.977（单位：千瓦时/立方米）

（032）矿热炉气产生率＝692.262（单位：万立方米/万吨）

（033）矿热炉尾气余热＝铁合金调控产量×矿热炉气产生率/10000（单位：万立方米）

（034）余热发电量＝矿热炉尾气余热×矿热炉气利用率调整×余热发电系数（单位：万千瓦时）

（035）矿热炉气利用率调整 = IF THEN ELSE（Time < 2013，0，矿热炉气利用率）（单位：比率）

（036）矿热炉改造投资 = IF THEN ELSE（Time < 2013，0，推广密闭矿热炉/400 × 0.4575）（单位：亿元）

（037）矿热炉改造投资调整 = IF THEN ELSE（矿热炉气利用率调整 > 0.9，0，矿热炉改造投资）（单位：亿元）

（038）铁合金节能总计 =（铁合金节电量 × 3.01）/1e + 008 + 铁合金尾气利用节能（单位：万吨）

（039）铁合金尾气利用节能 = 余热发电量 × 0.000301（单位：万吨标准煤）

（040）铁合金调控产量 = IF THEN ELSE（铁合金预测产量 < 700000，铁合金预测产量，700000）（单位：吨）

（041）铁合金预测产量 = IF THEN ELSE（Time < 2010，290307，4.63435e + 006 ×（EXP（0.078088 × Time − 156.879）− EXP（0.078088 × DELAY1（Time，1）− 156.879）））（单位：万吨）

（042）铁合金节电量 = 铁合金预测产量 × 铁合金单位能耗下降量（单位：万千瓦时）

（043）铁合金单位能耗下降量 = 240 × 淘汰铁合金产能调控（单位：万千瓦时）

（044）淘汰铁合金产能调控 = IF THEN ELSE（铁合金调控产量 > = 700000，0，淘汰铁合金落后产能）（单位：万吨）

（045）淘汰铁合金落后产能 = IF THEN ELSE（Time < 2011，0，IF THEN ELSE（Time < 2012，0.65，− 13.2643 ×（EXP（− 0.439603 × Time + 884.042）− EXP（− 0.439603 × DELAY1（Time，1）+ 884.042））））（单位：万吨）

（046）铁合金耗电量 = 铁合金单位电耗 × 铁合金调控产量/100000000（单位：亿千瓦时）

（047）铁合金单位电耗 = INTEG（单位铁合金能耗减少量，8458）（单位：万千瓦时/万吨）

（048）单位铁合金能耗减少量 = − 铁合金单位能耗下降量（单位：万

千瓦时）

（049）焦炉改造投资 = IF THEN ELSE（Time < 2013，0，推广焦炉尾气利用/840 × 1.03）（单位：亿元）

（050）推广焦炉尾气利用 = with Lookup（Time，（[（0，0）－（3000，3000）]，（2009，0），（2013，840），（2015，840），（2016，0），（2030，0）））（单位：万元）

（051）焦炉尾气（利用）普及速度 = with Lookup（推广焦炉尾气利用，（[（0，0）－（2200，20）]，（0，0），（840，0.315），（1680，0.63）））（单位：比率）

（052）单位焦炭综合能耗下降量 = － 淘汰焦炭产能调控量 × 0.000408（单位：吨标准煤）

（053）单位焦炭综合能耗 = INTEG（单位焦炭综合能耗下降量，0.168）（单位：吨标准煤）

（054）淘汰焦炭产能节能量 = － 单位焦炭综合能耗下降量 × 焦炭调控产量/10000（单位：万吨标准煤）

（055）淘汰焦炭产能调控量 = IF THEN ELSE（焦炭预测产量 < 800000，0，焦炭淘汰产能）（单位：吨）

（056）焦炭淘汰产能 = IF THEN ELSE（Time < 2011，0，IF THEN ELSE（Time < 2012，20，－ 78.4874 ×（EXP（－ 0.766554 × Time + 1541.54）－ EXP（－ 0.766554 × DELAY1（Time，1）+ 1541.54））））（单位：万吨）

（057）焦炉尾气利用率增长量 = IF THEN ELSE（Time < 2013，0，DELAY1（焦炉尾气普及速度，1））（单位：比率）

（058）焦炉气利用率 = INTEG（IF THEN ELSE（焦炉气利用率 > 0.88，0，焦炉尾气利用率增长量），0）（单位：比率）

（059）焦炉改造投资调整 = IF THEN ELSE（焦炉气利用率调整 > 0.88，0，焦炉改造投资）（单位：亿元）

（060）焦炉气利用率调整 = IF THEN ELSE（Time < 2013，0，焦炉气利用率）（单位：比率）

（061）焦炉气余热节能系数 = 1.0102（单位：万吨标准煤/亿立方米）

（062）焦炭预测产量 = IF THEN ELSE（Time < 2010，933076，－2.0687e + 007 ×（EXP（－0.069203 × Time + 139.029）－ EXP（－0.069203 × DELAY1（Time，1）+ 139.029）））（单位：吨）

（063）焦炭调控产量 = IF THEN ELSE（焦炭预测产量 > 1.37e + 006，1.37e + 006，焦炭预测产量）（单位：吨）

（064）焦炭耗电量 = 焦炭调控产量 × 31.55（单位：千瓦时）

（065）联产片碱节能量 = 焦炉尾气联产碱用量 × 联产片碱节能系数（单位：万吨标准煤）

（066）焦炉尾气联产碱用量 = 焦炉气产生量 × 焦炉气利用率调整 × 0.51（单位：万立方米）

（067）焦炉尾气余热利用节能 = 0.49 × 焦炉气产生量 × 焦炉气利用率调整 × 焦炉气余热节能系数（单位：万吨标准煤）

（068）焦炉尾气产生量 = 焦炭调控产量 × 焦炉气产生率/10000（单位：万立方米）

（069）焦炉尾气利用节能 = 焦炉气余热利用节能 + 联产片碱节能量（单位：万吨标准煤）

（070）联产片碱节能系数 = 2.78（单位：万吨标准煤/亿立方米）

（071）焦炉气产生率 = 409.143（单位：万立方米/万吨）

（072）密闭电石炉普及速度 = with Lookup（推广密闭电石炉，（[（0，0）－（2240，20）]，（0，0），（1360，0.1735），（1400，0.1786），（2240，0.2858）））（单位：比率）

（073）电石炉气利用增长 = IF THEN ELSE（Time < 2013，0，DELAY1（密闭电石炉普及速度，1））（单位：比率）

（074）电石炉气产生率 = 400（单位：万立方米/万吨）

（075）电石单位能耗下降量 = 20 × 淘汰电石产能政策调整（单位：万千瓦时）

（076）电石淘汰产能节能 = 电石节电量 × 3.01/1e + 008（单位：万吨标准煤）

（077）电石炉气 = 电石产量 × 电石炉气产生率/10000（单位：万立方米）

（078）电石炉气利用率调整 = IF THEN ELSE（Time < 2013，0，电石炉气利用率）（单位：比率）

（079）推广密闭电石炉 = with Lookup（Time，（［（0，0）－（3000，3000）］，（2009，0），（2012，0），（2013，1000），（2018，1000），（2019，0），（2030，0）））（单位：万元）

（080）电石炉改造投资 = IF THEN ELSE（Time < 2013，0，推广密闭电石炉/1000×2.315）（单位：亿元）

（081）电石炉改造投资调整 = IF THEN ELSE（电石炉气利用率调整 > 0.9，0，电石炉改造投资）（单位：亿元）

（082）燃料 =（电石炉气×电石炉气利用率调整×11.72×10^{10}）/（29.306×10^{13}）（单位：万吨标准煤）

（083）电石产量 = IF THEN ELSE（Time < 2010，781640，－2.19576e + 007×（EXP（－0.033667×Time + 67.637）－EXP（－0.033667×DELAY1（Time，1）+ 67.637）））（单位：吨）

（084）电石节电量 = 电石产量×电石单位能耗下降量（单位：万千瓦时）

（085）电石节能总计 =（电石节电量×3.01）/1e + 008 + 电石炉气节能（单位：万吨标准煤）

（086）电石炉气节能 = 燃料（单位：万吨标准煤）

（087）淘汰电石产能政策调整 = IF THEN ELSE（电石产量 < 480000，0，淘汰电石落后产能）（单位：万吨）

（088）电石耗电量 = 电石单位电耗×电石产量/100000000（单位：亿千瓦时）

（089）电石单位电耗 = INTEG（单位电石能耗减少量，3860）（单位：千瓦时）

（090）单位电石能耗减少量 = －电石单位能耗下降量（单位：千瓦时）

（091）电石单位能耗下降量 = 20×淘汰电石产能政策调整（千瓦时/万吨）

（092）淘汰电石落后产能 = IF THEN ELSE（Time < 2010，0，IF THEN ELSE（Time < 2011，4，－80.4839×（EXP（－0.111121×Time + 223.353）－

EXP（－0.111121×DELAY1（Time，1）＋223.353））））（单位：万吨）

（093）电石炉气利用率＝INTEG（IF THEN ELSE（电石炉气利用率＞0.9，0，电石炉气利用增长），0.3）

（094）镁产值综合能耗系数＝1.9577（吨标准煤/万元）

（095）镁深加工投资增量＝IF THEN ELSE（Time＜2013，0，IF THEN ELSE（Time＝2013，3，－54×（EXP（－0.140102×Time＋282.025）－EXP（－0.140102×DELAY1（Time，1）＋282.025））））（单位：亿元）

（096）镁深加工投资规模＝INTEG（镁深加工投资增量，3）（单位：亿元）

（097）镁投资规模调整＝IF THEN ELSE（Time＜2013，0，镁深加工投资规模）（单位：亿元）

（098）镁深加工综合能耗＝镁深加工预测产值×镁产值综合能耗系数（单位：万吨标准煤）

（099）镁深加工预测产值＝IF THEN ELSE（Time＜2014，0，镁深加工模拟产值）（单位：亿元）

（100）镁深加工产值增长率 with Lookup（DELAY1（镁投资规模调整，1），（［（0，0）－（500，10）］，（0，0），（3，0.4），（10，0.5），（20，0.4），（30，0.25），（40，0.15），（55，0.1），（60，0）））（单位：比率）

（101）镁深加工模拟产值＝INTEG（镁深加工产值增量，4）（单位：亿元）

（102）镁深加工产值增量＝镁深加工模拟产值×DELAY1（镁深加工产值增长率，1）（单位：亿元）

（103）镁深加工工业增加值＝镁深加工预测产值×0.3（单位：亿元）

（104）新能源投资增长率＝with Lookup（Time，（［（0，0）－（3000，10）］，（2009，0），（2012，0），（2013，2），（2015，0.6），（2017，0.3），（2020，0.1），（2025，0.05），（2030，0）））（单位：比率）

（105）新能源投资增量＝新能源投资规模×新能源投资增长率（单位：亿元）

（106）新能源投资规模 = INTEG（新能源投资增量，3）（单位：亿元）

（107）新能源投资规模调整 = IF THEN ELSE（Time < 2013，0，新能源投资规模）（单位：亿元）

（108）新能源产值 = 新能源预测发电量 × 1.15（单位：亿元）

（109）新能源预测发电量 = IF THEN ELSE（Time < 2014，0，新能源模拟发电量）（单位：亿千瓦时）

（110）新能源增加值 = 新能源产值 × 0.2125（单位：比率）

（111）新能源模拟发电量 = INTEG（新能源发电增量，2.3）（单位：亿千瓦时）

（112）新能源发电增量 = 新能源模拟发电量 × 新能源发电量增长率（单位：亿千瓦时）

（113）新能源发电量增长率 = with Lookup（DELAY1（新能源投资规模调整，1），（[（0，0）－（1200，10）]，（0，0），（10，0.55），（20，0.4），（40，0.3），（80，0.25），（120，0.13），（200，0.1））（单位：比率）

（114）氯碱深加工增加值 = 氯碱深加工预测产值 × 0.2521（单位：亿元）

（115）氯碱深加工投资增量 = IF THEN ELSE（Time < 2012，0，IF THEN ELSE（Time = 2012，7，－276 × （EXP（－0.250422 × Time + 503.849）－ EXP（－0.250422 × DELAY1（Time，1）+ 503.849））））（单位：亿元）

（116）氯碱深加工投资规模 = INTEG（氯碱深加工投资增量，6）（单位：亿元）

（117）氯碱投资调整 = IF THEN ELSE（Time < 2013，0，氯碱深加工投资规模）（单位：亿元）

（118）氯碱深加工产值增长率 = with Lookup（DELAY1（氯碱投资调整，1），（[（0，0）－（500，10）]，（0，0），（20，2.5），（60，2），（120，1），（180，0.3），（220，0.2），（250，0.1），（300，0.05），（400，0））（单位：比率）

（119）氯碱深加工预测产值 = IF THEN ELSE（Time < 2014，0，氯碱

深加工模拟产值）（单位：亿元）

（120）氯碱深加工综合能耗 = 氯碱深加工预测产值 × 氯碱深加工能耗系数（单位：万吨标准煤）

（121）氯碱深加工能耗系数 = IF THEN ELSE（Time < 2010，2.25，－73.5878 ×（EXP（－0.13307 × Time + 267.338）－ EXP（－0.13307 × DELAY1（Time，1）+ 267.338）））（单位：吨/万元）

（122）氯碱深加工模拟产值 = INTEG（氯碱深加工产值增量，3）（单位：亿元）

（123）氯碱深加工产值增量 = 氯碱深加工模拟产值 × DELAY1（氯碱深加工产值增长率，1）（单位：亿元）

（124）利废建材投资调整 = IF THEN ELSE（Time < 2013，0，利废建材投资规模）（单位：亿元）

（125）利废建材投资规模 = INTEG（利废建材投资增量，2）（单位：亿元）

（126）利废建材投资增量 = IF THEN ELSE（Time < 2013，0，IF THEN ELSE（Time = 2013，2，－85 ×（EXP（－0.116621 × Time + 234.758）－ EXP（－0.116621 × DELAY1（Time，1）+ 234.758））））（单位：亿元）

（127）利废建材预测增加值 = 利废建材预测产值 × 0.2985（单位：亿元）

（128）利废建材能耗系数 = IF THEN ELSE（Time < 2010，5.1253，－63.8597 ×（EXP（－0.076785 × Time + 154.261）－ EXP（－0.076785 × DELAY1（Time，1）+ 154.261）））（单位：吨/万元）

（129）利废建材预测产值 = IF THEN ELSE（Time < 2014，0，利废建材模拟产值）（单位：亿元）

（130）利废建材产值增长率 = with Lookup（DELAY1（利废建材投资调整，1），（[（0，0）－（500，10）]，（0，0），（3，0.5），（10，0.4），（35，0.25），（70，0.15），（100，0.1）））（单位：比率）

（131）利废建材产值增量 = 利废建材模拟产值 × DELAY1（利废建材产值增长率，1）（单位：亿元）

（132）利废建材模拟产值 = INTEG（利废建材产值增量，3.75）（单位：万元）

（133）利废建材综合能耗 = 利废建材预测产值 × 利废建材能耗系数（单位：万吨标准煤）

（134）炼铁单位煤耗 = 0.3681（单位：吨标准煤）

（135）特钢综合能耗 = 炼钢综合能耗 + 特钢炼铁调控产量 × 炼铁单位煤耗（单位：万吨标准煤）

（136）电石单位煤耗 = 0.7043（单位：吨标准煤）

（137）电石综合能耗 = 电石产量 ×（电石单位煤耗 + 电石单位电耗 × 0.301/1000）/10000（单位：万吨标准煤）

（138）铁合金单位煤耗 = 1.02（单位：吨标准煤）

（139）铁合金综合能耗 = 铁合金调控产量 ×（铁合金单位煤耗 + 铁合金单位电耗 × 0.301/1000）/10000（单位：万吨标准煤）

（140）电石合金焦炭煤电综合能耗 = 焦炭综合能耗 + 电石综合能耗 + 铁合金综合能耗 + 煤电综合能耗（单位：万吨标准煤）

（141）煤电（电厂）综合能耗 = 燃煤发电 × 火电煤耗系数 × 0.08733/10000（万吨标准煤）

（142）优先发展产业综合能耗预测 = 特钢综合能耗 + 利废建材综合能耗 + 氯碱深加工综合能耗 + 镁深加工综合能耗（单位：万吨标准煤）

（143）焦炭综合能耗 = 焦炭调控产量 × 单位焦炭综合能耗/10000（单位：万吨标准煤）

（144）燃煤发电 = IF THEN ELSE（Time < 2010，1.35496×10^6，$-6.52368e + 007 \times$（EXP（$-0.024504 \times$ Time + 49.2285）$-$ EXP（$-0.024504 \times$ DELAY1（Time，1）+ 49.2285）））/10000（单位：亿千瓦时）

（145）限制与优先发展产业综合能耗之和 = 优先发展产业综合能耗预测 + 电石合金焦炭煤电综合能耗（单位：万吨标准煤）

（146）限制与优先发展产业规上工业综合能耗占比 = 限制与优先发展产业综合能耗之和/规模以上工业综合能耗预测 × 100（单位：百分比）

（147）规模以上工业综合能耗预测 = 规模以上工业增加值预测 × 单位

规上工业增加值能耗强度预测（单位：万吨标准煤）

（148）单位规上工业增加值能耗强度预测 ＝ with Lookup（Time，（〔（0，0）－（3000，20）〕，（2009，13.43），（2011，12.01），（2013，6.59），（2030，2.8）））（单位：吨标准煤）

（149）煤电价格 ＝ 0.2364（单位：元/千瓦时）

（150）铁合金价格 ＝ 7000（单位：元/吨）

（151）铁合金增加值率 ＝ 0.1838（单位：比率）

（152）焦炭价格 ＝ 2000（单位：元）

（153）煤电增加值率 ＝ 0.2838（单位：比率）

（154）铁合金增加值 ＝ 铁合金调控产量 × 铁合金价格 × 铁合金增加值率/1e ＋ 008（单位：亿元）

（155）焦炭增加值 ＝ 焦炭价格 × 焦炭增加值率 × 焦炭调控产量/1e ＋ 008（单位：亿元）

（156）焦炭增加值率 ＝ 0.3462（单位：比率）

（157）优先发展产业综合能耗效率 ＝ IF THEN ELSE（优先发展产业增加值 ＜ ＞0，优先发展产业增加值/优先发展产业综合能耗预测，0）（单位：万元/吨标准煤）

（158）限制发展产业综合能耗效率 ＝ 限制发展产业增加值/电石合金焦炭煤电综合能耗（单位：万元/吨标准煤）

（159）限制发展产业增加值 ＝ 焦炭增加值 ＋ 煤电增加值 ＋ 电石增加值 ＋ 铁合金增加值（单位：亿元）

（160）煤电增加值 ＝ 燃煤发电 × 煤电价格 × 煤电增加值率（单位：亿元）

（161）电石价格 ＝ 1797（单位：元）

（162）电石增加值 ＝ 电石产量 × 电石价格 × 电石增加值率/1e ＋ 008（单位：亿元）

（163）限制发展产业规模以上工业增加值占比 ＝ 限制发展产业增加值/规模以上工业增加值预测 × 100（单位：百分比）

（164）限制发展产业二氧化硫排放效率 ＝ 限制发展产业增加值/（电石合金焦炭煤电综合能耗 × 万吨标准煤二氧化硫排放量/10000）（单位：

万元/吨）

（165）优先发展产业二氧化硫排放效率＝IF THEN ELSE（优先发展产业综合能耗预测＜＞0，优先发展产业增加值/（优先发展产业综合能耗预测×万吨标准煤二氧化硫排放量/10000），0）（单位：万元/吨）

（166）规上工业二氧化硫排放量＝规模以上工业综合能耗预测×万吨标准煤二氧化硫排放量/10000（单位：万吨）

（167）规上工业二氧化硫排放效率＝规模以上工业增加值预测/规模以上工业二氧化硫排放量（万元/吨）

（168）规模以上工业增加值预测＝IF THEN ELSE（Time＜2010，63.06，535.866×（EXP（0.091789×Time－184.404）－EXP（0.091789×DELAY1（Time，1）－184.404）））（单位：亿元）

（169）电石增加值率＝0.2521（单位：比率）

（170）规上工业综合能耗效率＝规模以上工业增加值预测/规上工业综合能耗预测（单位：万元/吨标准煤）

（171）万吨标准煤二氧化硫排放量＝IF THEN ELSE（Time＜2010，103.38，－918.582×（EXP（－0.105384×Time＋211.716）－EXP（－0.105384×DELAY1（Time，1）＋211.716）））（单位：吨）

（172）循环改造及淘汰产能节能占比＝循环改造及淘汰产能节能量/工业综合节能量×100（单位：百分比）

（173）结构调整节能占比＝100－循环改造及淘汰产能节能占比（单位：百分比）

（174）电石改造补助资金效率＝IF THEN ELSE（推广密闭电石炉＜＞0，（电石炉气节能－DELAY1（电石炉气节能，1））/推广密闭电石炉×10000，0）（单位：吨标准煤/元）

（175）淘汰落后产能节能＝（电石节电量＋铁合金节电量）×3.01/10^8（单位：万吨标准煤）

（176）矿热炉改造补助资金效率＝IF THEN ELSE（推广密闭矿热炉＜＞0，（铁合金尾气利用节能－DELAY1（铁合金尾气利用节能，1））/推广密闭矿热炉×10000，0）（单位：吨标准煤/元）

（177）循环改造节能＝循环改造及淘汰产能节能量－淘汰落后产能节

能 $\times 3.01/10^8$（单位：万吨标准煤）

（178）电石年度节能量 = 电石节电量 $\times 3.01/1e + 008$ + IF THEN ELSE（（电石炉气节能 – DELAY1（电石炉气节能，1））＜0，0，（电石炉气节能 – DELAY1（电石炉气节能，1）））（单位：万吨标准煤）

（179）工业综合节能量 = IF THEN ELSE（Time = 2009，32.82，规模以上工业增加值预测/DELAY1（规模以上工业综合能耗效率，1）– 规模以上工业增加值预测/规上工业综合能耗效率）（单位：万吨标准煤）

（180）新能源节能占比 = 新能源发电节能量/工业综合节能量 $\times 100$（单位：百分比）

（181）循环改造及淘汰产能二氧化硫减排占比 = 循环改造及淘汰产能二氧化硫减排/10000/规模以上二氧化硫模拟减排量 $\times 100$（单位：百分比）

（182）高炉煤气年度节能量 = IF THEN ELSE（Time = 2009，0.185775，高炉煤气利用节能量 – DELAY1（高炉煤气利用节能量，1））（单位：万吨标准煤）

（183）铁合金年度节能 = （铁合金节电量 $\times 3.01$）/1e + 008 + （铁合金尾气利用节能 – DELAY1（铁合金尾气利用节能，1））（单位：万吨标准煤）

（184）焦炭年度节能 = 淘汰焦炭产能节能量 + IF THEN ELSE（（焦炉尾气利用节能 – DELAY1（焦炉尾气利用节能，1））＜0，0，（焦炉尾气利用节能 – DELAY1（焦炉尾气利用节能，1）））（单位：万吨标准煤）

（185）循环改造及淘汰产能节能量 = 焦炭年度节能 + 电石年度节能量 + 铁合金年度节能 + 高炉煤气年度节能量（单位：万吨标准煤）

（186）新能源二氧化硫减排量 = 新能源发电节能量 $\times$ 二氧化硫减排系数/10000（单位：万吨）

（187）规模以上二氧化硫模拟减排量 = IF THEN ELSE（Time = 2009，1.5423，规模以上工业增加值预测/（DELAY1（规模以上工业增加值预测，1）/DELAY1（规模以上工业二氧化硫排放量，1））– 规模以上工业二氧化硫排放量）（单位：万吨）

（188）新能源发电节能量 = （新能源预测发电量 – DELAY1（新能源预测发电量，1））$\times 3.01$（单位：万吨标准煤）

（189）新能源二氧化硫减排占比 = 新能源二氧化硫减排量/规模以上二氧化硫模拟减排量×100（单位：百分比）

（190）二氧化硫减排系数 = IF THEN ELSE（Time < 2010，103.381，-918.611×（EXP（-0.10538×Time + 211.708）- EXP（-0.10538× DELAY1（Time，1）+ 211.708）））（单位：吨/万吨标准煤）

（191）循环改造及淘汰产能二氧化硫减排 = 循环改造及淘汰产能节能量×二氧化硫减排系数（单位：万吨）

（192）限制产业投资增加岗位数 = 限制发展产业投资总规模/投资增加就业岗位系数（单位：个）

（193）投资增加就业岗位总量 = 限制产业投资增加岗位数 + 优先发展产业投资增加岗位数（单位：个）

（194）优先发展产业投资增加岗位数 = 优先发展产业投资总规模/投资增加就业岗位系数 - DELAY1（优先发展产业投资总规模，1）/投资增加就业岗位系数（单位：个）

（195）焦炉改造补助资金效率 = IF THEN ELSE（推广焦炉尾气利用 <> 0，（焦炉尾气利用节能 - DELAY1（焦炉尾气利用节能，1））/推广焦炉尾气利用×10000，0）（单位：吨/元）

（196）限制发展产业投资总规模 = 焦炉改造投资调整 + 电石炉改造投资调整 + 矿热炉改造投资调整（单位：亿元）

（197）投资增加就业岗位系数 = 0.004568（单位：亿元/人）

（198）优先发展产业投资总规模 = 利废建材投资调整 + 镁投资规模调整 + 特钢投资规模调整 + 氯碱投资调整（单位：亿元）

（三）模型检验

系统动力学模型构建完毕后，要对系统进行测试和检验。由于惠农区工业循环改造和淘汰落后产能政策主要从 2009 年起开始推行，本书将 2009—2013 年的"循环化改造"和"淘汰落后产能"的实际数据与模拟值相对比，检验模型的历史对应性。

借助 Vensim 软件提供的"reality checks"工具，在存量流量图中输入并运行"Reality Check equations"，用来检验模型中某些变量间的逻辑关系是否正确。例如，输入 Reality Check equations："if '焦炉气利用率' = 0

'焦炉尾气利用节能'＝0"。来检验在焦炉气利用率为零的情况下，焦炉尾气节能是否为0，如果为零，则通过检验。因为焦炉尾气节能来源于焦炉气利用，若焦炉气利用率为零，则焦炉尾气节能必然为零。采用同样方法，我们对模型所有变量分别进行了上述检验，结果证明模型符合逻辑，切实可行。

此外，还要对模型进行敏感性检验，虽然 Vensim PLE 版本软件没有专用的敏感性检验工具，但借助 "automatically simulate on change" 工具，通过改变每个参数值，使其在可能取得的最小值和最大值之间连续变换，观察在变化过程中，测试其他有关变量的模拟结果是否符合逻辑。本书对各变量进行了测试和调试，最终，全部变量通过敏感性检验。

四　惠农工业循环经济演变趋势

（一）工业循环经济发展的效应分析

惠农区规模以上工业经济，在淘汰落后产能、循环化改造及促进优先产业发展等政策的影响下，工业的产业结构、发展速度和能耗效率、二氧化硫排放效率都发生了明显的变化。

1. 经济效应

从工业结构来看，限制发展产业所占比重逐年降低，从 2013 年的 62.25% 下降到 2030 年的 3.3%，优先发展产业所占规模以上工业增加值的比重则经历了一个占比迅速提高然后缓慢下降的过程，2030 年占比预测在 56.73%。限制发展产业和优先发展产业工业增加值及其在规模以上工业中的占比演变趋势如图 6-19、图 6-20 所示。

2. 生态效应

从规模以上工业综合能耗效率看，限制发展产业由于结构的变化，综合能耗效率下降，仅相当于 2013 年全国工业综合能耗效率的十分之一左右，但在优先发展产业的带动下，惠农区规上工业综合能耗效率实现快速增长，由 2013 年的 0.0842 万元/吨标准煤提高到 0.2716 万元/吨标准煤。即使这样，相比于 2013 年中国工业的平均水平，惠农区工业综合能耗效率仍然相当低，仍不到 2013 年全国平均水平的一半，如图 6-21 所示。

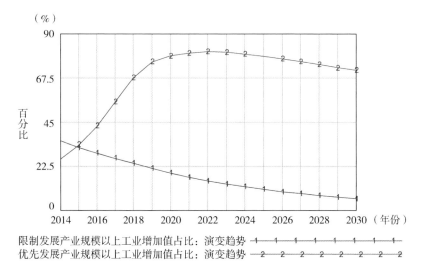

图 6-19　限制发展产业和优先发展产业工业增加值

在规模以上工业中占比的演变趋势

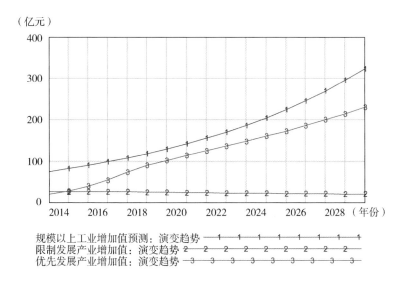

图 6-20　规模以上工业增加值增长轨迹模拟

　　从规模以上工业二氧化硫排放效率看，各类产业都得到了持续的提高。惠农区规模以上工业和优先发展产业分别于 2021 年和 2023 年超过了2013 年全国工业平均二氧化硫排放效率，但限制发展产业始终低于全国

（万元/吨标准煤）

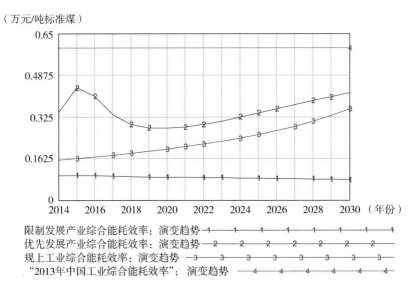

图6-21 工业综合能耗效率演变轨迹模拟

2013年工业的平均水平，以煤炭资源为基础的高耗能产业特征应该是其二氧化硫排放效率长期较低的重要原因（见图6-22）。

（万元/吨）

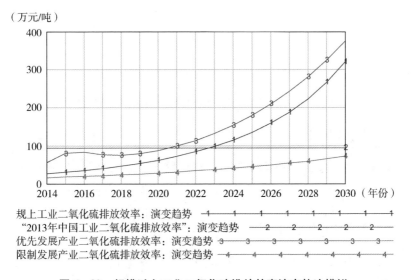

图6-22 规模以上工业二氧化硫排放效率演变轨迹模拟

3. 社会效应

工业循环经济发展的社会效应也比较显著。以就业效应为例，因循环化改造和优先发展产业投资所增加的就业岗位数量可观，经历了快速增长、快速下降和缓慢下降阶段。增加就业岗位最多的年份达到24000多人，最少的年份也在3000人以上。但由于循环化改造投资规模较小，增加的就业岗位数量有限（见图6-23）。除增加就业之外，循环经济发展所带来的环境质量提高、经济发展质量优化等方面的效应也能增加居民的幸福指数，提高社会的和谐度。

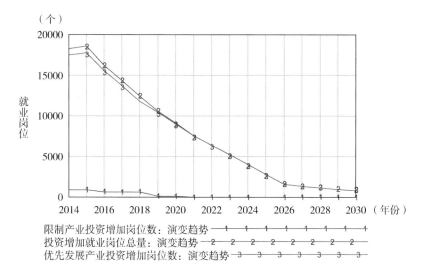

图6-23　规模以上工业投资增加就业岗位演变轨迹模拟

（二）不同政策实施效果比较

淘汰落后产能、循环化改造和结构调整的政策实施目的不同，政策效果必然存在一定的差异。前两者主要针对限制发展产业的政策，结构调整则更偏重于促进优先发展产业的投资。淘汰落后产能和循环化改造是为了提高能耗效率、降低污染物排放，而结构调整的目的主要在于促进经济发展。如前文所述，不同政策实施效果在经济效应和社会效应方面的差异已经表现得非常突出，在此不做赘述。而三者在节能和提高能耗效率方面的差异也非常明显（见图6-24、图6-25）。

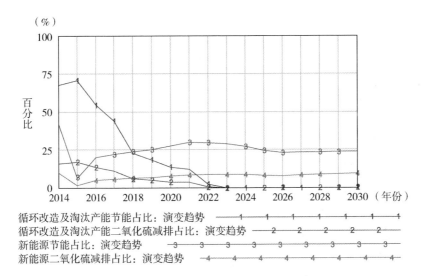

图 6 – 24　循环改造及淘汰产能和新能源节能减排演变轨迹模拟

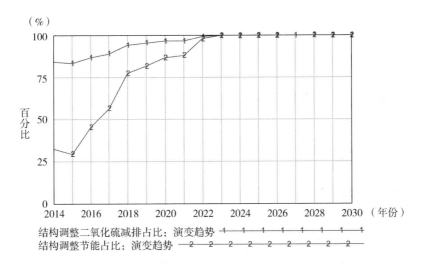

图 6 – 25　结构调整所产生的节能减排演变轨迹模拟

用公式 $Q_t = \dfrac{Y_t}{e_{t-1}} - E_t$ 定义工业节能量和二氧化硫减排量。其中，Q_t 表示 t 年工业节能量或二氧化硫减排量，Y_t 表示 t 年的工业增加值，e_{t-1} 表示 t 年的综合能耗效率或二氧化硫排放效率（定义与第三章同），E_t 表示 t 年的工业综合能耗量或工业二氧化硫排放量。

结构调整节能占比 = （1 - 循环改造及淘汰产能节能/工业节能） × 100%

如图 6 - 24 所示，循环改造及淘汰落后产能的节能效果和二氧化硫减排效果呈逐渐衰减趋势，在规模以上工业节能和二氧化硫减排中所占比例逐渐减少，到 2022 年降低到 1% 左右。这两项政策见效快，但对年度节能的贡献越来越小，当现有设备都完成改造，而新上设备能够达到循环经济相关标准后，这两项政策的节能效果趋于为零。如风能和太阳能等新能源发电项目，只要产业能够持续增长，其节能减排效果将持续很长时间。但新能源发电成本较高，企业盈利离不开政府的补贴和优惠政策，在市场经济条件下，新能源产业发展前景存在较大变数。例如，2010 年，国家发改委核定宁夏发电集团太阳山光伏电站一期、宁夏中节能太阳山光伏电站一期、华电宁夏宁东光伏电站、宁夏中节能石嘴山光伏电站一期 4 个太阳能光伏电站上网电价，核定临时上网电价为每千瓦时 1. 15 元（含税）；而2015 年，宁夏下调燃煤发电上网电价，调整后的燃煤发电标杆上网电价为每千瓦时 0. 2711 元，太阳能上网电价是煤电上网电价的四倍多。

从长期来看，工业节能和二氧化硫减排主要依靠结构调整和产业因技术水平提高而导致的单位产品能耗和污染物排放强度的降低。

对于循环改造和淘汰落后产能而言，两项政策的节能效果相差无几，循环化改造节能效果略高一点（见图 6 - 26）。因节能和减排有很高的相关性，两项政策二氧化硫减排的比较不再赘述。

（三）惠农区主要工业产品供需形势分析

1. 电力供需缺口分析

（1）电力产业概述

石嘴山市是煤炭资源型城市，丰富的煤炭资源为发展坑口电力产业奠定了坚实的基础，电力产业一直是石嘴山的优势行业，到目前为止，石嘴山市人均发电量居全国地级市第一，在自治区具有非常重要的地位，而惠农区发电量则在石嘴山市居于绝对主导地位（见图 6 - 27）。但近期惠农区发电量有明显波动特征。从长远来看，随着区内企业大力开展循环化改造，余热发电和煤气发电项目的增加，惠农区电力产业还有一定的增长空间。为分析惠农区电力供需缺口演变轨迹，本书设计了电力供需分析模块

（万吨标准煤）

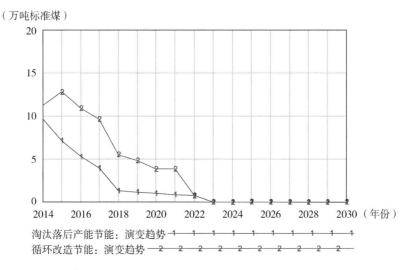

图 6 – 26　循环改造和淘汰产能的节能效果演变轨迹模拟

（见图 6 – 28）。电力供需缺口演变轨迹如图 6 – 29 所示。

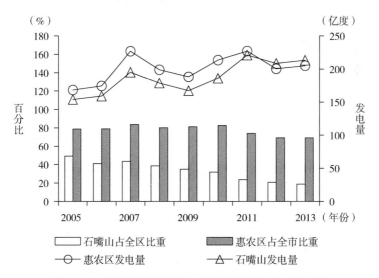

图 6 – 27　惠农区发电量在石嘴山市和全自治区的地位

（2）电力供需分析模块及参数设定

本模块包括两个水平变量（树脂需求量、烧碱需求量）、两个速率变量（树脂需求增量和烧碱需求增量），以及 12 个辅助变量。本部分分析模块的逻

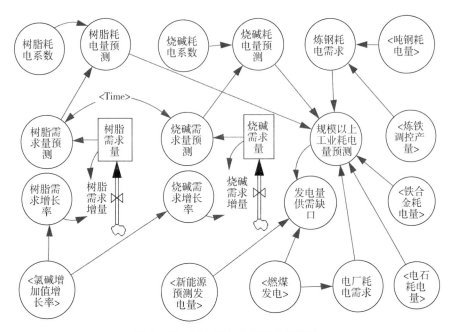

图 6 – 28　惠农区电力供需分析模块

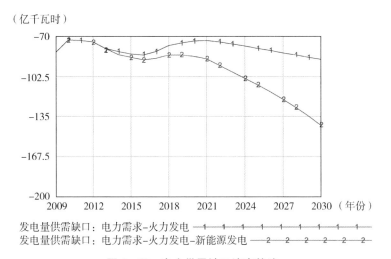

图 6 – 29　电力供需缺口演变轨迹

辑如下：在氯碱深加工领域，PVC 树脂、烧碱、电石是氯碱化工的基础原材料，氯碱深加工产值增长必然会带动对这些原材料的需求，需求量和氯碱深加工的增加值率和产值的增长速度有关，但氯碱深加工的发展一般会促进对原材料的需求量的增长；铁合金是冶金的辅料，能够提高钢材的质量，无论是普通钢材还是特钢，都会对其有一定的需求。另外，镁冶炼也会需要铁合金作为原材料。原材料产量的增长则必然会增加电力需求。依据前文关于煤电冶产业链以及氯碱化工产业链的物质流和能量流所体现的数量关系，建立起惠农区发电量和电力需求之间的关系模型，如图 6-28 所示。

Vensim 参数设定如下：

（199）树脂耗电系数 = 500（单位：千瓦时）

（200）树脂耗电量预测 = 树脂需求量预测 × 树脂耗电系数/10000（单位：亿千瓦时）

（201）烧碱耗电系数 = 2650（单位：千瓦时）

（202）烧碱耗电量预测 = 烧碱需求量预测 × 烧碱耗电系数/10000（单位：亿千瓦时）

（203）炼钢耗电需求 = 炼铁调控产量 × 吨钢耗电量/10000（单位：亿千瓦时）

（204）树脂需求量预测 = IF THEN ELSE（Time > = 2017，树脂需求量，IF THEN ELSE（Time < 2010，23.72，- 712.666 × （EXP（- 0.038098 × Time + 76.5389）- EXP（- 0.038098 × DELAY1（Time，1）+ 76.5389））））（单位：万吨）

（205）树脂需求量 = INTEG（树脂需求增量，21.2）（单位：万吨）

（206）烧碱需求量预测 = IF THEN ELSE（Time > = 2017，烧碱需求量，IF THEN ELSE（Time < 2010，27.36，2487.79 × （EXP（0.010283 × Time - 20.6585）- EXP（0.010283 × DELAY1（Time，1）- 20.6585））））（单位：万吨）

（207）烧碱需求量 = INTEG（烧碱需求增量，27.35）（单位：万吨）

（208）规上工业耗电量预测 = 树脂耗电量预测 + 炼钢耗电需求 + 烧碱耗电量预测 + 电厂耗电需求 + 电石耗电量 + 铁合金耗电量（单位：亿千瓦时）

（209）树脂需求增长率 = 氯碱增加值增长率 × 0.2/100（单位：比率）

（210）树脂需求增量 = 树脂需求量 × 树脂需求增长率（单位：万吨）

（211）烧碱需求增长率 = 氯碱增加值增长率 × 0.2/100（单位：比率）

（212）烧碱需求增量＝烧碱需求量×烧碱需求增长率（单位：万吨）

（213）发电量供需缺口＝规上工业耗电量预测－燃煤发电（单位：亿千瓦时）

（214）电厂耗电需求＝燃煤发电×0.08733/10000（单位：亿千瓦时）

（3）电力供需形势分析

因淘汰落后产能和限制高耗能产业发展，限制发展的电石、铁合金用电量减少，而优先发展的几个产业能耗效率相对较高，因此，按过去5年的发展态势，未来惠农区电力供需缺口逐步扩大，惠农区富余电力将大量输出。在经济新常态下，全国经济发展速度减缓，电力供需形势发生改变，供过于求将是未来电力行业基本的特征，这也意味着惠农区发展的一个条件优势没有转变成经济优势，是一种形式的资源浪费。

2. 铁合金、电石、焦炭供需缺口分析

（1）铁合金、电石、焦炭产业概述

铁合金、电石、焦炭是石嘴山市传统工业产品，也是依靠当地廉价电力资源而发展起来的高耗能产业，为石嘴山市社会经济发展做出过巨大贡献（见图6－30）。2008年，石嘴山市被确定为循环经济试点城市，节能减排成为城市政府的工作重点，而作为高污染、高耗能产业的铁合金、电石、焦炭等产业首当其冲成为重点调控产业。自2010年以来，惠农区已经淘汰落后产能100多万吨，其中焦炭75万吨、电石20多万吨、铁合金5万多吨。依据《石嘴山市工业转型升级和结构调整实施方案》（石政发〔2014〕128号）文件，2017年前淘汰电石20万吨，铁合金7.3万吨，焦炭44.6万吨。

（2）铁合金电石焦炭供需分析模块及参数设定

本模块包括两个水平变量（镁及合金产量、氯碱电石需求量）、两个速率变量（镁及合金增量和氯碱电石需求增量），以及13个辅助变量。此分析模块的逻辑如下：电石化工是氯碱化工的重要组成部分，氯碱化工的增长会带动电石化工发展，从而提高产业对电石产品的需求；综上所述，镁冶炼和钢铁产业的发展会增加对铁合金的需求量；在炼铁、电石冶炼和铁合金冶炼过程中，都需要焦炭作为原材料。铁合金、电石、焦炭的供需分析正是建立在产业之间的投入产出关系之上。依据前文所建

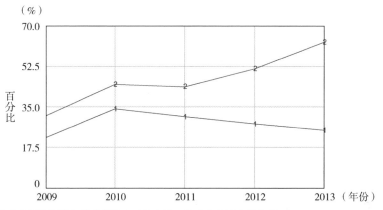

铁合金电石焦炭增加值规模以上工业占比：铁合金电石焦炭分析 —1—1—1—1—1—
铁合金电石焦炭综合能耗规模以上工业占比：铁合金电石焦炭分析 —2—2—2—2—2—

图 6 - 30　惠农区铁合金、电石和焦炭增加值和综合能耗在规上工业中的比重

模型中煤电冶产业链以及氯碱化工产业链的物质流和能量流所体现的数量关系，建立起惠农区铁合金、电石、焦炭供需之间的关系模型，如图 6 - 31 所示。

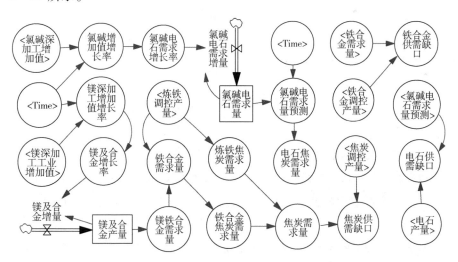

图 6 - 31　惠农区铁合金、电石、焦炭供需分析模块

本模块的 Vensim 参数设定如下：

（215）氯碱增加值增长率 = IF THEN ELSE（Time < = 2014，0，（氯

碱深加工增加值 – DELAY1（氯碱深加工增加值，1））/DELAY1（氯碱深加工增加值，1）×100）（单位：比率）

（216）氯碱电石需求增长率 = 氯碱增加值增长率×0.2/100（单位：比率）

（217）氯碱电石需求增量 = 氯碱电石需求量×氯碱电石需求增长率（单位：万吨）

（218）铁合金供需缺口 = 铁合金需求量 – 铁合金调控产量/10000（单位：万吨）

（219）氯碱电石需求预测 = IF THEN ELSE（Time > = 2017，氯碱电石需求量，IF THEN ELSE（Time < 2010，41.14，3906.44 ×（EXP（0.011988 × Time – 24.0839）– EXP（0.011988 × DELAY1（Time，1）– 24.0839)))）（单位：万吨）

（220）氯碱电石需求量 = INTEG（氯碱电石需求增量，50.624）（单位：万吨）

（221）镁深加工增加值增长率 = IF THEN ELSE（Time < = 2014，0，（镁深加工工业增加值 – DELAY1（镁深加工工业增加值，1））/DELAY1（镁深加工工业增加值，1）×100）（单位：比率）

（222）镁及合金增长率 = 镁深加工增加值增长率×0.6/100（单位：比率）

（223）铁合金需求量 = 炼铁调控产量×0.228 + 镁铁合金需求量（单位：万吨）

（224）炼铁焦炭需求量 = 炼铁调控产量×0.3789（单位：万吨）

（225）电石焦炭需求量 = 氯碱电石需求量预测×0.725（单位：万吨）

（226）电石供需缺口 = 氯碱电石需求量预测 – 电石产量/10000（单位：万吨）

（227）焦炭供需缺口 = 焦炭需求量 – 焦炭调控产量/10000（单位：万吨）

（228）焦炭需求量 = 铁合金焦炭需求量 + 炼铁焦炭需求量（单位：万吨）

（229）铁合金焦炭需求量 = 铁合金需求量×1.045（单位：万吨）

（230）镁铁合金需求量 = 镁及合金产量 ×0.8927（单位：万吨）

（231）镁及合金产量 = INTEG（镁及合金增量，5.78）（单位：万吨）

（232）镁及合金增量 = 镁及合金产量 × 镁及合金增长率（单位：万吨）

（3）铁合金、电石、焦炭供需形势分析

因淘汰落后产能和限制高耗能产业发展，限制发展的铁合金、电石和焦炭产能减少，产量也趋于萎缩，如 2013 年，惠农区焦炭产量由 2012 年的 156 万吨锐减为 91.49 万吨。虽然这些高耗能、高污染的工业产品产能减少产量降低，但惠农区对这些产品的需求量并没有减少。因为氯碱深加工、镁深加工及钢铁产业的发展，间接拉动了对铁合金、电石、焦炭的需求，依据这些产业产品和原材料投入产出的关系，之后十余年，惠农区关于铁合金、电石、焦炭的供需缺口均有不断扩大的趋势（见图 6-32）。按发展态势预测，焦炭于 2016 年供需形势发生逆转，由供过于求转为供不应求；电石和铁合金也于 2017 年和 2019 年实现类似的转变。

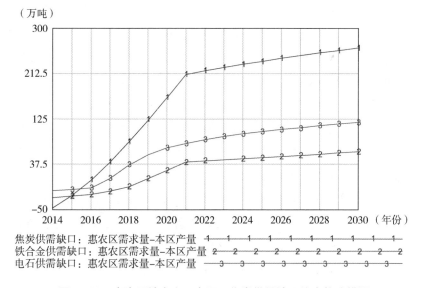

图 6-32　惠农区铁合金、电石、焦炭供需缺口演变轨迹模拟

经济地理学的区位论及产业集聚理论认为，具有投入产出关系的产业在地理上毗邻布局，不仅能够降低原材料运费，提高副产品的利用率，还能够收获集聚经济、范围经济等外部经济性。尽管惠农区周围的乌海、吴

忠、中卫等城市具有可观的铁合金、电石、焦炭的生产能力，但相比采购于当地，则企业要付出更多额外的运输成本等费用。为了提高能耗效率，大幅降低高耗能、高污染产业的产能和产量，虽然收到了一定的生态环境效益，但对当地产业结构的冲击是难以在短时间内显现出来的。在经济新常态背景下，大幅缩减产能和产量，若影响到当地经济的根本发展态势，则这些工作必须慎之又慎。

（四）惠农区工业循环经济系统存在的问题

1. 结构调整幅度大，发展前景不确定性程度高

惠农区通过淘汰落后产能、循环化改造和促进优先发展产业发展等循环经济措施，在短时间内促使本区产业结构发生剧烈的变化。例如，2009年，电石、铁合金、焦炭、煤电等传统主导产业占规模以上工业增加值的比重达43%，并迅速上升到2010年的73%和2011年的70%，随后进入迅速下降阶段，到2015年其比重已经仅为26%，预计到2020年则占比不到10%。而鼓励发展的特钢、氯碱深加工、镁深加工、新能源和利废建材在规上工业所占比重则迅速上升，由于投资规模巨大，产值增长迅猛，按目前投资总规模和增速预测，到2020年，这几个产业占规模以上工业增加值的比重将超过70%。如此大幅度调整产业结构将会遇到诸多不确定性因素的干扰。惠农区产业结构调整采取的是"腾笼换鸟"的策略，即通过产业政策，淘汰掉高耗能、高污染、高资源消耗的传统产业，然后通过招商引资等产业政策，培育附加值高、科技含量高和市场前景更加广阔的新兴产业。这种政策使惠农区经济发展的基础存在不坚实的隐患。对于产业结构调整和经济发展而言，这种政策似乎很像"背水一战"，只准成功不准失败，风险很大，尤其在中国经济进入新常态背景下，很容易出现这样的局面：旧的产业已经淘汰，新的产业培育缓慢，经济发展后继乏力。

2. 政策调控粗放，缺乏市场调控手段

对于企业而言，降低能耗和污染物排放的途径有多种，例如，加强管理、优化生产流程、培训工人技能和提高技术水平都能达到相同的目的。政府依靠行政命令淘汰落后产能容易造成"一刀切"，逼迫企业在生产设备上"上大压小"，会给企业带来资金融资压力和债务负担。在中国经济下行压力增大、工业发展速度降低的经济新常态背景下，这些政策的短期效果明显而长期效应复杂，利弊难以判断。对于循环化改造而言，为提高企业积极性，解决循环经济外部经济性所产生的企业微观动力不足问题，政府为纳入循环经济支撑项目的企业提供补助资金是这项工作顺利开展的重要政策背景。这项政策往往和"上大压小"紧密结合，当小企业生产设备都实现了大型化，有可能造成新的"产能过剩"，进而造成资金浪费和企业因债务负担而经营困难。在调研的开展循环化改造的企业中，约50%左右的企业强调项目建成投产后，企业资金十分紧张。

3. 产业内循环经济为主，产业间循环经济薄弱

对于开展循环经济改造的企业而言，循环经济实施过程基本都在本企业内完成，企业间的协作很少，而产业间的则更少。以某电石企业为例，其纳入"循环经济支撑项目"的循环经济改造内容涉及了几乎整个产业链，以电石炉密闭化改造为主，从石灰石开采、烧制石灰、电石冶炼、生产石灰氮到生产最终产品双氰胺，整个生产环节都由一个企业完成（见图6–33）。小企业如此，大企业也不例外，例如某冶金企业，循环化改造的范围涉及原材料、副产品、废弃物资源化利用等几乎产业链的所有领域（见图6–34）。这种模式增加了企业融资的困难，加大了企业管理难度，并不是先进的企业经营理念。惠农区政府已经认识到循环经济发展的这个问题，但还没有采取有效的调控措施。

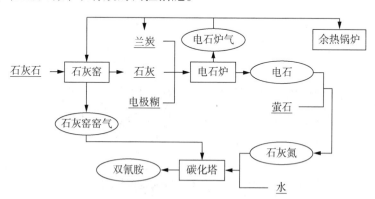

图6–33　某企业电石炉密闭化改造循环经济示意

4. 调控政策之间的协调程度不高，缺乏针对性和弹性

在主要的三种循环经济调控政策实施过程中，如何根据循环经济发展

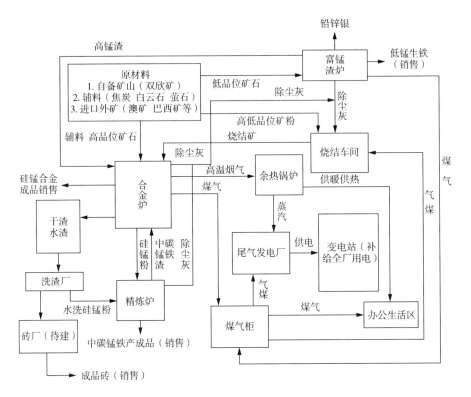

图 6 – 34　某冶金企业循环经济示意

目标而将这些政策有机地融合在一起，并依据调控对象即各产业发展所产生的生态效应、经济效应和社会效应而调整政策内容，是政府调控者应该思考的问题。例如，在循环经济发展资金有限的条件下，如何使这部分资金所能产生的节能减排效果最大化，在整体投资规模不变的条件下，如何使优先发展产业的效益（工业增加值）最大化，即将这些投资分布在哪些产业领域的效果最好等。

第三节　惠农工业循环经济优化调控分析

考虑到惠农工业循环经济存在的问题，本书认为：惠农区应该将"腾笼换鸟"政策改为"鸠占鹊巢"政策，即在优先发展产业发展起来之前，应该允许限制发展产业以一定的速度增长。本书将循环经济发展的核心指标，即工业综合能耗效率和二氧化硫排放效率最优作为主要衡量指标，探索最佳的循环经济调控政策组合，并分析其调控效果。

一　循环改造政策的优化调控

依据"演变趋势"模拟情况，在三种循环经济调控政策中，电石、焦炭淘汰落后产能规模比较大，将分别达 60 万吨和 98 万吨，而铁合金淘汰落后产能规模比较小，总淘汰规模约在 13 万吨。淘汰落后产能并不意味着减少产量，市场需求的缺口会由能耗效率高的企业填补，淘汰落后产能理论上可以降低整个地区单位产品的平均能耗强度。对于电石、焦炭和铁合金而言，每淘汰 1 万吨落后产能而产生的单位产品综合能耗强度下降的幅度差别很大，其中，铁合金单位产品综合能耗下降幅度最大，每淘汰 1 万吨落后产能，对于整个惠农区铁合金产品而言，单位产品大约能节约 72 千克标准煤，而电石和焦炭大约可以节约 6 千克和 0.41 千克标准煤。淘汰铁合金能够产生比较大的节能效果，但由于其淘汰规模较小，节能总规模也是有限；对于电石和焦炭而言，尽管淘汰规模大，但由于每淘汰万吨落后产能产生的节能效果很小，总的节能规模也并不可观。因此，淘汰落后产能政策并没有多少组合模式可供选择。在此处，本书只探讨循环化改造和产业调整政策的最佳组合模式。

（一）循环改造政策的优化组合的逻辑框架

当循环改造补助资金一定时，补助资金使用效率最大化应该是政策执行者追求的目标。因为发展循环经济是本项政策的宗旨，节能效果和二氧化硫减排效果最大化毫无疑问应该是核心衡量指标。此处，节能效率和二氧化硫减排率是指单位补助资金投入所能产生的节能量和二氧化硫减排数量。本书将节能累积总量和二氧化硫累积减排总量设定为政策优化的核心指标，探索能够使该项指标最大化的最佳组合模式。电石、焦炭、铁合金三产业的循环改造补助资金的节能效率和二氧化硫减排效率如图 6-35 和图 6-36 所示。

（二）循环改造政策的实施效果分析模块

1. 模型说明

本模块包括 6 个水平变量（电石炉气减排累积量、焦炉尾气减排累积

（吨标准煤/万元）

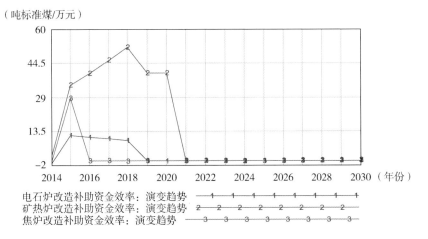

图6－35　循环改造补助资金节能效率演变轨迹模拟

（吨二氧化硫/万元）

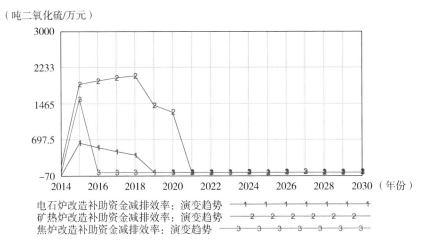

图6－36　循环改造补助资金的二氧化硫减排效率演变轨迹模拟

量、矿热炉尾气减排累积量、矿热炉尾气节能累积量、电石炉气节能累积量、焦炉尾气节能累积量）、6个速率变量（电石炉气减排年度增量、焦炉尾气减排年度增量、铁合金尾气减排年度增量、铁合金尾气节能年度增量、电石炉气节能年度增量、焦炉尾气节能年度增量），以及8个辅助变量。此分析模块的逻辑如下：循环改造的二氧化硫减排和节能效果应该以累积量作为衡量标准，这样，与政策调整前的情况相比，在开始时间相同的情况下，补助资金使用效率高的项目先实施，然后依次是较低的项目；在年度循环改造补助资金一定的情况下，以未来项目都实施完毕后的某个时间为衡量节点，所有支持项目所实现的累积节能和减排总量就会更高，生态和环境效益就会更显著，模拟过程如图 6-37 所示。

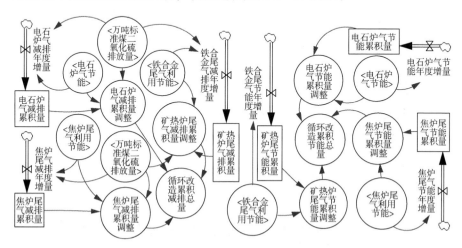

图 6-37 循环改造累积节能和二氧化硫减排模拟

2. 参数设定

本模块的 Vensim 参数设定如下：

（233）电石炉气减排年度增量 = 电石炉气节能 × 万吨标准煤二氧化硫排放量（单位：吨）

（234）电石炉气减排累积量 = INTEG（电石炉气减排年度增量，0）（单位：吨）

（235）焦炉尾气减排年度增量 = 焦炉尾气利用节能 × 万吨标准煤二氧化硫排放量（单位：吨）

（236）焦炉尾气减排累积量 = INTEG（焦炉尾气减排年度增量，0）（单位：吨）

（237）电石炉气减排累积量调整 = 电石炉气节能 × 万吨标准煤二氧化硫排放量 + 电石炉气减排累积量（单位：吨）

（238）焦炉尾气减排累积量调整 = 焦炉尾气利用节能 × 万吨标准煤二氧化硫排放量 + 焦炉尾气减排累积量（单位：吨）

（239）矿热炉尾气减排累积量调整＝铁合金尾气利用节能×万吨标准煤二氧化硫排放量＋矿热炉尾气减排累积量（单位：吨）

（240）循环改造累积减排总量＝焦炉尾气减排累积量调整＋电石炉气减排累积量调整＋矿热炉尾气减排累积量调整（单位：吨）

（241）铁合金尾气减排年度增量＝铁合金尾气利用节能×万吨标准煤二氧化硫排放量（单位：吨）

（242）矿热炉尾气减排累积量＝INTEG（铁合金尾气减排年度增量，0）（单位：吨）

（243）铁合金尾气节能年度增量＝铁合金尾气利用节能（单位：万吨）

（244）矿热炉尾气节能累积量＝INTEG（铁合金尾气减排年度增量，0）（单位：万吨）

（245）矿热炉尾气节能累积量调整＝铁合金尾气利用节能＋矿热炉尾气节能累积量（单位：万吨）

（246）循环改造累积节能总量＝焦炉尾气节能累积量调整＋电石炉气节能累积量调整＋矿热炉尾气节能累积量调整（单位：万吨）

（247）电石炉气节能累积量调整＝电石炉气节能＋电石炉气节能累积量（单位：万吨）

（248）电石炉气节能累积量＝INTEG（电石炉气节能年度增量，0）（单位：万吨）

（249）电石炉气节能年度增量＝电石炉气节能（单位：万吨）

（250）焦炉尾气节能累积量调整＝焦炉尾气节能累积量＋焦炉尾气利用节能（单位：万吨）

（251）焦炉尾气节能累积量＝INTEG（焦炉尾气节能年度增量，0）（单位：万吨）

（252）焦炉尾气节能年度增量＝焦炉尾气利用节能（单位：万吨）

（三）循环化改造优化调控效果分析

根据电石炉改造、焦炉改造和矿热炉改造的补助资金使用效率，其投向的优先领域顺序应该是矿热炉改造、焦炉改造和电石炉改造，即先将矿热炉改造完毕，然后是焦炉改造和电石炉改造。假定每年投入的循环改造补助资金与"演变趋势"情景相同，只改变循环改造的产业先后顺序，优先发展产业的发展情况与"演变趋势"情景下一样，模拟结果显示，"优化调控"情景下，累积节能和累积二氧化硫减排效果更好，如图 6 - 38 所示。

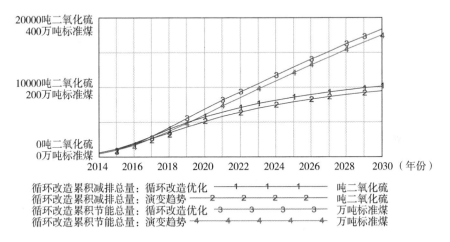

图 6 - 38　循环改造优化的节能和二氧化硫减排效果

二　结构调整政策的优化调控

经济新常态背景下，中国经济下行压力加大，国家将经济发展目标定在6.5%—7% 的范围内。受经济发展大环境的影响，石嘴山市惠农区鼓励发展的优先发展产业发展前景存在变数。当前大力推进的产业转型升级和结构调整战略属于"腾笼换鸟"，在经济发展态势并不明朗的经济新常态背景下，有可能腾空了"笼子"却换不来更好的"鸟"。国民经济平稳发展要比有风险的高速增长更加重要，为保证国民经济能够平稳转型和社会的和谐稳定，此处，本书在假设限制产业在以 6.5% 的速度（中国经济发展的平均预测速度）增长的情景下，分析石嘴山市工业循环经济的发展态势。

（一）结构调整优化调控效应分析

1. 经济效应

产业政策调整后，由于电石、铁合金和焦炭产业的增长，规模以上工业增加值比政策调整前增长率提高，如图 6 - 39 中曲线 3 与曲线 4 比较，曲线 3 比曲线 4 的斜率更大。限制发展产业在规模以上工业中的占比也有一定程度的提高，如图 6 - 40 所示。

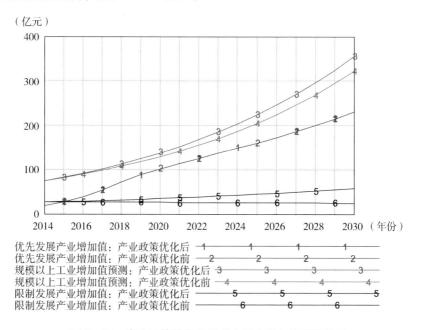

优先发展产业增加值：产业政策优化后 —— 1 —— 1 —— 1 —— 1 ——
优先发展产业增加值：产业政策优化前 —— 2 —— 2 —— 2 —— 2 ——
规模以上工业增加值预测：产业政策优化后 3 —— 3 —— 3 —— 3
规模以上工业增加值预测：产业政策优化前 4 —— 4 —— 4 —— 4
限制发展产业增加值：产业政策优化后 —— 5 —— 5 —— 5 —— 5
限制发展产业增加值：产业政策优化前 —— 6 —— 6 —— 6

图 6 - 39 产业政策优化前后规上工业增加值演变轨迹

2. 生态效应

生态效率出现明显下降。由于产业政策优化没有影响到优先发展产业的发展趋势，优先发展产业的综合能耗效率和二氧化硫排放效率没有发生变化。但受铁合金、电石、焦炭产业的影响，规模以上工业的综合能耗效率和二氧化硫排放效率都表现出明显下降的趋势，如图 6 - 41 和图 6 - 42 所示。这说明，高耗能产业对整个规模以上工业的影响很大，要想这些产业促进经济增长，就必须付出生态代价。

3. 社会效应

因产业政策的调整没有影响到循环化改造和优先发展产业的发展，由投资而带动的就业岗位增加量也没有变化，与产业政策调整前演变轨迹相同，如图 6 - 43 所示。

4. 电力供需缺口分析

在高耗能产业电力需求增加的带动下，电力供需状况获得明显改善，

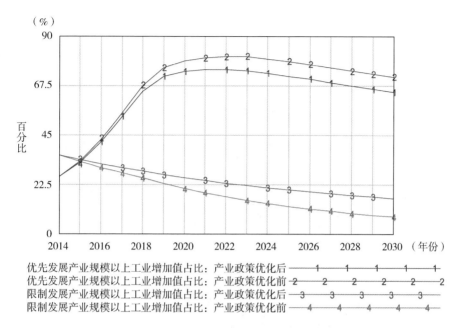

图6-40　产业政策优化前后限制发展和优先发展

产业规模以上工业增加值占比演变轨迹

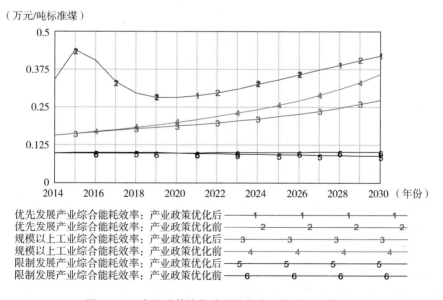

图6-41　产业政策优化前后综合能耗效率演变轨迹

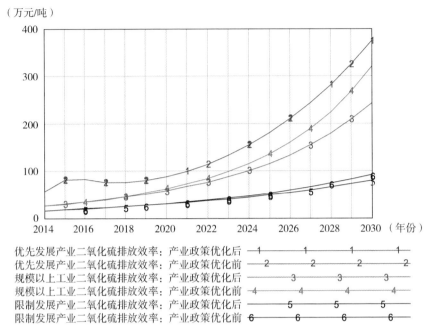

图6-42 产业政策优化前后二氧化硫排放效率演变轨迹

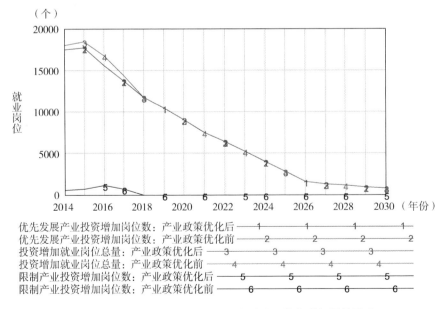

图6-43 产业政策优化前后投资对就业岗位增加量的影响

缺口迅速减小，到 2030 年，电力供给仅高于需求 20 亿千瓦时左右，如图 6 - 44 所示。

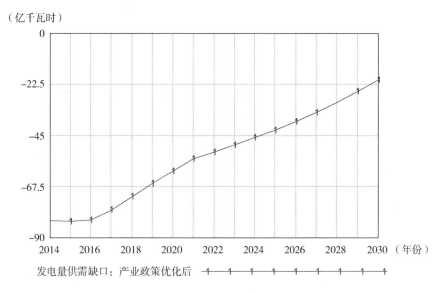

图 6 - 44　产业政策优化前后电力供需缺口演变趋势

5. 铁合金、电石和焦炭供需缺口分析

和电力供需缺口类似，铁合金、电石和焦炭供需缺口也是迅速缩小。相对于当地产业的供给和需求而言，三种产品的供需缺口表现为先是供过于求，而且供过于求的程度表现为先增高然后下降，到 2030 年前后基本达到供求平衡，如图 6 - 45 所示。

供需缺口的缩小还可以产生可观的经济效益。产业政策调控前，因电石、铁合金、焦炭的本地产量不能满足优先发展产业的需求，需要从附近城市购买，即使从最近的城市乌海市获取这些产品，运输距离 53 千米，运费按 0.35/吨千米计算，由于运输量巨大，也会增加不菲的运输成本，产业政策调整后，可大幅减少这部分运输费用，如图 6 - 46 所示。

6. 煤炭资源供需缺口分析

产业政策优化后，在高耗能产业发展对煤炭需求增加带动下，煤炭需求量激增，但远小于本地煤炭产量，在资源供给能力范围之内，如图 6 - 47 所示。

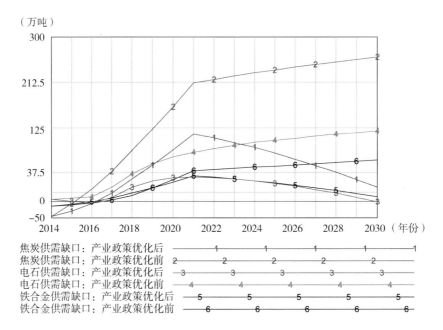

焦炭供需缺口：产业政策优化后	——1———1———1———1———1
焦炭供需缺口：产业政策优化前	2———2———2———2———2
电石供需缺口：产业政策优化后	3———3———3———3———3
电石供需缺口：产业政策优化前	4———4———4———4———4
铁合金供需缺口：产业政策优化后	——5———5———5———5———5
铁合金供需缺口：产业政策优化前	——6———6———6———6———6

图 6－45　产业政策优化前后铁合金电石焦炭供需缺口演变趋势

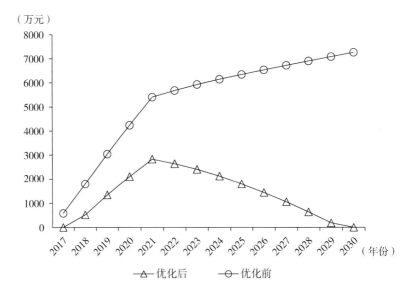

图 6－46　产业政策优化前后因供需缺口而产生的运输成本演变趋势

（万吨）

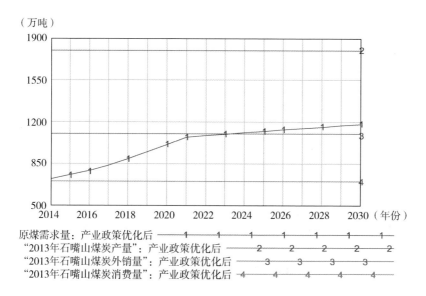

原煤需求量：产业政策优化后 ————1————1————1————1————1————1——
"2013年石嘴山煤炭产量"：产业政策优化后 ————2————2————2————2————2——
"2013年石嘴山煤炭外销量"：产业政策优化后 ————3————3————3————3——
"2013年石嘴山煤炭消费量"：产业政策优化后 —4————4————4————4————4——

图 6 - 47　产业政策优化前后煤炭供需形势

7. 产业政策优化对循环改造节能的影响

因铁合金、电石和焦炭产量的增长，循环改造所带来的节能收益持续增长，积累节能量和减排量也呈增长趋势，在工业节能总量中的占比情况下降的速度有所减缓，如图 6 - 48 和图 6 - 49 所示。

（二）结论

1. 产业政策优化的优点

首先，允许高耗能产业以一定的速度增长，为国民经济的平稳增长增加保险系数。可以有效缓解经济新常态下因国家经济下行压力加大带给资源枯竭型城市的冲击。

其次，充分发挥循环改造后生产设备的节能减排功能。

最后，产业上下游之间的供需平衡符合循环经济发展的基本理念。

2. 产业政策优化的缺点

增加了综合能耗规模，降低了整个规模以上工业的能耗效率和污染物排放效率。

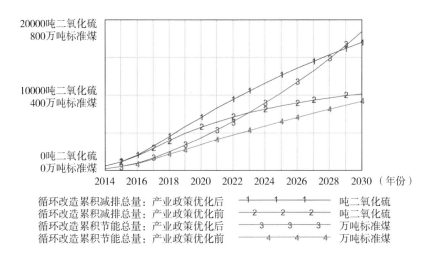

图 6-48　产业政策优化前后循环改造累计节能和减排变化趋势

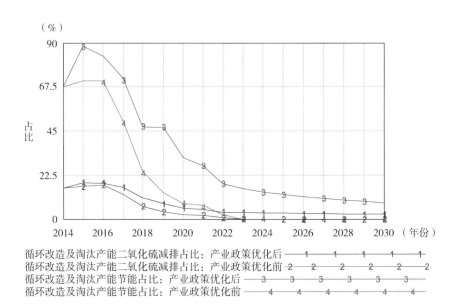

图 6-49　产业政策优化前后循环改造累计节能和
减排占比变化趋势

第四节　微观发展机理总结

工业循环经济系统内部物质、能量流动的过程及其各环节损失的情况通过信息流反馈给系统的规划者和调控者；系统调控者按照具体的循环经济发展目标，依据获取的系统运行的关键指标，评价系统运行的状态，并制定未来系统的优化调控方案。工业循环经济系统是可控程度很高的社会经济生态复合巨系统。政府是这个系统的最为活跃和关键性的要素，企业是系统运行的微观主体，有别于普通的经济体高度重视经济指标，工业循环经济兼顾生态指标、经济指标和社会指标，追求"五位一体"（政治、经济、社会、文化、生态）的发展目标；调控者关注的核心指标是生态效率，对煤炭资源型城市来说，综合能耗效率和污染物排放效率（本书选择的是二氧化硫排放效率）是调控者最为关心的指标，并依据工业循环经济的发展指标（一般而言，指在某个时间段，将生态效率提高到某个水平），制定调控工业循环经济的具体实施方案。短期来看，淘汰落后产能、循环化改造政策，可以起到立竿见影的效果，但这种政策见效快，效率衰减的也快，并不能持续地支撑生态效率的提高；通过产业结构调整，发展生态效率高的新兴产业是持续提高生态效率的好办法；而通过科技进步，持续不断地提高生产效率和资源利用效率，则是更加可靠的长远之计；由于循环经济具有外部经济性，在工业循环经济发展的各个环节，政府都需要提供一定的补助资金或优惠政策。

一　政府是工业循环经济系统微观运行机制的调控者

政府制定循环经济发展目标，筹集循环经济补助资金，组织力量收集循环经济数据，研究城市循环经济发展现状，存在的问题，解决的对策；制定循环经济发展相关的政策调控措施；组织企业申报循环经济补助项目；协调企业之间开展副产品和废弃物的资源化利用；建立循环经济公共信息平台；搭建促进循环经济发展的产、学、研、中介、政府公共平台，促成有关循环经济发展的资源优化组合；评估循环经济政策实施效果；制定循环经济发展优化方案。

二 生态效率是工业循环经济系统调控者最为关注的核心指标

因为资源禀赋的缘故，煤炭资源型城市的产业结构多是建立在丰富的煤炭资源综合利用基础上的高耗能、高污染产业，例如，电力、冶金、煤化工等。受"荷兰病"的影响，煤炭资源型城市的发展模式多是粗放型的，能源利用效率低而环境污染严重。地方政府调控工业循环经济系统的工作重点一般放在提高生态效率方面，即资源效率和污染物排放效率。提高能耗效率和污染物尤其是二氧化硫排放效率成为煤炭资源型城市主要的循环经济发展目标。

三 企业是循环经济发展的主要载体

对煤炭资源型城市而言，企业是资源环境问题产生的根源，也是进行循环化改造和产业转型的载体，尤其是建立在煤炭资源的开发利用基础上的高耗能、高污染企业，更是发展循环经济所重点调控的对象。在政府的调控手段中，针对企业生产技术的耗能状况和污染状况，通过行政手段淘汰落后产能以及通过资金补贴鼓励设备"上大压小"和开展循环化改造。这两项政策措施能够产生立竿见影的节能减排效果，但由于涉及企业的大量投资，在国民经济下行压力增大，市场前景有风险的情况下，企业在政府调控下的经济行为有可能会增加企业债务负担而降低企业市场竞争力。

四 循环经济主体之间的信息反馈机制至关重要

只有在充分掌握工业循环经济系统运行的薄弱环节，以及了解企业发展循环经济成本效益信息的条件下，政府制定的调控政策才能够更有效地弥补系统的缺点，提高工业经济的生态效率，激发和培育企业发展循环经济的动力。只有建立起通畅的政府和企业之间有关循环经济的信息反馈渠道，才能够为循环经济的健康和持续发展奠定良好的基础。一方面，政府可以为企业发展循环经济提供必要的资金补助，弥补投资具有外部经济性的经济行为给企业带来的收益损失，巩固企业发展循环经济的信心；另一方面，企业将循环经济活动的生态、经济和社会收益反馈回政府，坚定政府发展循环经济的执政理念。

五　产品价格波动干扰工业循环经济运行过程

在经济新常态下，市场价格波动剧烈，有的工业产品价格甚至比几年前下降了一半，对企业的循环经济活动有重要影响。近年来，煤炭资源价格下降幅度很大，煤炭资源企业运营困难，从侧面反映了煤炭下游产业受经济新常态影响巨大的现实情况。2013 年 7 月，国家统计局石嘴山调查队最新资料显示，"比黄金还贵"的石嘴山市"乌金"无烟煤售价一路下探，较往年同期下降近 50%。有企业的循环化改造项目投产后，运营一段时间后，因产品价格波动，导致亏损而停掉了废弃物资源化利用的生产线。

六　对工业循环经济的发展而言，企业之间的阻力大于企业内部

财税政策影响企业之间的产品和副产品循环利用。如前文所述，企业开展循环化改造多以企业自身的生产流程为依托，企业之间的协作则少得多，企业经营者提得最多的一个理由是：企业之间产品交易要缴纳增值税，而企业内部则没有这部分成本。探索针对循环经济协作企业之间产品、副产品交易免征增值税政策将会从一定程度上提高企业间开展合作的积极性，促进企业间循环经济的发展。

七　距离是工业循环经济发展的制约因素之一

企业之间、企业内部的产品和副产品流通以及废弃物资源化利用是循环经济的核心内容，距离是这类经济活动可以获利、得以开展的决定性因素。例如，丹麦卡伦堡循环经济工业园主体由 4 家企业及卡伦堡市区组成，4 家企业相互间的距离不超过数百米，由专门的管道体系连接在一起；日

本北九州循环经济工业园区由环境省会同经济产业省根据废弃物产生种类和数量以及经济运送距离，综合考虑地方政府的积极性和当地环境要求而批准设立。循环经济多以工业园区的形式展开是有其现实基础的，超过一定的距离，循环经济开展的经济效益将会大打折扣。进行适度的空间结构优化，将有共生关系的企业（相互间具有循环经济协作潜力）集中在距离较近的空间范围内，为企业之间的协作创造有利条件，对发展循环经济具有重要意义。

八　手段和目标相互促进是工业循环经济系统趋于完善的标志

初始，政府通过资金补助和提供政策优惠，促使企业淘汰落后产能、对生产工艺进行循环化改造，促进产业结构升级。随着资源效率和环境效率的改善，区域产业规模也达到了新的水平，逐渐产生集聚经济和范围经济，网络外部性开始发挥作用，即产业越往本产业区集聚，区内企业获得的外部经济性越多，竞争力越强，进而推动本产业区经济发展，就业岗位增多，社会进步和生态和谐；经济的发展提高了地方财政，用于进一步发展循环经济的专项资金更加充裕，发展循环经济的手段和目标之间形成了良性循环，区域循环经济系统实现可持续发展，如图6-50所示。

九　协调好传统产业和新兴产业之间的关系是工业循环经济系统平稳健康发展的基础

对于煤炭资源型城市来说，是发展传统煤基产业（以煤炭资源为基础的产业，对石嘴山市而言，就是铁合金、焦炭、电石、电力等）还是发展新兴产业（对石嘴山市而言，新兴产业就是氯碱深加工、镁深加工、特钢和新能源等）是一种发挥。前文分析已经得出结论，若要发展传统煤基产业，则必须要付出一定的生态代价；若要发展新兴产业，则面临产业结构的大变更，一是需要时间，二是要冒一定的风险，尤其是在国家经济发展下行压力大，整个国家面对调结构、转方式的重大挑战的背景下，若是旧的产业已经淘汰，而新的产业尚未强大起来，则整个国民经济就有大幅度衰退的

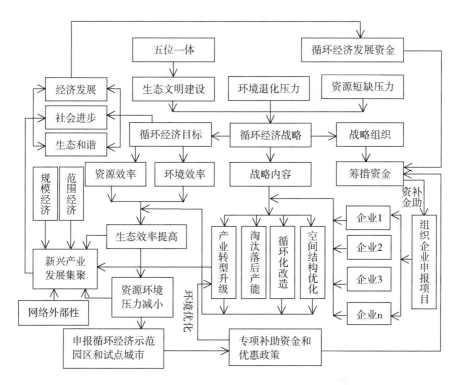

图 6 - 50　煤炭资源型城市工业循环经济发展机理示意

危险。

第五节　本章小结

本章第一节在分析工业集聚区空间分布格局的基础上，确定将惠农区作为分析石嘴山市工业循环经济微观运行机理的重点区，进而分析了惠农区最主要的三个循环经济产业链，以及产业链条各个环节的主要生产能力，产业链内物质和能量流动的先后顺序和数量关系，并指出各产业链的薄弱环节和发展方向。

本章第二节和第三节以惠农区工业循环经济系统为研究对象，运用系统动力学方法建立仿真模型，运用情景分析方法，一方面，在假定系统按目前发展态势运行的条件下，分析工业循环经济系统未来的经济、社会和生态发展状况，并探讨系统存在的问题；另一方面，通过政策调控，假定限制发展产业能够按一定速度发展的条件下，惠农工业循环经济系统发展的经济、社会和生态效应，探讨了在此背景下，限制发展产业和优先发展产业之间的相互影响，并指出优化调控政策的优点和缺点。首先，允许高耗能产业以一定的速度增长，为国民经济的平稳增长增加保险系数。可以有效地缓解经济新常态下因国家经济下行压力加大带给资源枯竭型城市的冲击。其次，充分发挥循环改造后生产设备的节能减排功能。最后，能够相对较好地处理好产业上下游之间的供需平衡。但这种调控方案增加了综合能耗规模，降低了整个规模以上工业的能耗效率和污染物排放效率。

　　本章第四节在前三节分析的基础上，总结了惠农区工业循环经济系统微观发展机理，强调了政府作为宏观调控者的重要作用，政府调控系统运行的逻辑思路和依据，指出物质流和能量流分析在诊断系统运行薄弱环节和优化系统调控方案方面的重要作用，以及市场价格波动、空间距离因素、产业集聚效应以及传统产业和新兴产业之间的关系对工业循环经济发展的重要影响；认为传统产业和新兴产业之间是相互依存、相互促进的，过度强调新兴产业的发展存在风险，协调好两者的关系是产业结构调整改造升级的关键环节；工业循环经济可持续发展的标志是调控目标和调控手段之间实现相互促进和良性循环，即调控目标的实现有利于调控手段的加强，调控手段的加强进一步促进调控目标的提高。

第七章 煤炭资源型城市工业循环经济发展模式及调控对策

第一节 煤炭资源型城市工业循环经济发展模式

一 煤炭资源型城市工业循环经济发展模式的逻辑思路

工业循环经济具有外部经济性，政府必须对其进行有效的调控，通过提供优惠政策和支持资金，优化空间结构，为企业开展循环经济协作创造适宜环境；将促进企业进行生产工艺的循环化改造及通过行政命令淘汰落后产能作为政府调控工业循环经济系统的基础工作；产业结构优化即培育和壮大非煤新兴产业的发展是煤炭资源型城市发展工业循环经济的关键环节，但新兴产业的发展并不能割裂与传统煤基产业的关系，两者的良性互动是本类型城市工业循环经济可持续发展的基础；随着产业循环产业链和产业网的构建和完善，产业集聚导致的集聚效应、共生效应、规模经济等经济效应也开始发挥作用；工业循环经济系统规模持续壮大，取得良好的生态效益、经济效益和社会效益，反过来，又为政府调控工业循环经济系统积累财力资源并拓展调控空间；最后，实现以"发展工业循环经济"促进"工业循环经济发展"的最终目标。

二 "目标—手段—目标"环形发展模式

以第四章"石嘴山市工业循环经济的宏观驱动机制"和第五章"石嘴

山市工业循环经济微观发展机理"为理论依据,结合石嘴山市发展工业循环经济的实践经验,总结出煤炭资源型城市发展工业循环经济的"目标—手段—目标"环形发展模式。

(一)"目标—手段—目标"环形发展模式的概念

该发展模式的核心观点可以用"一一四二三"来概括。第一个"一"指工业循环经济具有外部经济性这一特点,政府必须尊重这条基本原理,制定相应的政策措施,培育企业发展循环经济的信心;第二个"一"指煤炭资源型城市发展工业循环经济必须紧抓"节能减排"这一工作重心,并以生态效率(包括资源效率和环境效率)作为衡量标准,制定发展目标;"四"指工业循环经济必须抓好"四个工作重点",一是"工业空间结构优化",二是"淘汰落后产能",三是"生产工艺循环化改造",四是"工业结构升级";"二"是指两类产业,即传统煤基产业和新兴主导产业,发展工业循环经济不能割裂两者之间的关系,必须实现两类产业的"良性互动";"三"指工业循环经济必须取得良好的经济效益、社会效益和生态效益,从而为政府进一步调控工业循环经济系统提供财力支持和调控空间;"环形"指工业循环经济的发展目标和发展手段之间实现良性循环,即"目标—手段—目标",通过具体的循环经济发展手段(即政策措施),实现循环经济发展目标,发展目标的实现为循环经济发展手段的实施提供更加坚实的条件保障,进而进一步实现更高的发展目标,发展目标与发展手段相互依赖、相互促进,促使工业循环经济发展水平不断提升。"目标—手段—目标"环形发展模式逻辑框架如图7-1所示。

(二)模式的具体内容

1. 建立组织保障

建立循环化改造领导组织机构,以保障工作的有序开展。

成立循环经济工作领导小组和领导小组办公室,市委、市政府主管领导担任领导小组组长,市发改委主管领导担任副组长,领导小组成员由市发改局、招商局、财政局、统计局、建设局、工信局、环保局、国土资源局等部门负责人组成。各工业园区和经济技术开发区管委会主任担任领导小组办公室主任。

领导小组负责制定循环经济发展的战略方针,对重大事项做出决策、

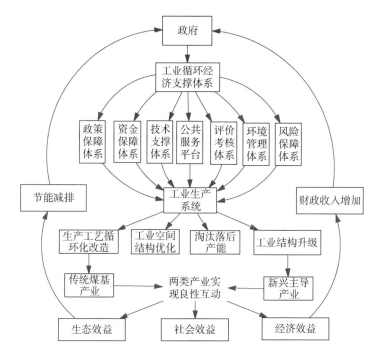

图7-1　"目标—手段—目标"环形发展模式逻辑框架

指导、协调和监督检查工作。各单位、部门要及时制订本部门本单位具体实施计划，做到层层有责任，级级抓落实。

2. 工业空间结构优化

煤炭资源型城市的工业体系主要建立在煤炭资源的开采和综合利用之上，煤炭资源的空间布局对工业布局有重要影响。受煤矿区位的影响，煤炭资源型城市工业的空间布局往往具有工业点多而布局分散的特征。距离是工业循环经济发展的重要影响因素，著名的工业生态园区面积都不大，从侧面反映了距离的重要性。通过工业空间结构优化，将具有循环经济协作潜力的企业布局在一起，对发展工业循环经济意义重大，应当受到地方政府的高度重视。

3. 聚焦节能减排

通过产业分析，明确节能减排重点行业和重点企业，实施监管减排，淘汰落后产能，推进循环化改造和产业结构升级。

设立专门的环保管理与监督机构，按照统一规划、统一设计，除尘配套设备与主体工程同步建设的要求组织实施，严格控制企业污染物排放，坚决关停不达标又整改不了的企业。

积极进行工业结构调整，加大循环化改造力度，促使落后工艺、技术和设备的淘汰和更新。针对区内主要耗能和污染物来源产业的生产工艺和设备等进行积极改造和技术创新。组织推广应用先进成熟的节能新技术、新工艺、新设备，重点推广风机变频、循环水余热利用、矿热炉低频电源冶炼、煤气回收利用、低温余热发电和中水回用等单项节能减排技术。

4. 支撑项目带动

通过支撑项目的投资，促进循环化改造、产业链延伸、废弃物资源化利用和产业结构升级。支撑项目的数量和投资金额要达到一定的规模。

重点支撑项目的引进要有利于促进城市产业结构生态化、经济运行国际化、基础设施现代化、社会发展协调化，能够促进循环经济健康、快速发展，最终实现煤炭资源型城市经济发展和环境保护的双赢目标。

要符合产品代谢和废物代谢基本要求，要针对城市产业发展现状和未来发展趋势，高起点、高标准和高层次地引进具有较大增长潜力和补链功能的绿色企业和项目，形成多行业、多产品、多链条的循环经济产业网状结构。

5. 重视已有龙头企业的示范带动作用

龙头企业是相关行业的优势企业，规模大，关联效应强。龙头企业在循环化改造、节能减排和产业链条延伸方面的成功能给整个产业带来信心，有利于循环经济工作的顺利推进。在具体实施过程中，首先确定优先支持的重点企业，其次与企业经营者进行充分沟通，鼓励企业通过实施大项目、产业整合等方式壮大规模实力。

6. 完善循环经济支撑体系

（1）政策保障体系

落实国家相关政策。充分利用国家对老工业基地调整改造和资源枯竭型城市的支持性政策，积极争取中央、地方财政的资金支持，大力发展接续产业、战略性新型产业和循环链接产业，加快产业结构、产品结构升级。

项目引进要认真执行国家产业政策，严格项目准入条件，大力引进和重点发展高新技术产业、高知名度品牌、高创汇企业和高附加值产品，提高引进项目的层次和水平。坚决杜绝严重破坏生态环境的项目、严重危害人民健康和生命安全的项目和国家明令淘汰、不符合产业政策的项目。支持发展循环经济项目和资源节约利用项目，创建环保工业园和生态工业园。

完善财政补贴和税收优惠政策。制定发展循环经济的财政补贴和税收优惠政策。凡开发、利用绿色能源，生产绿色产品，保护、恢复生态环境的单位，可申请补偿，经认定后，通过不同的渠道兑现。

（2）资金保障体系

积极争取国家和上级政府循环经济专项资金。支持实施循环经济项目的企业申请国家和省专项资金，充分利用好银行贷款，引导金融机构资金投向循环经济领域，鼓励担保公司为循环经济项目和企业提供贷款担保，缓解循环经济发展的资金矛盾。注重开发银行等金融机构的长期贷款投入，利用资源型城市转型和循环经济的优惠政策，做好项目推介和项目前期准备工作，积极争取国家开发银行的项目资金支持。

加强与政策性银行、商业银行的沟通，鼓励银行与企业探索新型银企合作关系，支持推广银团贷款、商业承兑汇票、企业短期融资债券、应收账款抵押贷款、动产抵押贷款、仓单质押贷款、小额贷款、行业联保贷款等灵活多样的融资方式。探索新的形式和方法，推进企业评价和信用担保体系建设，建立"银、企、保"合作机制，改善中小企业融资环境，切实解决有市场、有效益、有信誉的中小企业的贷款问题，充分运用金融等手段培育壮大中小企业。积极推进产业集群重点企业的培育、辅导、推荐等上市工作，支持对产业集群发展有促进作用的上市公司加快发展，增强企业再融资能力。

加强同当地金融部门的沟通和联系，完善中小企业信用担保体系，为企业项目解决资金困难。积极运用银行贷款、项目融资等多种业务方式，支持新兴产业集群的项目建设；鼓励各类符合条件的企业以发行股票、债券等直接融资方式筹集资金，加快培育上市后备资源，充分利用上市公司的融资功能，促进产业集聚。加强招商引资工作，以优势项目吸引境外资金，把更多的技术水平高、增值含量大的项目投资到重点产业。

鼓励和支持不违背国家政策的民间融资，引导民间金融向规范化发展。建立工业循环经济发展引导资金，发挥财政资金对循环经济发展的导向作用，广泛吸纳社会资金参与基础设施建设。

（3）技术支撑体系

强化政府扶持与引导，加大对高新技术产业的孵化力度。落实国家和上级政府有关促进高新技术企业发展、提高企业自主创新能力方面的各项税收、财政、信贷等优惠政策，鼓励企业自主研究开发高新技术产品。进一步调整和优化政府科技投入结构，发挥政策的产业导向作用。加快科研体制改革，促进转制科研机构发展。发展创业风险投资基金等新型金融机构，支持高新技术企业与各类金融机构的合作，采用多种方式引导金融机构支持自主创新与产业化。支持科技中介服务机构发展，提高科技中介服务机构服务水平和质量，切实发挥科技中介服务在促进科技成果转化方面的作用。

构建以企业为主体、新型产学研结合的技术创新体系。发挥企业在技术创新中的主体作用。加强企业技术创新中心建设。鼓励应用技术研发机构进入企业。鼓励企业与高等院校和研究院所的科技合作，建立技术研发机构，充分发挥高等院校和研究院所科技资源优势，为本市企业提供分析与检测的技术服务，帮助企业解决研发和技术难题。发挥各类企业特别是中小科技企业的创新能力，鼓励技术革新和发明创造。打造一批持续创新能力强的企业集团。

加快清洁生产技术、环境污染治理技术、资源综合利用技术的开发研究和推广应用，加大对以实现工业循环经济为目的的技术装备、生产工艺改造及先进技术开发应用的投入，加速淘汰能耗高、效率低、污染重的落后工艺、技术和设备。以工业循环经济发展急需的实用技术研究开发为重点，深入开展产学研合作，加强对资源节约和替代技术、能量梯级利用技术、延长产业链和相关产业链接技术、"零排放"技术、有毒有害原材料替代技术及回收处理、绿色再制造等实用技术开发，加速科技成果转化。加强对外合作与交流，引进先进技术、装备和管理模式，通过嫁接改造实现循环发展。

（4）公共服务平台建设

积极推行公共服务项目市场化运作和企业化管理，鼓励企业参与技术创新、信息网络、现代物流、检测检验、职业技术培训等公共服务平台的建设；优化公共技术开发和服务、资本运作服务、政策和信息服务等平台；完善创业服务体系、投融资服务体系、知识产权信息服务体系、科技信息服务体系的建设，推动独特的技术支撑体系；开展污染集中防治设施建设及升级改造、废物交换信息平台、循环经济统计信息化以及环境监测体系建设等项目工程建设。

进一步加强城市供排水、道路、电力、通信等硬件基础设施建设，强化协调服务，改善投资环境，提高投资吸引力。在着力完善基础性、行政性服务的基础上，加强完善生产性、生活性服务，加强金融、科技、人才、劳动用工、信息、市场等方面的服务体系建设，逐步建立服务管理的长效机制。进一步完善服务方式，建立绿色服务通道，提高行政服务效率。进一步简化审批程序，缩短审批时间，降低商务成本。

（5）统计评价考核体系

建立科学、完整、统一的节能减排统计、监测、评价和考核体系，并将能耗降低和污染减排完成情况作为政府领导干部综合考核评价和企业负责人业绩考核的重要内容，实行严格的问责制和"一票否决制"，即"用合理的减排指标反映减排绩效，用准确的统计和监测数据印证减排情况，用严格的措施落实减排责任"。循环经济领导小组定期对各个管理部门的实施情况进行检查考核，对没有在规定时间内完成任务的部门要给予批评和必要的惩罚。

以循环经济指标体系为基础，选取资源产出、资源消耗、资源综合利用、废物排放等大类指标进行统计指标体系试点，并在试点基础上扩大指标范围，进一步完善指标体系。

（6）污染防治监督管理体系

严格执行国家、地方法律法规，加强对辖区内企业环境污染防治的监督管理工作。

完善环境监测体系。完善的污染防治监管体系是保障城市循环经济顺利实施的根本措施之一，环境监管体系应该由循环经济管理部门和环保部门共同组织运行。环保局下设环境监测站，负责建立企业环境在线监测系统。通过在各污染物排放口设置在线监测装置和排污口计量装置，对监测结果及时统计，检查监测结果是否全部达标，对不达标的须查明原因，规范整改，及时准确地了解企业生产过程中污染物排放的具体情况，为环境管理提供科学的依据。

加强环境监察体系建设。环保局配合循环经济管理部门定期对各部门的工作情况进行检查考核，对没有在规定时间内完成任务的部门要给予批评并采取必要的惩罚措施，加强辖区内环境监管能力建设。

（7）产业链接的风险分担和保障体系

产业链接存在一定的市场风险和契约风险，要求在风险分析以及各方相互交流、理解和妥协的基础上寻求并达成各方都可以接受的风险分担方案及协调机制，包括保费分担比例和风险保障金比例，促使产业链接上下节点企业充分发挥其对风险管理的主动性和创造性，最大限度地涵盖所有利益相关者的偏好和有效地抵制"有组织地不负责任"的集体理性和道德责任，为更长期且有效的合作积累起信任资本与社会资本，达到节约内生交易费用的目的。

建立和完善风险投资机制。设立产业链接风险专用金，建立由担保公司、银行、企业、中介机构和相关政府部门组成的多元化的风险分担体系，降低个体风险承担值。

强化产业关联机制。积极引进国内外先进制造企业，谋划配套项目，促进产业集聚，提高产业关联度，构建特色优势产业链；引大联强，培育龙头企业和名牌产品，形成以一业带多业的发展新格局。

提高产业链抗风险能力。把握产业方向，面向国内外两个市场，立足企业实际，加强技术改造和升级，增强企业抵御市场风险能力；落实"安全生产，预防为主"的方针，加强安全生产管理，制定针对性强的安全预案，提升应对突发事件的应急救援应变能力，有力地保障新增产业链稳定运行。

第二节　煤炭资源型城市工业循环经济调控对策

一　经济新常态及其对煤炭资源型城市工业循环经济的影响

（一）经济新常态的由来

2014 年以来，我国经济告别高速增长模式并且增速出现一定程度的下滑，但是政府通过采取一系列的定向调控方式与改革措施，抑制了经济下行过快的趋势，使我国经济运行进入到一个合理的、平稳的、稳中有升的可控区间。

2014 年 5 月，习近平在河南考察时指出，中国发展仍处于重要战略机遇期，要增强信心，从当前经济发展的阶段性特征出发，适应新常态，保持战略上的平常心态。7 月 29 日，习近平在和党外人士的座谈会上又一次提出，要正确认识中国经济发展的阶段性特征，进一步增强信心，适应新常态。在此背景下，"新常态"也成为我国经济运行的主旋律。

（二）新常态的特征和宏观表现

2014 年 12 月 9—11 日召开的中央经济工作会议将经济新常态的特征归纳为九条：模仿型排浪式消费阶段基本结束，个性化、多样化消费渐成主流；基础设施互联互通和一些新技术、新产品、新业态、新商业模式的投资机会大量涌现；我国低成本比较优势发生了转化，高水平引进来、大规模走出去正在同步发生；新兴产业、服务业、小微企业作用更凸显，生产小型化、智能化、专业化将成产业组织新特征；人口老龄化日趋发展，农业富余人口减少，要素规模驱动力减弱，经济增长将更多依靠人力资本质量和技术进步；市场竞争逐步转向质量型、差异化为主的竞争；环境承载能力已达到或接近上限，必须推动形成绿色低碳循环发展新方式；经济风险总体可控，但化解以高杠杆和泡沫化为主要特征的各类风险将持续一段时间；既要全面化解产能过剩，也要通过发挥市场机制作用探索未来产业发展方向。

新常态的表现是经济增长率下降、滞胀隐患出现、产业结构从劳动密集型向资金密集型和知识密集型转换，以及对自主研发的需求增加等。

（三）新常态的根源

经过30多年的高速发展，中国经济出现了前所未有的新特征，这些新特征具有中国经济供给和需求两个方面的深刻根源。

首先，从供给方面看，影响我国经济的主要因素有两个。一是成本上升，包括劳动力成本上升和能源原材料价格的上升。劳动力成本上升即是劳动力收入的增加，可以看作是我国经济建设的巨大成就之一。劳动力成本上升的原因有两个：一是市场对劳动力需求的增加；二是劳动力供给的减少。有研究成果显示，2012年我国工作年龄人口减少345万人。原材料和能源价格上升的原因与劳动力成本上升相类似；二是技术进步的成本加大。学习型技术进步支撑了我国30余年的高速增长，由于学习和模仿具有成本低、风险小的特点，一方面使学习模仿者具备"后发优势"；另一方面，会导致自身技术进步严重依赖学习和模仿，最终抑制了自主创新的发展。随着中国各领域技术与世界先进水平之间的差距的缩小，学习型技术进步基本走到了尽头。若要持续经济增长，我国最终必须转向自主创新，必须为技术进步付出更加昂贵的代价。

其次，从需求方面看，中国经济呈现两个发展趋势。一是投资收益率下降。随着改革开放的深入推进和经济的发展，好的投资机会逐渐减少。目前，当我国的"后发优势"逐渐消失后，企业很难再找到很好的投资机会。二是我国外需型经济增长方式遇到困难。最近30多年来，我国采取的是出口导向型的经济增长方式，对国际市场的依赖很大，受国际金融危机和欧债危机影响，国际市场不景气，需求萎缩，使我国出口市场受到一定程度的抑制，增长乏力。

（四）经济新常态对煤炭资源型城市发展循环经济的影响

1. 有利于淘汰落后产能，为发展转型腾出发展空间

在目前中国存在严重产能过剩的情况下，由于通货膨胀率并不高，所以存在进一步刺激经济从而提高经济增长率的空间，但那样做就会为落后产能苟延残喘提供机遇，不利于产业结构升级和增长方式转型。而在保证就业的前提下，容忍经济"中高速"增长，尽量减少对经济的总量刺激，从而恶化落后产能的生存环境，迫使它退出市场或改造升级，进而实现整个国民经济的结构调整和增长方式转变。

在"荷兰病"的影响下,资源型城市往往会走一条粗放型低技术含量的产业发展之路。这样的产业在经济高速增长,市场需求旺盛的环境下具有生存空间。一旦经济发展速度下滑并保持较长时期的市场不景气,落后产能因技术含量低、成本高而被淘汰。煤炭资源型城市产业转型升级是发展循环经济的重要途径,淘汰落后产能、发展新兴产业是产业转型升级的核心内容。目前,在我国非常严格的建设用地审批制度下,许多城市因建设用地指标匮乏,存在即使有好项目、大项目,因没有建设用地指标而使项目难以上马的问题。经济新常态下,通过市场的力量淘汰掉落后产能,节省了通过行政干预"关、停、并、转"落后产能所需要的成本,也可以为接续产业发展提供建设空间,一举两得。

2. 地方政府融资困难,对循环经济发展的调控能力有所下降

经济新常态下,政府对经济不进行总量刺激,货币政策的倾向是不实行全面降息,甚至也不实施定向降息,因为降息刺激出来的往往是低效投资。在不降息的条件下,往往通过定向货币数量扩张的方式刺激需求,进而促进相关产业增长。因为市场投资机会少,企业投资欲望降低,无形中增加了地方政府招商引资的难度。

经济新常态下,中央政府为达成调结构转方式的目标,配套实施了众多改革措施,例如下放取消诸多行政审批权,推广自贸区经验,推出新预算法,国务院下发43号文规范地方债管理,等等。诸多政策法规的目标之一即是要减少对经济运行的行政干预,逐步让市场机制在资源配置过程中发挥决定性作用。中央政府上述政策取向不利于煤炭资源型城市调控循环经济发展。我国区域循环经济要求地方政府在转型过程中发挥积极作用,包括淘汰落后产能、对老旧设备进行循环化改造、搭建产学研创新平台、招商引资、基础设施建设等。这些政府行为无不需要财政经费支持。循环经济发展过程中,许多城市政府巨大的财政收支缺口正是如此而形成的。在经济新常态下,没有了地方政府融资平台,没有了财税优惠政策,地方政府可调用的资源趋于枯竭。这不利于煤炭资源型城市调控循环经济发展。

3. 不利于煤炭资源型城市发展新兴产业

Corden 和 Neary (1982) 提出"荷兰病"模型,指出自然资源的发现

和资源产业的扩张将加速当地生产要素向自然资源部门的转移和集聚。这一方面加快了自然资源开发的增长速度，带动了本区域经济的成长；另一方面由于生产要素从其他部门向资源生产部门转移，非资源开发部门发展能力受到削弱，并容易造成资源开发部门生产要素集聚过多而导致使用效率下降，从而对经济增长产生消极影响。

资源型城市产业结构不合理，普遍存在资源型产业"一业独大"的问题，这正是"荷兰病"的典型表现。在历史发展过程中，由于良好的资源禀赋，煤炭资源型城市把大量生产要素投入煤炭资源的开采和利用，以此获得短期经济效益，这些资源型产业多为劳动密集型产业和资金密集型产业；而有利于城市集约发展和可持续发展的知识密集型和技术密集型产业因为"荷兰病"的投资挤占效应而受到忽视。这也造成目前煤炭资源型城市人才结构不合理，大量从业人员集聚于资源型产业，企业普遍缺乏战略性新兴产业发展所必需的前瞻性技术储备，尤其缺乏高层次、高水平的战略性新兴产业领军人才，严重制约了企业的创新发展能力。

经济新常态下，因为学习型技术进步越来越困难，我国将会加强自主创新发展能力、加大科技投入、实施科技体制和教育体制改革、进行大规模技术科学技术研发、支持创新型新兴产业的发展将会成为国家长期的政策取向。从生产要素组合条件考察，科技创新型新兴产业往往更加倾向于布局在智力密集、技术基础雄厚、产业配套条件好的中心城市，煤炭资源型城市往往不具备竞争优势，这无疑不利于煤炭资源型城市发展技术密集型新兴产业。

4. 国家战略有利于煤炭资源型城市获得新的动能

面对外贸增长乏力、国内投资增长放缓的我国经济新常态，中央政府推出了一系列改革措施，以期在稳增长、调结构的基础上转变增长方式，实现可持续发展。"一带一路"战略即是其中最为重要的组成部分，国家通过建设丝绸之路经济带和海上丝绸之路加强同沿线国家的经济合作，一方面寻求资源保障，另一方面可以输出国家过剩产能，并有利于逐步提高中国人民币的国际地位和我国的国际影响力。资源开发、基础设施建设是中国同"一带一路"国家主要的合作领域，中国通过成立"丝路基金"和发起建设"亚洲基础设施投资银行"，搭建了各相关国家的合作平台。煤炭资源型城市在煤炭资源勘探、开发、加工和装备制造方面拥有优势，借助国家实施"一带一路"倡议的机遇，煤炭资源型城市可以加强同相关国家的合作，大力发展对外合作，提高城市经济对外开放水平，促进经济转型升级。

在经济新常态背景下，考虑到煤炭资源型城市本身的经济特点以及循环经济具有外部经济性，企业自身动力不足，需政府引导调控等特性。煤炭资源型城市发展循环经济的主要制约因素包括：因"荷兰病"导致的资源利用效率低下问题；政府循环经济调控资金不足问题；技术、人才匮乏问题；因企业投资愿望下降导致的招商引资困难问题。下面，本书将基于上述判断，提出煤炭资源型城市发展循环经济的政策建议。

二　经济新常态背景下煤炭资源型城市工业循环经济调控对策

（一）慎重实施"腾笼换鸟"产业政策

在经济新常态下，煤炭资源型城市社会经济发展遇到的困难相比于其他类型城市会更大一些，"腾笼换鸟"式的产业结构升级模式对传统产业结构改造力度太大，倘若新兴产业培育或招商引资遇到瓶颈，则旧的产能已经淘汰，新的产业难以为继，加之企业为发展转型往往已经付出巨额投资，更没有能力应对严峻的经济形势，整个国民经济有可能遭遇断崖式下滑，进而带来民生和社会问题。建议煤炭资源型城市减缓淘汰落后产能速度，尤其对产业规模小，结构单一的煤炭资源型城市的落后产能要采取差别化对待政策，允许这些产业能够以一定的速度增长。待接续产业发展起来，再逐步淘汰掉这些落后产能。

（二）建立针对煤炭资源型城市的循环经济评价方法

煤炭资源型城市因资源禀赋的问题，高耗能和高污染企业在国民经济中占有相当大的比重，GDP能耗强度远远高于其他类型城市。应该建立单独的评价体系对这类城市的循环经济进行评价，否则将会产生严重的问题。若以相同的评价指标来衡量，则煤炭资源型城市的循环经济发展目标有可能会扭曲政府的产业发展政策，为实现循环经济发展目标而制定出不合理的发展措施。例如，过于依赖行政命令，通过淘汰落后产能而实现目标，进而损害国民经济稳定健康发展的基础。

（三）提高资源税，促进企业提高资源利用效率

资源经济学理论认为，资源价格高低对其配置效率有显著影响。过低的资源价格会鼓励企业过多依靠资源投入追求利润最大化目标从而导致资源利用效率低下。通过增加资源税，可以提高资源价格，进而促使企业通过改进生产工艺和加强生产管理而提高资源利用率。

建议加快煤炭资源税（费）改革力度，适度增加资源税税额，将这部分收入纳入循环经济发展专项资金。但对于煤炭资源枯竭型城市，参照《中共中央、国务院关于实施东北地区等老工业基地振兴战略的若干意见》（中发〔2003〕11号文）提出的建议，研究制定支持资源型城市经济转型的政策措施，对资源开采衰竭期的矿山企业，以及对低丰度油田开发，在地方具备承受能力的条件下，适当降低资源税税额标准。同时调整资源税的税收优惠政策，对资源回采率和选矿率达到一定标准的资源开采企业给予一定资源税税收减免，以激励资源开采企业自觉保护资源，提高资源开采效率。

（四）拓展循环经济发展专项资金渠道，解决调控资金短缺难题

1. 针对企业发展循环经济，中央和上级政府给予煤炭资源型城市财力性转移支付政策

建议国家推广资源枯竭型城市转型试点和国家循环经济试点城市的成功经验，中央和上级政府对发展循环经济的煤炭资源型城市给予财力性转移支付政策。

循环化改造需要资金投入，由于节能减排是具有外部经济性的经济活动，企业投资收益低，甚至亏损，企业积极性不高。在石嘴山市惠农区组织的循环化改造重点项目中，有约40%的项目并未付诸实施，企业给出的理由是改造收益难以弥补企业投入的改造成本。考虑到煤炭资源型城市对国家经济发展做出的历史贡献，国家有义务为煤炭资源型城市发展循环经济和产业转型升级提供一定的补助资金，通过财力性转移支付，推动企业进行循环化改造或转型升级。

2. 扩大淘汰落后产能中央财政奖励范围，加大煤炭资源型城市淘汰和关闭小企业的奖励和补助力度

2011年4月20日，财政部、工业和信息化部、国家能源局联合印发

了《淘汰落后产能中央财政奖励资金管理办法》的通知（财建〔2011〕180号）。规定对电力、炼铁、炼钢、焦炭、电石、铁合金、电解铝、水泥、平板玻璃、造纸、酒精、味精、柠檬酸、铜冶炼、铅冶炼、锌冶炼、制革、印染、化纤以及涉及重金属污染的行业落后产能淘汰给予中央财政奖励。鉴于煤炭资源型城市落后产能集中，比重高，淘汰工作难度大的现实，建议适当扩大淘汰落后产能奖励范围，加大对煤炭资源型城市淘汰和关闭小企业的奖励和补助力度。

3. 建议加大对煤炭资源型城市基础设施和对外通道建设资金支持，对项目贷款给予先行中央财政贴息支持

《全国老工业基地调整改造规划（2013—2022年)》提出，承接城区老工业区搬迁企业的中西部地区和东北老工业基地国家级经济技术开发区、边境经济合作区和高新技术开发区，其基础设施项目贷款享受现行中央财政贴息支持政策。参照上述政策，建议国家对煤炭资源型城市经济技术开发区、高新技术产业园区等园区基础设施、对外通道建设、工业园区循环化改造和城区老工业区搬迁改造方面的项目贷款给予中央财政贴息支持。

4. 允许煤炭资源型城市有针对性地发放地方循环经济发展债券，支持符合条件的企业发行公司和企业循环经济发展债券

《全国老工业基地调整改造规划（2013—2022年)》提出，创新投融资模式，支持符合条件的具有较强综合实力的投资公司发行债券，募集资金用于组织实施城区老工业区综合改造。支持符合条件的整体搬迁企业发行债券，用于企业搬迁改造。建议国家允许煤炭资源型城市针对循环经济发展过程中遇到的基础设施、生态修复和公共服务等问题发放地方建设债券，支持有条件的具有较强综合实力的投资公司和企业发行公司债券，募集资金用于循环化改造。

5. 在国债中单列一定额度支持煤炭资源型城市的基础设施建设和循环化改造项目

国家实施东北地区等老工业基地振兴战略以来，积极启动了一批老工业基地改造国债项目，建议国债中单列一定额度支持煤炭资源型城市基础设施和生产工艺循环化改造项目。

（五）创新煤炭资源型城市循环经济促进机制，加大科技和人才扶持力度

1. 建议国家建立科研院所或大学对口援助煤炭资源型城市发展循环经济工作机制

建议借鉴中科苏州地理科学与技术研究院、中国科学院白银高技术产业园模式，启动中国科学院与煤炭资源型城市院地合作计划。具体如下。

中国科学院地理科学与资源研究所：在规划指导（城市、产业、生态、旅游规划等）、生态修复与环保产业、节水技术和微咸水灌溉技术、信息技术与智慧城市建设、文化创意产业发展领域给予指导或产业合作。

中国科学院地质研究所：在矿产资源勘探与开发、地质灾害防治领域给予技术指导。

中国科学院纳米研究所：与煤炭资源型城市重点企业开展碳基新材料科研合作。

中国科学院山西煤炭化学研究所、有机化学研究所：在煤炭资源综合开发利用方面与地方企业开展联合攻关。

中国科学院自动化研究所、智能机械研究所：与地方重点企业开展矿山机械装备制造研发，重点突破智能矿机设备研发。

中国科学院化工冶金研究所：在金属新材料领域可与地方重点企业开展研发合作。

2. 建议国家建设几处煤炭工业高级技术培训基地，为煤炭资源型城市提供人才储备

依托现有煤炭科学技术研究单位（例如，清华大学、煤炭科学技术研究院有限公司等）在人才、技术、装备和教学实习方面的资源优势，建议国家教育部门、劳动与人力资源部门将其确定为"国家煤炭行业高级技术培训基地"，依托典型企业开展煤炭行业工种划分，编制主要工种技术操作规范，编制《煤炭行业高级技工培训系列教材》，开展煤炭行业从业人员在职培训和实习，建成煤炭行业高级技工人才资格认证中心，提升我国煤炭行业从业人员技术水平和安全意识，保障我国煤炭生产效率和安全生产水平。

鼓励国内著名理工类大学到煤炭资源型城市设立分校，国家在师资队

伍建设、校园基础设施建设方面给予扶持。

3. 国家及上级政府安排人才引进专项资金，设立国外引智和对外交流专项，优先支持煤炭资源型城市引进创新人才

建议国家安排煤炭资源型城市人才引进专项资金，设立国外引智和对外交流专项，优先支持煤炭资源型城市引进创新人才。

4. 建议国家设立老工业基地科技进步和自主创新基金

支持企业引进和开发新产品、新技术和新工艺，提高企业自主创新能力。加大对矿山机械装备制造、新材料、能源化工、光伏产业的科技研发支持力度，支持引导工业企业与高等院校、科研单位采取多种形式共建工程技术研究中心、行业技术中心。

（六）创新体制机制，降低新兴产业在煤炭资源型城市发展的成本

1. 建议国家对上马产业链条延伸项目和资源深加工项目的企业给予企业所得税"三免三减半"优惠政策

建议将国家鼓励类企业"其主营业务收入必须占企业70%以上"的要求修订为"其主营业务收入必须占企业50%以上"。建议对煤炭资源型城市新办的重点鼓励发展企业，给予享受企业所得税"三免三减半"的优惠政策。对发达地区转移到煤炭资源型城市符合国家产业转移要求的企业给予进一步税收优惠。

2. 建议对企业循环经济项目和补链项目进行建设用地政策倾斜，保障建设项目用地

煤炭资源型城市在编制下达年度土地利用计划时适当倾斜，保障循环化改造建设项目和循环产业链补链项目用地。建议国家适当放宽煤炭资源型城市用地指标，用地选址执行国家重点工程选址政策，用地指标实行年度计划单列。

3. 允许煤炭资源型城市实行工业用电执行外送电价或大用户直供电政策，完善能源消耗统计体系，实施差别化节能减排政策

为降低大型企业生产成本，建议允许煤炭资源型城市实行工业用电外送电价或大用户直供电政策。

积极争取国家相关部门支持，开展直购电试点，支持传统产业改造提升。运用大用户直购、峰谷分时、阶梯式等电价管理模式，降低生产成

本。发展煤电冶化一体化，对达到行业准入条件的企业给予一定电价支持。建立发电、供电、用电企业电价联动机制，用电价格实行随产品价格上下浮动，浮动区间及标准由发、供、用三方协商确定。

建议国家对原材料生产企业实施行业主要产品按照单位能耗限额标准和产业循环作为产业淘汰的主要指标，加大对煤炭资源型城市淘汰和关闭企业资金的支持力度。

（七）积极参与"一带一路"倡议，统筹国内国际两个市场资源

以国内外基础设施的投资拉动，推动煤炭资源型城市成套设备生产的加速发展。

跟随国家"投资贸易"战略，把握新丝绸之路沿线煤矿大开发机遇，以及国家对外基础设施投资的战略机遇，加大基础设施设备出口。抓住国家煤炭资源的国际投资，推动煤炭开采利用成套设备的出口。在面向国外市场的同时，针对国内节能减排战略部署，开拓煤炭资源型城市新能源成套设备、循环经济成套设备、环保成套设备等市场。

部分煤炭资源枯竭型城市，可紧跟国家"一带一路"倡议，将煤炭产业资金和生产技术输出到"一带一路"沿线煤炭资源丰富的国家（如俄罗斯和哈萨克斯坦等）。在美国"亚太再平衡战略"影响下，中国同俄罗斯、哈萨克斯坦等国的资源合作存在增强的潜力[1]，资源合作的模式可考虑采用资源合作共赢模式、国际地缘战略合作模式（前者包括股权并购、风险勘探、购买产能等实现形式，后者包括合资开发、建立能源共同体、组建战略联盟等实现形式）开展国际资源合作开发[2]，既输出过剩产能，也为本地经济发展解决了资源保障问题。

第三节　本章小结

本章第一节以第四章和第五章工业循环经济的宏观驱动机制和微观发

---

[1]　Yu, Huilu, Dong, Suocheng, Li, Zehong, Li, Fei, Cheng, Hao, Li, Fujia, "Evolution of Regional Geopolitical Pattern and Its Impact on the Regional Resources Cooperation in Northeast Asia", *Journal of Resources and Ecology*, No. 2, 2015, pp. 93 – 100.

[2]　于会录、董锁成、李宇、李泽红、石广义、黄永斌、王喆、李飞：《丝绸之路经济带资源格局与合作开发模式研究》，《资源科学》2014 年第 12 期。

展机理为指导，推导出煤炭资源型城市发展工业循环经济的逻辑思路，进而归纳为"目标—手段—目标"环形发展模式，并详细论述了该模式所包含的组要内容：建立组织保障、工业空间结构优化、聚焦节能减排、支撑项目带动、重视已有龙头企业的示范带动作用、完善循环经济支撑体系。

　　本章第二节在分析中国经济新常态大背景的基础上，分析了经济新常态对煤炭资源型城市工业循环经济发展的影响，并提出了具体的对策：变"腾笼换鸟"政策为"刀下留人"政策；建立针对煤炭资源型城市的循环经济评价方法；提高资源税，促进企业提高资源利用效率；拓展循环经济发展专项资金渠道，解决调控资金短缺难题；创新煤炭资源型城市循环经济促进机制，加大科技和人才扶持力度；创新体制机制，降低新兴产业在煤炭资源型城市发展的成本；积极参与"一带一路"倡议，统筹国内国际两个市场资源。

第八章　结论

第一节　主要结论

本书首先运用横向比较和纵向比较方法综合评价了石嘴山市工业循环经济的发展水平，进而运用面板分析技术分析了石嘴山市工业循环经济发展的驱动因素和宏观驱动机制；并在分析主要产业链及其物质流和能量流的基础上，对石嘴山市重要工业集聚区惠农区工业循环经济系统进行系统动力学建模，分析其演变趋势及优化调控方案，系统总结了工业循环经济微观发展机理，将煤炭资源型城市工业循环经济发展的模式概括为"目标—手段—目标"环形发展模式；最后，分析了中国经济新常态对煤炭资源型城市工业循环经济发展的影响，提出了相应对策建议。总结本书的研究过程与结果，主要产生了如下几点结论：

第一，高耗能产业比重大是煤炭资源型城市工业结构的重要特征，这类城市发展工业循环经济应该有自己的一套评价标准，不能和其他类型城市一并看待。通过横向比较和纵向比较可知，尽管石嘴山市和全国及东中部地区同类城市相比，工业循环经济发展水平差距很大，但纵向比较显示，石嘴山市工业循环经济也取得了很好的发展效果。

第二，价值流是工业循环经济核心驱动机制的关键要素。无论是政府还是企业，都是在价值流的驱使下在工业循环经济系统的运行中发挥作用。政府追求的价值包括生态价值、社会价值和经济价值；企业以追求经济价值为主，在政府的优惠政策和补助资金的支持下，发展循环经济的企业也能克服工业循环经济外部经济性的影响，实现利润最大化目标。在政府循环经济政策的引导下，工业循环经济系统的价值流发生微妙变化，进而带动系统物质流和能量流发生改变，从而实现更高的生态效率，这就是工业循环经济系统运行的核心机理。

第三，处理好传统煤基产业和新兴主导产业的关系是煤炭资源型城市工业循环经济发展的关键环节。若是割裂两者的关系，对目前工业结构进行大幅度调整，极力压缩传统煤基产业而大力发展新兴主导产业，则国民经济平稳发展的基础将会出现危机。建立在传统煤基产业和新兴主导产业的有机融合及良性互动基础上的工业结构优化升级应是地方政府优先考虑的发展方向。

第四，工业循环经济系统的信息流在政府调控系统的过程中发挥着重要作用。信息流将能量流、物质流和价值流的信息反馈回系统的调控者——政府手中，政府把这部分信息作为制定调控政策的依据，包括诊断系统运行的薄弱环节，需要重点支持的领域，在多大程度上给予发展循环经济的企业以优惠政策和补助资金支持。只有这种反馈机制能够通畅、高效地发挥作用，才能为工业循环经济系统提供不竭的发展动力。

第五，"目标—手段—目标"环形发展模式建立在循环经济具有外部经济性这一基本判断的基础之上。节能减排是该模式运行的核心目标；协调好传统煤基产业与新兴主导产业之间的关系是煤炭资源型城市工业循环经济健康发展的基础；并将调控的目标锁定在工业空间结构优化、生产工艺循环化改造、淘汰落后产能和工业结构升级四个方面。

第二节　研究不足与展望

首先，某些企业将生产数据视为商业秘密，不肯提供，增加了系统动力学建模的难度，一些参数只能在查阅相关学术文献的基础上，再参照石嘴山市经济社会发展的情况而估测，降低了模型预测的准确性。

其次，工业循环经济系统模拟属于中观层次的产业体系建模，由于一个产业是由众多企业构成的，这些企业的生产工艺、成本、收益、单位产品能耗、污染物排放效率等千差万别，对产业建模本质上是针对虚拟的标准企业而建模，受研究时间和资金限制，调研对象也只能局限在某几个典型企业,因此,建模数据并不能100%刻画产业运行的实际情况。

最后,在未来,工业循环经济研究需要进一步增强数据的准确性和完整性,同时需要加强对比研究,增加研究案例区,进而更加深入地探讨煤炭资源型城市工业循环经济的最优发展模式。这将是笔者下一步重点研究的方向。

参考文献

［美］保罗·萨缪尔森、威廉·诺德豪斯：《经济学》，萧琛等译，华夏出版社1999年版。

蔡小军：《论生态工业园悖论、成因及其解决之道》，《科技进步与对策》2007年第3期。

岑家兰、王雪芳、黎祖文、彭德科：《发展循环农业模式　实现经济与环境双赢》，《长江蔬菜》2015年第10期。

陈明：《中国能源可持续发展的政策路径选择——基于经济—能源—环境影响机理的研究》，《现代商业》2013年第1期。

陈伟强、石磊、钱易：《2005年中国国家尺度的铝物质流分析》，《资源科学》2008年第9期。

陈伟强、石磊、钱易：《1991年—2007年中国铝物质流分析（Ⅱ）：全生命周期损失估算及其政策启示》，《资源科学》2009年第12期。

陈效逑、赵婷婷、郭玉泉、宋升佑：《中国经济系统的物质输入与输出分析》，《北京大学学报》（自然科学版）2003年第4期。

陈逸、黄贤金、张丽君、彭补拙：《循环经济型小城镇建设规划与发展的可持续性评价研究——以江阴市新桥镇为例》，《经济地理》2006年第1期。

程伟：《矿区资源综合开发利用的循环经济模式及投入产出分析》，博士学位论文，中国矿业大学，2010年。

慈福义、陈烈：《循环经济模式的区域思考》，《地理科学》2006年第3期。

慈福义：《区域循环型创新系统的形成机制、结构与优化对策研究》，《现代经济探讨》2016 年第 7 期。

崔功豪、魏清泉、刘科伟：《区域分析与规划》，高等教育出版社 2006 年版。

崔丽娜：《城市循环经济系统及其评价模型构建》，《商业时代》2010 年第 20 期。

董锁成：《中国东部沿海地区 21 世纪资源与环境战略》，科学出版社 1996 年版。

董锁成、于会录、李宇、李泽红、李飞、李富佳：《中国工业节能：循环经济发展的驱动因素分析》，《中国人口·资源与环境》2016 年第 6 期。

董骁：《循环经济动力不足的微观经济学分析》，《上海经济研究》2007 年第 1 期。

杜欢政、张旭军：《循环经济的理论与实践：近期讨论综述》，《统计研究》2006 年第 2 期。

段宁：《赶不上定理及其循环经济理论意义》，《中国环境科学》2007 年第 3 期。

段宁、孙启宏、傅泽强、元炯亮：《我国制糖（甘蔗）生态工业模式及典型案例分析》，《环境科学研究》2004 年第 4 期。

段宁：《物质代谢与循环经济》，《中国环境科学》2005 年第 3 期。

段宁：《循环经济理论与生态工业技术》，中国环境科学出版社 2009 年版。

段学慧：《经济利益驱动机制：循环经济发展的根本动力——基于马克思主义利益观的分析》，《现代财经（天津财经大学学报)》2012 年第 9 期。

方巍：《关于人与环境价值关系的思考》，《上海环境科学》2006 年第 6 期。

冯琳：《中国西部干旱区工业循环经济建设研究》，博士学位论文，新疆大学，2010 年。

葛晓梅、王京芳、孙万佛：《基于生命周期的产品环境成本分析模型研究》，《环境科学与技术》2006 年第 5 期。

郭彬：《循环经济评价和激励机制设计》，博士学位论文，天津大学，2005 年。

过孝民、张慧勤:《公元 2000 年中国环境预测与对策研究》, 清华大学出版社 1990 年版。

郝吉明、李继、段雷、贺克斌、戴文楠:《SO_2 排放造成的森林损失计算:以湖南省为例》,《环境科学》2002 年第 6 期。

胡晓晶、李江风、李风琴:《资源型城市旅游产业驱动机制研究——以河南省焦作市为例》,《资源与产业》2010 年第 3 期。

《环境教育》编辑部:《循环经济催生循环效益——云南永德糖业集团有限公司节能减排纪实》,《环境教育》2013 年第 11 期。

黄海峰、刘京辉等:《德国循环经济研究》, 科学出版社 2007 年版。

黄和平:《物质流分析研究述评》,《生态学报》2007 年第 1 期。

黄和平:《基于生态效率的江西省循环经济发展模式研究》,《生态学报》2015 年第 9 期。

黄慧筹:《虚拟经济与价值转化工程》,《生产力研究》2006 年第 11 期。

黄山等:《低碳转型的驱动机制——研究现状及评述》,《科技管理研究》2013 年第 13 期。

黄慧筹:《循环经济与价值转化工程》,《生产力研究》2006 年第 9 期。

金鉴明:《绿色的危机》, 中国环境出版社 1994 年版。

金贤锋、董锁成、周长进:《中国城市的生态环境问题》,《城市问题》2009 年第 9 期。

金贤锋、董锁成、李雪、李斌:《广义协同进化视角下产业集群生态化研究》,《科技进步与对策》2009 年第 16 期。

李炳武、王良健:《长沙市发展循环经济的战略设计》,《企业改革与管理》2006 年第 3 期。

李富佳:《西部欠发达地区循环经济园区物质能量流动与优化调控》, 博士学位论文, 中国科学院大学, 2012 年。

刘海英等:《山东半岛海洋循环经济发展的综合评价与财税支持体系构建》,《中国人口·资源与环境》2012 年第 12 期。

李惠娟、龙如银:《资源型城市环境库兹涅茨曲线研究——基于面板数据的实证分析》,《自然资源学报》2013 年第 1 期。

李毅中:《加快产业结构调整　推进工业节能减排》,《自动化博览》2009

年第 7 期。

李英东：《发展循环经济的制度模式和制度创新》，《经济经纬》2007 年第
　　2 期。

李永智、杨君、李洁：《循环经济"变废为宝" 产业效益"绿色倍增"》，
　　《走向世界》2015 年第 45 期。

李有润、胡山鹰、沈静珠、陈定江：《工业生态学及生态工业的研究现状
　　及展望》，《中国科学基金》2003 年第 4 期。

李泽红、董锁成、汤尚颖、李斌：《基于生态足迹模型的石嘴山市生态经济
　　可持续性评价》，《中国地质大学学报》（社会科学版）2008 年第 3 期。

梁广华、李冠峰：《循环经济模式下区域经济发展的 DEA 评价》，《河南农
　　业大学学报》2007 年第 5 期。

林文都、蒋建平、王梦柯：《浙江省工业循环经济标准化模式分析》，《环
　　境保护与循环经济》2014 年第 9 期。

刘长灏、张凯：《我国区域循环经济的发展模式探讨》，《环境保护科学》
　　2014 年第 3 期。

刘红林：《发展循环经济中的金融支持作用与优化机制问题研究》，博士学
　　位论文，河北大学，2010 年。

刘玲玲：《探究煤矿矿区循环经济模式及其建设方法》，《煤炭技术》2013
　　年第 5 期。

刘薇：《关于循环经济发展模式的理论研究综述》，《中国国土资源经济》
　　2009 年第 5 期。

刘耀彬：《城市化与生态环境耦合机制及调控研究》，经济科学出版社 2007
　　年版。

刘勇：《从少废无废工艺到清洁生产再到循环经济——中国生态效率企业理
　　论研究与实践综述》（英文），Ecological Economy 2005 年第 2 期。

陆学、陈兴鹏：《循环经济理论研究综述》，《中国人口·资源与环境》2014
　　年第 S2 期。

陆钟武、毛建素：《穿越"环境高山"——论经济增长过程中环境负荷的
　　上升与下降》，《中国工程科学》2003 年第 12 期。

罗柳红：《生态工业园区系统稳定性与调控研究》，博士学位论文，北京林

业大学，2012 年。

莫艳恺：《基于产业耦合的欠发达地区乡村旅游地循环经济模式研究——以丽水市为例》，《农业经济》2011 年第 2 期。

宁启文：《菱花集团年循环经济效益达 2.56 亿》，《农民日报》2012 年 11 月 26 日第 1 版。

欧志丹、程声通、贾海峰：《情景分析法在赣江流域水污染控制规划中的应用》，《上海环境科学》2003 年第 8 期。

齐振宏、齐振彪：《实现工业可持续发展的循环经济模式研究》，《现代经济探讨》2003 年第 9 期。

邱寿丰：《探索循环经济规划之道——循环经济规划的生态效率方法及应用》，同济大学出版社 2009 年版。

史宝娟、赵国杰：《城市循环经济系统评价指标体系与评价模型的构建研究》，《现代财经（天津财经大学学报）》2007 年第 5 期。

石磊、周宏春：《国家循环经济试点城市评价指标体系设计及案例分析》，《环境科学研究》2010 年第 6 期。

宋宇晶、苏小明、芦玉超：《生态文明制度建设研究综述——基于党的十八大以来的研究文献》，《中共山西省委党校学报》2014 年第 5 期。

孙芳、贾金凤：《农牧复合区低碳型特色农业循环经济模式研究——以河北省张家口市为例》，《农村经济》2011 年第 11 期。

孙威、董冠鹏：《基于 DEA 模型的中国资源型城市效率及其变化》，《地理研究》2010 年第 12 期。

孙源远、武春友：《工业生态效率及评价研究综述》，《科学学与科学技术管理》2008 年第 11 期。

唐歆媚：《实现经济效益与生态效益双赢》，《中国矿业报》2011 年 8 月 6 日第 A2 版。

涂自力：《论企业发展循环经济的动力机制的培育》，《经济纵横》2006 年第 9 期。

王保乾：《循环经济发展模式及实现途径的理论研究综述》，《中国人口·资源与环境》2011 年第 S2 期。

王朝全：《发展循环经济必须高度重视动力机制》，2013 第六届中青年专家学术大会，2013 年。

张妍、杨志峰：《城市物质代谢的生态效率——以深圳市为例》，《生态学报》2007 年第 8 期。

王朝全：《论循环经济的动力机制——德国经验及其对中国的启示》，《科学管理研究》2008 年第 3 期。

王方华：《中国与东亚区域经济的合作》，硕士学位论文，湘潭大学，2011 年。

王进：《延安发展农业循环经济模式选择研究》，《农机化研究》2012 年第 11 期。

王金南：《环境经济学——理论·方法·政策》，清华大学出版社 1994 年版。

王金南：《发展循环经济是 21 世纪环境保护的战略选择》，《环境科学研究》2002 年第 3 期。

王军、周燕、刘赞、许嘉钰、岳思羽：《静脉产业类生态工业园区评价指标体系构建的探讨》，中国环境科学学会 2006 年学术年会，中国江苏苏州，2006 年。

王丽丽：《辽宁沿海地区循环经济发展模式研究——以大连庄河市为例》，博士学位论文，中国科学院地理科学与资源研究所，2008 年。

王奇：《生态足迹法在循环经济定量研究中的应用——以温州市 2002 年生态足迹计算与分析为例》，《温州大学学报》2005 年第 5 期。

王瑞贤、罗宏、彭应登：《国家生态工业示范园区建设的新进展》，《环境保护》2003 年第 3 期。

王晟：《浙江省工业循环经济典型推进模式研究》，《环境科学与管理》2014 年第 8 期。

王太峰：《煤炭资源型城市的可持续发展思考》，《山东煤炭科技》2013 年第 3 期。

王微、林剑艺、崔胜辉、曹斌、石龙宇：《基于生态效率的城市可持续性评价及应用研究》，《环境科学》2010 年第 4 期。

王兴琼：《我国循环经济研究中管理学研究的缺位及建议》，《四川师范大学学报》（社会科学版）2013 年第 1 期。

王延荣：《循环经济的发展模式研究》，《技术经济》2006 年第 2 期。

王元元：《乌海市发展工业循环经济中的政府行为研究》，硕士学位论文，内蒙古大学，2015 年。

王泽宇：《海洋循环经济发展机制与布局模式研究》，博士学位论文，辽宁师范大学，2009 年。

王志宪、林丽、虞孝感：《循环经济发展指标体系设置与评价——以南京市为例》，《城市问题》2006 年第 4 期。

卫淑霞、张宏华：《循环经济发展的社会环境审视》，《理论探索》2010 年第 2 期。

吴荻：《集成型循环经济模式研究》，博士学位论文，大连理工大学，2009 年。

伍红：《借鉴国际经验完善我国促进循环经济发展的税收政策》，《企业经济》2012 年第 5 期。

吴迦南：《浅析我国循环经济法律制度的完善》，《特区经济》2014 年第 5 期。

夏光、赵毅红：《中国环境污染损失的经济计量与研究》，《管理世界》1995 年第 6 期。

肖华茂：《区域循环经济发展模式及其评价体系研究综述》，《生态经济》2007 年第 4 期。

肖杨、毛显强：《基于动力学模型的城市资源竞争机制》，《地理研究》2010 年第 6 期。

谢志明、易玄：《循环经济价值流研究综述》，《山东社会科学》2008 年第 9 期。

谢志明：《燃煤发电企业循环经济资源价值流转研究》，经济科学出版社 2013 年版。

徐建华：《代地理学中的数学方法》，高等教育出版社 2002 年版。

许乃中、曾维华、薛鹏丽、东方、周国梅：《工业园区循环经济绩效评价方法研究》，《中国人口·资源与环境》2010 年第 3 期。

薛冰：《区域循环经济发展机制研究》，博士学位论文，兰州大学，2009 年。

薛冰：《区域循环经济发展机制研究》，社会科学文献出版社 2013 年版。

闫菲菲：《国内外循环经济研究综述》，《内蒙古财经学院学报》2010 年第 3 期。

颜夕生:《江苏省农业环境污染造成的经济损失估算》,《农业环境科学学报》1993 年第 4 期。

杨丹辉、李红莉:《基于损害和成本的环境污染损失核算——以山东省为例》,《中国工业经济》2010 年第 7 期。

杨华峰:《基于循环经济的企业竞争力评价指标体系》,《系统工程》2006年第 11 期。

杨铁生:《实施产业调整和振兴规划　推进工业节能降耗减排》,《上海节能》2009 年第 6 期。

杨晓玲、彭绍征:《试论广西现行循环经济法律制度的不足与完善》,《广西警官高等专科学校学报》2014 年第 3 期。

杨永华、胡冬洁、诸大建:《新古典框架下的循环经济研究》,《西华大学学报》(哲学社会科学版)2006 年第 5 期。

杨振江:《天津建设循环经济示范试点城市的思路和建议》,《天津经济》2008 年第 7 期。

尹少华、姜微、张慧军:《基于灰色系统理论的湖南林业产业结构预测研究》,《林业经济问题》2008 年第 4 期。

叶文虎、甘晖:《循环经济研究现状与展望》,《中国人口·资源与环境》2009 年第 3 期。

于励民:《我国煤炭产业发展循环经济的运行机制研究》,博士学位论文,华中科技大学,2008 年。

于会录、董锁成、李宇、李泽红、石广义、黄永斌、王喆、李飞:《丝绸之路经济带资源格局与合作开发模式研究》,《资源科学》2014 年第12 期。

于会录、董锁成、李泽红、李飞、程昊、李富佳:《东亚地缘政治格局演变对东北亚资源合作的影响研究》(英文),*Journal of Resources and Ecology* 2015 年第 2 期。

于会录、董锁成、李世泰、李飞:《金融危机爆发前后山东临港产业发展绩效研究》,《地域研究与开发》2015 年第 6 期。

袁宝伦:《浅谈煤炭资源型城市循环经济的发展》,《财经界》(学术版)2016 年第 2 期。

元炯亮：《生态工业园区评价指标体系研究》，《环境保护》2003 年第 3 期。

袁文华：《循环经济的品牌授权机制研究》，博士学位论文，山东大学，2014 年。

袁玉珂、王成新：《煤炭资源枯竭型城市低碳替代产业发展研究——以山东枣庄市为例》，《煤炭经济研究》2016 年第 3 期。

岳波波、李妮、武征、孙愿：《综合类生态工业园区循环经济模式构建》，《工业安全与环保》2012 年第 7 期。

翟绪军：《中国农业循环经济发展机制研究》，博士学位论文，东北林业大学，2011 年。

占绍文、冯全、郭紫红：《区域工业循环经济效率研究——以陕西省为例》，《科技管理研究》2014 年第 12 期。

张宏军：《西方外部性理论研究述评》，《经济问题》2007 年第 2 期。

张家骝：《高尔夫球场可持续发展研究》，博士学位论文，暨南大学，2008 年。

张文忠、王岱、余建辉：《资源型城市接续替代产业发展路径与模式研究》，《中国科学院院刊》2011 年第 2 期。

张晓平、张青云：《发展循环经济的制度解析：国外经验及中国借鉴》，《世界地理研究》2007 年第 3 期。

张秀桥、郭颂旗：《蒙西工业园构建循环经济产业链》，《中国创业投资与高科技》2006 年第 2 期。

张则强、程文明、吴晓、王金诺：《循环经济的价值增值与超循环理论》，《科技进步与对策》2006 年第 3 期。

张震、刘长灏：《加快推进区域循环经济建设》，《环境保护》2010 年第 10 期。

张志杰、吕鹏、周伟：《矿产资源循环经济模式研究》，《中国矿业》2012 年第 S1 期。

赵洗尘：《循环经济文献综述》，哈尔滨工业大学出版社 2010 年版。

郑季良、陈春燕、王娟、吴桐：《高耗能产业群循环经济发展的多绩效协同效应调控研究》，《中国管理科学》2015 年第 S1 期。

周国梅、彭昊、曹凤中：《循环经济和工业生态效率指标体系》，《城市环境与城市生态》2003 年第 6 期。

周立：《中国崛起的外部性与经济安全》，《管理评论》2006 年第 6 期。

周哲、李有润、沈静珠、胡山鹰：《煤工业的代谢分析及其生态优化》，《计算机与应用化学》2001 年第 3 期。

周志方、肖序：《两型社会背景下企业资源价值流转会计研究》，经济科学出版社 2013 年版。

诸大建：《上海建设循环经济型国际大都市的思考》，《中国人口·资源与环境》2004 年第 1 期。

诸大建、钱斌华：《循环经济的 C 模式及保障体系研究》，《铜业工程》2006 年第 1 期。

诸大建：《C 模式：自然资源稀缺条件下的中国发展》，《社会观察》2006 年第 1 期。

诸大建、邱寿丰：《生态效率是循环经济的合适测度》，《中国人口·资源与环境》2006 年第 5 期。

朱方明、阳盼盼：《论工业企业循环经济的价值补偿与盈利模式》，全国高校社会主义经济理论与实践研讨会第 27 次年会，2013 年。

朱庆华、窦一杰：《基于政府补贴分析的绿色供应链管理博弈模型》，《管理科学学报》2011 年第 6 期。

朱坦、王天天：《资源型城市产业园区循环化改造是实现可持续发展的重要途径》，《中国发展》2012 年第 5 期。

朱坦、高帅：《推进生态文明制度体系建设重点环节的思考》，《环境保护》2014 年第 16 期。

朱坦、冯昱、汲奕君、李珀松：《我国低碳产业园区建设与发展的推进路径探索》，《环境保护》2014 年第 Z1 期。

左继宏、胡树华：《基于灰色 GM（1，1）模型预测 GDP 及人均 GDP》，《统计与决策》2005 年第 9 期。

Ambec, S., Lanoie, P., "Does It Pay to Be Green? A Systematic Overview", *Academy of Management Perspectives*, Vol. 22, No. 4, 2008.

Andretta, A., D'Addato, F., Serrano-Bernardo, F., Zamorano, M., Bonoli, A., "Environmental Taxes to Promote the EU Circular Economy's

Strategy: SPAIN vs. ITALY", *Environmental Engineering and Management Journal*, Vol. 17, No. 10, 2018.

Clark, B., "Achieving Sustainable Development through Industrial Ecology", *International Environmental Affairs*, Vol. 4, No. 1, 1992.

Dean, J. M., "Does Trade Liberalization Harm the Environment? A New Test", *Canadian Journal of Economics*, Vol. 35, No. 4, 2002.

Delucchi, M. A., Murphy, J. J., McCubbin, D. R., "The Health and Visibility Cost of Air Pollution: A Comparison of Estimation Methods", *Journal of Environmental Management*, Vol. 64, No. 2, 2002.

Desrochers, P., "Industrial Symbiosis: The Case for Market Coordination", *Journal of Cleaner Production*, Vol. 12, No. 8 – 10, 2004.

Di Vita, G., "Macroeconomic Effects of the Recycling of Waste Derived from Imported Non-Renewable Raw Materials", *Resources Policy*, Vol. 23, No. 4, 1997.

Ding, H., Liu, L., Ouyang, F., "Analysis of Social Cost Internalization and Investment Valuation of Reverse Logistics", 2008 IEEE International Conference on Service Operations and Logistics, and Informatics, 2008.

Ding, H., He, M., Deng, C., "Lifecycle Approach to Assessing Environmental Friendly Product Project with Internalizing Environmental Externality", *Journal of Cleaner Production*, Vol. 66, 2014.

Ding, H., Liu, Q., Zheng, L., "Assessing the Economic Performance of an Environmental Sustainable Supply Chain in Reducing Environmental Externalities", *European Journal of Operational Research*, Vol. 255, No. 2, 2016.

EEA, "Circular Economy in Europe-Developing the Knowledge Base", http://www.eea.europa.eu/publications/circular-economy-in-europe, 2016.

Eichner, T., Pethig, R., "Recycling Producer Responsibility and Centralized Waste Management", *Journal of Environmental Economics and Management*, No. 5, 1999.

Eidelwein, F., Collatto, D. C., Rodrigues, L. H., Lacerda, D. P., Piran, F. S., "Internalization of Environmental Externalities: Development of a

Method for Elaborating the Statement of Economic and Environmental Result", *Journal of Cleaner Production*, Vol. 170, 2018.

EMF, "Towards the Circular Economy: Opportunities for the Consumer Goods Sector", https://www.ellenmacarthurfoundation.org/assets/downloads/publications/TCE_Report-2013.pdf, 2013.

Fang, Y. P., Zhou, H. Z., "Value Flow Analysis Based on EAP Industrial Chain: Case of Huaning in Xichang, Sichuan", *Journal of Cleaner Production*, Vol. 17, No. 2, 2009.

Frangopoulos, C. A., Caralis, Y. C., "A Method for Taking into Account Environmental Impacts in the Economic Evaluation of Energy Systems", *Energy Conversion and Management*, Vol. 38, No. 15-17, 1997.

Friedrich, R., Bickel, P., "Estimation of External Costs Using the Impact Pathway Approach: Results from the Externe Project Series", *TA-Datenbank-Nachrichten*, Vol. 10, 2001.

Friedrich, D., "Welfare Effects from Eco-Labeled Crude Oil Preserving Wood-Polymer Composites: A Comprehensive Literature Review and Case Study", *Journal of Cleaner Production*, Vol. 188, 2018.

Grosso, M., Rigamonti, L., Niero, M., "Circular Economy, Permanent Materials and Limitations to Recycling: Where Do We Stand and What Is the Way Forward?", *Waste Management & Research*, Vol. 35, No. 8, 2017.

Halkos, G. E., Papageorgiou, G. J., "A Dynamic Game with Feedback Strategies for Internalizing Externalities", *Economic Analysis and Policy*, Vol. 55, 2017.

Hao, H. G., Zhang, J. P., Li, X. B., Zhang, H. Y., Zhang, Q., "Impact of Livelihood Diversification of Rural Households on Their Ecological Footprint in Agro-Pastoral Areas of Northern China", *Journal of Arid Land*, Vol. 7, No. 5, 2015.

Holmgren, K., Amiri, S., "Internalising External Costs of Electricity and Heat Production in a Municipal Energy System", *Energy Policy*, Vol. 35, No. 10, 2007.

Kazemi, H. , Kamkar, B. , Lakzaei, S. , Badsar, M. , Shahbyki, M. , "Energy Flow Analysis for Rice Production in Different Geographical Regions of Iran", *Energy*, Vol. 84, 2015.

Kirchherr, J. , Piscicelli, L. , Bour, R. , Kostense-Smit, E. , Muller, J. , Huibrechtse-Truijens, A. , Hekkert, M. , "Barriers to the Circular Economy: Evidence From the European Union (EU)", *Ecological Economics*, Vol. 150, 2018.

Klaassen, G. , Riahi, K. , "Internalizing Externalities of Electricity Generation", *Energy Policy*, Vol. 35, No. 2, 2007.

Korhonen, J. , Snakin, J. P. , "Analysing the Evolution of Industrial Ecosystems: Concepts and Application", *Ecological Economics*, Vol. 52, No. 2, 2005.

Kumar, V. , Shirodkar, P. S. , Camelio, J. A. , Sutherland, J. W. , "Value Flow Characterization During Product Lifecycle to Assist in Recovery Decisions", *International Journal of Production Research*, Vol. 45, No. 18 – 19, 2007.

Kurosawa, A. , Yagita, H. , Zhou, W. , Tokimatsu, K. , Yanagisawa, Y. , "Analysis of Carbon Emission Stabilization Targets and Adaptation by Integrated Assessment Mode", *The Energy Journal*, Kyoto Special Issue, 1999.

Lamas, W. D. , Palau, J. C. F. , De Camargo, J. R. , "Waste Materials Co-Processing in Cement Industry: Ecological Efficiency of Waste Reuse", *Renewable & Sustainable Energy Reviews*, Vol. 19, 2013.

Liu, Z. , Adams, M. , Cote, R. P. , Geng, Y. , Li, Y. , "Comparative Study on the Pathways of Industrial Parks Towards Sustainable Development Between China and Canada", *Resources, Conservation and Recycling*, http://dx. doi. org/10. 1016/j. resconrec. 2016. 06012.

Liu, Z. , Geng, Y. , Zhang, P. , Dong, H. J. , Liu, Z. X. , "Emergy-Based Comparative Analysis on Industrial Clusters: Economic and Technological Development Zone of Shenyang Area, China", *Environmental Science and Pollution Research*, Vol. 21, No. 17, 2014.

Martin, E. A. , *Eco-Industrial Parks*: *A Case Study and Analysis of Economic*, *Environmental*, *Technical and Regulatory Issues*, Office of Policy, Planning and Evaluation, USEPA, Washington, D. C. , 1996.

Mathews, J. A. , Hao, T. , "Progress Toward a Circular Economy in China", *Journal of Industrial Ecology*, Vol. 15, No. 3, 2011.

Milios, L. , "Advancing to a Circular Economy: Three Essential Ingredients for a Comprehensive Policy Mix", *Sustainability Science*, Vol. 13, No. 3, 2018.

Murray, A. , Skene, K. , Haynes, K. , "The Circular Economy: An Interdisciplinary Exploration of the Concept and Application in a Global Context", *Journal of Business Ethics*, 2015.

Nguyen, K. Q. , "Internalizing Externalities into Capacity Expansion Planning: The Case of Electricity in Vietnam", *Energy*, Vol. 33, No. 5, 2008.

Nguyen, T. L. T. , Laratte, B. , Guillaume, B. , Hua, A. , "Quantifying Environmental Externalities with a View to Internalizing Them in the Price of Products, Using Different Monetization Models", *Resources*, *Conservation and Recycling*, Vol. 109, 2016.

Nishitani, K. , Kaneko, S. , Fujii, H. , Komatsu, S. , "Effects of the Reduction of Pollution Emissions on the Economic Performance of Firms: An Empirical Analysis Focusing on Demand and Productivity", *Journal of Cleaner Production*, Vol. 19, No. 17 – 18, 2011.

Pawson, R. , Tilley, N. , *Realistic Evaluation*, London: Sage, 1997.

Picasso, E. , Mariano, B. E. , Maria, S. H. , Tanco, F. , "Measuring the Externalities of Urban Traffic Improvement Programs", *Habitat International*, Vol. 55, 2016.

Qian, Y. , Tang, L. N. , Qiu, Q. Y. , Xu, T. , Liao, J. F. , "A Comparative Analysis on Assessment of Land Carrying Capacity with Ecological Footprint Analysis and Index System Method", *Plos One*, Vol. 10, No. 6, 2015.

Quah, E. , Boon, T. L. , "The Economic Cost of Particulate Air Pollution on Health in Singapore", *Journal of Asian Economics*, Vol. 14, No. 1, 2003.

Ranta, V. , Aarikka-Stenroos, L. , Ritala, P. , Makinen, S. J. , "Exploring

Institutional Drivers and Barriers of the Circular Economy: A Cross-Regional Comparison of China, the US, and Europe", *Resources Conservation and Recycling*, Vol. 135, 2018.

Su, B., Heshmati, A., Geng, Y., Yu, X. M., "A Review of the Circular Economy in China: Moving from Rhetoric to Implementation", *Journal of Cleaner Production*, Vol. 42, 2013.

Štreimikienė, D., "Review of Internalization of Externalities and Dynamics of Atmospheric Emissions in Energy Sector of Baltic States", *Renewable and Sustainable Energy Reviews*, Vol. 70, 2017.

Tsai, C. L., Krogmann, U., "Material Flows and Energy Analysis of Glass Containers Discarded in New Jersey, USA", *Journal of Industrial Ecology*, Vol. 17, No. 1, 2013.

Tseng, M. L., Tan, R. R., Chiu, A. S. F., Chien, C. F., Kuo, T. C., "Circular Economy Meets Industry 4.0: Can Big Data Drive Industrial Symbiosis?", *Resources Conservation and Recycling*, Vol. 131, 2018.

Ushijima, K., Irie, M., Sintawardani, N., Triastuti, J., Hamidah, U., Ishikawa, T., Funamizu, N., "Sustainable Design of Sanitation System Based on Material and Value Flow Analysis for Urban Slum in Indonesia", *Frontiers of Environmental Science & Engineering*, Vol. 7, No. 1, 2013.

Veleva, V., Bodkin, G., "Corporate-Entrepreneur Collaborations to Advance a Circular Economy", *Journal of Cleaner Production*, Vol. 188, 2018.

Wang, Z., Tsai, Z., Fu, J., Zhao, L., Yang, L., "Internalization of Negative External Cost of Green Logistics and Incentive Mechanism", *Advances in Mechanical Engineering*, Vol. 9, No. 8, 2017.

Wesseh, J. P. K., Lin, B., "Optimal Emission Taxes for Full Internalization of Environmental Externalities", *Journal of Cleaner Production*, Vol. 137, 2016.

Yu, Huilu, Yan, Youning, Dong, Suocheng, "A System Dynamics Model to Assess the Effectiveness of Governmental Support Policies for Renewable Electricity", *Sustainability*, Vol. 11, No. 12, 2019.

Yong, R., "The Circular Economy in China", *Journal of Material Cycles and*

Waste Management, Vol. 9, No. 2, 2007.

Zhao, H. R., Zhao, H. R., Guo, S., "Evaluating the Comprehensive Benefit of Eco-Industrial Parks by Employing Multi-Criteria Decision Making Approach for Circular Economy", *Journal of Cleaner Production*, Vol. 142, 2017.

Zhao, X., Cai, Q., Ma, C., Hu, Y., Luo, K., Li, W., "Economic Evaluation of Environmental Externalities in China's Coal-Fired Power Generation", *Energy Policy*, Vol. 102, 2017.